Kohlhammer

## Der Autor

© Gila Kriz

Prof. Dr. phil. Jürgen Kriz ist emeritierter Professor für Psychotherapie und Klinische Psychologie an der Universität Osnabrück. Er hatte zuvor (und zwei Jahrzehnte überlappend) Professuren in Statistik, Forschungsmethoden und Wissenschaftstheorie. Mit diesen Schwerpunkten wirkte er zudem als Gastprofessor in Wien, Zürich, Berlin, Riga, Moskau und den USA. Er ist approbierter Psychotherapeut und Ehrenmitglied mehrerer psychotherapeutischer Fachgesellschaften.

Jürgen Kriz

# Humanistische Psychotherapie

Grundlagen – Richtungen – Evidenz

Verlag W. Kohlhammer

Dieses Werk einschließlich aller seiner Teile ist urheberrechtlich geschützt. Jede Verwendung außerhalb der engen Grenzen des Urheberrechts ist ohne Zustimmung des Verlags unzulässig und strafbar. Das gilt insbesondere für Vervielfältigungen, Übersetzungen, Mikroverfilmungen und für die Einspeicherung und Verarbeitung in elektronischen Systemen.

Pharmakologische Daten, d. h. u. a. Angaben von Medikamenten, ihren Dosierungen und Applikationen, verändern sich fortlaufend durch klinische Erfahrung, pharmakologische Forschung und Änderung von Produktionsverfahren. Verlag und Autoren haben große Sorgfalt darauf gelegt, dass alle in diesem Buch gemachten Angaben dem derzeitigen Wissensstand entsprechen. Da jedoch die Medizin als Wissenschaft ständig im Fluss ist, da menschliche Irrtümer und Druckfehler nie völlig auszuschließen sind, können Verlag und Autoren hierfür jedoch keine Gewähr und Haftung übernehmen. Jeder Benutzer ist daher dringend angehalten, die gemachten Angaben, insbesondere in Hinsicht auf Arzneimittelnamen, enthaltene Wirkstoffe, spezifische Anwendungsbereiche und Dosierungen anhand des Medikamentenbeipackzettels und der entsprechenden Fachinformationen zu überprüfen und in eigener Verantwortung im Bereich der Patientenversorgung zu handeln. Aufgrund der Auswahl häufig angewendeter Arzneimittel besteht kein Anspruch auf Vollständigkeit.

Die Wiedergabe von Warenbezeichnungen, Handelsnamen und sonstigen Kennzeichen in diesem Buch berechtigt nicht zu der Annahme, dass diese von jedermann frei benutzt werden dürfen. Vielmehr kann es sich auch dann um eingetragene Warenzeichen oder sonstige geschützte Kennzeichen handeln, wenn sie nicht eigens als solche gekennzeichnet sind.

Es konnten nicht alle Rechtsinhaber von Abbildungen ermittelt werden. Sollte dem Verlag gegenüber der Nachweis der Rechtsinhaberschaft geführt werden, wird das branchenübliche Honorar nachträglich gezahlt.

Dieses Werk enthält Hinweise/Links zu externen Websites Dritter, auf deren Inhalt der Verlag keinen Einfluss hat und die der Haftung der jeweiligen Seitenanbieter oder -betreiber unterliegen. Zum Zeitpunkt der Verlinkung wurden die externen Websites auf mögliche Rechtsverstöße überprüft und dabei keine Rechtsverletzung festgestellt. Ohne konkrete Hinweise auf eine solche Rechtsverletzung ist eine permanente inhaltliche Kontrolle der verlinkten Seiten nicht zumutbar. Sollten jedoch Rechtsverletzungen bekannt werden, werden die betroffenen externen Links soweit möglich unverzüglich entfernt.

1. Auflage 2023

Alle Rechte vorbehalten
© W. Kohlhammer GmbH, Stuttgart
Gesamtherstellung: W. Kohlhammer GmbH, Heßbrühlstr. 69, 70565 Stuttgart
produktsicherheit@kohlhammer.de

Print:
ISBN 978-3-17-036563-6

E-Book-Formate:
pdf:     ISBN 978-3-17-036564-3
epub:   ISBN 978-3-17-036565-0

# Inhaltsverzeichnis

Vorwort ................................................................. 11

Zur Struktur dieses Buches ............................................. 13

## A   Grundlagen

**A1**   **Was ist Humanistische Psychotherapie (HPT)?** ............... 19
    A1.1   Phänomenologische Grundhaltung und Menschenbild ...... 19
    A1.2   Die Sicht der HPT auf menschliche Bedürfnisse ............. 23
    A1.3   Das Verständnis von psychischer Beeinträchtigung und des therapeutischen Prozesses in der HPT ........................ 25
    A1.4   Die formale Definition der HPT ............................. 27

**A2**   **Zur Geschichte der Humanistischen Psychotherapie (HPT)** ... 29
    A2.1   Die Geschichte der HPT aus US-amerikanischer Sicht ....... 29
    A2.2   Die Geschichte der HPT mit dem Fokus auf den deutschsprachigen Raum .................................. 33
    A2.3   Nach dem Psychotherapeutengesetz von 1999 .............. 37

**A3**   **Perspektivenvielfalt und Positionierung der Humanistischen Psychotherapie (HPT)** ......................................... 39
    A3.1   Zur Komplementarität von »Natur« und »Kultur« ........... 40
    A3.2   Klassische konzeptuelle Dichotomien ....................... 42
           Materielle Perspektive ....................................... 44
           Animalische Perspektive .................................... 44
           Selbstreflexive (menschliche) Perspektive .................. 45
           Kulturelle Perspektive ....................................... 46
           Soziale (interpersonelle) Perspektive ....................... 47
    A3.3   Resümee: Komplementarität und Komplexität ............. 47

**A4**   **Die gestaltpsychologische Wurzel der Humanistischen Psychotherapie (HPT)** ......................................... 49
           Vorbemerkung ............................................. 49
    A4.1   Einführung ................................................. 49

|  |  |  |  |
|---|---|---|---|
| | A4.2 | Ideengeschichtliche Situation bei der Entstehung der Gestaltpsychologie | 51 |
| | A4.3 | Die kritisch-realistische Sicht – schwierig, aber notwendig | 53 |
| | A4.4 | Gestaltpsychologie und Systemtheorie | 56 |

**A5 Selbstaktualisierung und Aktualisierungstendenz** ......... **59**
- A5.1 Grundlegendes Verständnis der Aktualisierung ............. 59
- A5.2 (Selbst-)Aktualisierung und damit verbundene Missverständnisse ............................................. 61
- A5.3 Bedeutung der Aktualisierung in einigen Ansätzen der HPT ... 66

**A6 Das humanistische Konzept der Begegnung in Morenos Psychodrama und bei Buber** .................................. **68**
- A6.1 Herkunft und aktuelle Bedeutsamkeit von »Begegnung« in der Psychotherapie ............................................ 69
- A6.2 Das »soziale Gehirn« als wesentliche Grundlage von Begegnung .................................................... 70
- A6.3 Morenos »Szene« als umfassender Kontext für Begegnung ... 74

**A7 Der Mensch als Subjekt in der Welt – Biosemiotik, Symboltheorie und die Bedeutsamkeit der Symbolisierung** ... **78**
- A7.1 Einführung ................................................. 78
- A7.2 Biosemiotik: Die körperliche Seite menschlicher Welterfahrung .............................................. 81
  - Umgebung vs. Umwelt ...................................... 81
  - Übersinnliche Wahrnehmung und Kategorisierung ........... 83
- A7.3 Die Theorie symbolischer Formen (Cassirer) ............... 85
- A7.4 Zur umfassenden Konzeption von Symbolsystemen ........... 88
- A7.5 Zur Relevanz biosemiotischer und symboltheoretischer Aspekte für die HPT ........................................ 90

**A8 Die therapeutische Beziehung in der Humanistischen Psychotherapie (HPT)** .......................................... **93**
- A8.1 Die therapeutische Beziehung in der HPT nach Rogers ..... 93
- A8.2 Die drei Aspekte des therapeutischen Beziehungsangebotes .. 96
  - Bedingungsfreie positive Anerkennung ..................... 96
  - Kongruenz ................................................ 97
  - Empathie ................................................. 98
- A8.3 Einige ergänzende Aspekte zur therapeutischen Beziehung in der HPT ................................................ 99

# B Die Ansätze der Humanistischen Psychotherapie

**B1 Einheit und Vielfalt der unterschiedlichen Ansätze der Humanistischen Psychotherapie** ............................ **105**

| | | | |
|---|---|---|---|
| **B2** | **Personzentrierte Psychotherapie (Gesprächspsychotherapie)** .. | **108** | |
| | B2.1 | Abriss der Grundkonzeption ............................... | 108 |
| | | Selbstbild und Selbststruktur ............................. | 108 |
| | | Inkongruenz – zentral für das Verständnis von »Störungen« | 109 |
| | | Symbolisieren als Zur-Sprache-Bringen innerer Prozesse ..... | 109 |
| | B2.2 | Zentrale Beziehungen der Personzentrierten Psychotherapie zur HPT insgesamt ......................................... | 110 |
| | B2.3 | Empfehlenswerte, weiterführende Literatur .................. | 111 |
| **B3** | **Focusing und Emotionsfokussierte Therapie (EFT)** ............ | **112** | |
| | B3.1 | Abriss der Grundkonzeption des Focusing .................. | 112 |
| | B3.2 | Abriss der Grundkonzeption der Emotionsfokussierten Psychotherapie (EFT) ...................................... | 113 |
| | | Intervention in der EFT .................................. | 114 |
| | B3.3 | Zentrale Beziehungen von Focusing und EFT zur HPT insgesamt ................................................ | 115 |
| | B3.4 | Empfehlenswerte, weiterführende Literatur .................. | 115 |
| **B4** | **Gestalttherapie** ................................................ | **117** | |
| | B4.1 | Abriss der Grundkonzeption ............................... | 117 |
| | B4.2 | Zentrale Beziehungen der Gestalttherapie zur HPT insgesamt ................................................ | 120 |
| | B4.3 | Empfehlenswerte, weiterführende Literatur .................. | 120 |
| **B5** | **Psychodrama** .................................................. | **122** | |
| | B5.1 | Abriss der Grundkonzeption ............................... | 122 |
| | | Essentials der psychodramatischen Arbeit .................... | 122 |
| | B5.2 | Zentrale Beziehungen des Psychodramas zur HPT insgesamt | 124 |
| | B5.3 | Empfehlenswerte, weiterführende Literatur .................. | 125 |
| **B6** | **Transaktionsanalyse** ............................................ | **126** | |
| | B6.1 | Abriss der Grundkonzeption ............................... | 126 |
| | | Strukturanalyse .......................................... | 127 |
| | | Kommunikationsanalyse ................................... | 128 |
| | | Skriptanalyse ............................................ | 128 |
| | | Spielanalyse ............................................. | 128 |
| | B6.2 | Zentrale Beziehungen der Transaktionsanalyse zur HPT insgesamt ................................................ | 130 |
| | B6.3 | Empfehlenswerte, weiterführende Literatur .................. | 130 |
| **B7** | **Existenzanalyse und Logotherapie** .............................. | **131** | |
| | B7.1 | Abriss der Grundkonzeption ............................... | 131 |
| | | »Noogene Neurose« als Leiden an der Sinnlosigkeit ......... | 131 |
| | | Erweiterung durch Längle zur »Personalen Existenzanalyse« | 132 |
| | | Vorgehensweise .......................................... | 133 |

|  |  |  |  |
|---|---|---|---|
|  | B7.2 | Zentrale Beziehungen der Existenzanalyse und Logotherapie zur HPT insgesamt | 134 |
|  | B7.3 | Empfehlenswerte, weiterführende Literatur | 135 |
| **B8** | **Körperpsychotherapie** | | **136** |
|  | B8.1 | Abriss der Grundkonzeption | 136 |
|  |  | Bedeutsamkeit von Atmung und Stimme | 137 |
|  | B8.2 | Zentrale Beziehungen des Körperpsychotherapie zur HPT insgesamt | 138 |
|  | B8.3 | Empfehlenswerte, weiterführende Literatur | 139 |
| **B9** | **Weitere konzeptuelle Ansätze: Gestalttheoretische Psychotherapie, Pesso Boyden System Psychomotor, Integrative Therapie** | | **140** |
|  | B9.1 | Gestalttheoretische Psychotherapie | 140 |
|  | B9.2 | Pesso Boyden System Psychomotor (PBSP) und »Feeling-Seen« | 141 |
|  |  | Imagination idealer Personen und Szenen wirken als »Antidot« (Gegengift) | 142 |
|  |  | »Feeling-Seen« | 142 |
|  | B9.3 | Integrative Therapie (Petzold et al.) | 143 |
|  | B9.4 | Empfehlenswerte, weiterführende Literatur | 143 |

## C  Das Ringen um eine angemessene wissenschaftliche Forschung in der Humanistischen Psychotherapie

|  |  |  |  |
|---|---|---|---|
| **C1** | **Zur Unterscheidung zwischen behavioraler und humanistischer Forschungslogik** | | **147** |
|  | C1.1 | Behaviorale Perspektive – am Beispiel operanter Konditionierung | 148 |
|  | C1.2 | Humanistisch-phänomenologische Perspektive – am Beispiel der Inkongruenz | 149 |
|  | C1.3 | Unterstützung von Essentials der HPT durch die experimentelle Verhaltenstherapie (VT) | 153 |
| **C2** | **Die experimentelle Logik für Psychotherapieforschung auf dem Prüfstand** | | **156** |
|  | C2.1 | Grundlogik des Experiments | 156 |
|  | C2.2 | Die Fragwürdigkeit der Randomized Controlled Trial (RCT)-Forschung als Repräsentant des experimentellen Ansatzes | 158 |
|  | C2.3 | Die Leit-(d)-Idee der Wirkfaktoren | 162 |
|  | C2.4 | Der Bias des RCT-Ansatzes | 165 |

| | | | |
|---|---|---|---|
| **C3** | **Missverständnisse** | | **167** |
| | C3.1 Die missverstandene »Evidenzbasierung« | | 167 |
| | C3.2 Missbrauch des Labels »Humanistische Psychotherapie« | | 168 |
| | C3.3 Missverständliche Darstellungen der HPT | | 170 |
| **C4** | **Humanistische Psychotherapie und die deutsche Sonderstellung** | | **172** |
| **C5** | **Die Fakten sind freundlich – zur evidenzbasierten Wirksamkeit der Humanistischen Psychotherapie** | | **178** |

## Verzeichnisse

| | |
|---|---|
| Literatur | **185** |
| Stichwortverzeichnis | **199** |

# Vorwort

Humanistische Psychotherapie – in diesem Buch mit HPT abgekürzt – ist eine der vier Grundorientierungen in der Psychotherapie. International steht sie gleichberechtigt und gleich anerkannt neben den anderen drei: der Psychodynamischen Therapie, der Verhaltenstherapie und der Systemischen Therapie. Die Entwicklung der professionellen Psychotherapie, besonders in der zweiten Hälfte des 20. Jahrhunderts, hat in allen Grundorientierungen zur Ausdifferenzierung in jeweils unterschiedliche Ansätze bzw. Methoden geführt. Dies hängt mit den vielfältigen Fragestellungen und Interessenlagen zusammen, die sich in komplexen Gesellschaften im bio-psycho-sozialen Feld des Gesundheitswesens konstellieren.

Entsprechend dieser Vielfalt sind die Lehrbücher und Fachpublikationen innerhalb jeder Grundorientierung vor allem einzelnen Ansätzen gewidmet – meist sogar noch spezifischeren Perspektiven und Fragestellungen innerhalb eines Ansatzes. Auch in der HPT fokussieren sich die vielfältigen Darstellungen weitgehend auf die einzelnen HPT-Ansätze mit ihren spezifischen inhaltlich-konzeptionellen und praktisch-methodischen Ausdifferenzierungen. Es gibt hingegen kaum Werke, welche die Beziehungen zu den gemeinsamen Wurzeln der HPT darlegen (die wenigen sind in ▶ Kap. B1 aufgeführt). Ein solcher Blick auf die Zusammenhänge wird aber zunehmend wichtig, weil mit dem formellen Zusammenschluss der HPT-Verbände zur »Arbeitsgemeinschaft Humanistische Psychotherapie« (AGHPT), 2010, die HPT als eine einheitliche Grundorientierung stärker ins Bewusstsein rückt und progressiver auch nach außen vertreten wird. Methodenübergreifende Kongresse der AGHPT sowie die Entwicklung von gemeinsamen Lehr- und Ausbildungscurricula belegen die Relevanz, auch die der gesamten HPT zugrundeliegenden Essentials herauszuarbeiten.

Im vorliegenden Band stehen daher die gemeinsamen Wurzeln der HPT-Ansätze im Zentrum der Betrachtung. Diese gehen viel weiter zurück, als uns die übliche US-amerikanische Narration über die Entstehung der HPT mit der Gründung der Gesellschaft für Humanistische Psychotherapie, 1962, erzählt; denn diese US-Gründungspersönlichkeiten waren selbst stark durch die Konzepte aus Europa – besonders Deutschland – in der ersten Hälfte des 20. Jahrhunderts beeinflusst. Indem dieses gemeinsame Wurzelgeflecht der historisch älteren Konzepte mit heutigen Erkenntnissen verbunden wird – u. a. der Bindungs- und Säuglingsforschung, der Biosemiotik und der Systemtheorie –, lässt sich aus Sicht des Autors ein recht konsistentes Gesamtbild der HPT zeichnen, das im umfangreichen Teil A dargelegt ist.

Sehr dankbar bin ich, dass Teil B – in dem die einzelnen Ansätze der HPT sehr kurz und prägnant referiert werden – von vielen kompetenten Menschen, die sich in den unterschiedlichen Ansätzen verorten, gegengelesen und mit wertvollen Kommentaren versehen wurden. Mein Dank gilt Dorothea Bünemann, Hilke Ganzert, Mark Helle, Christoph Hutter, Christoph Kolbe, Alfried Längle, Uschi Oesterle, Roland Raible, Karl-Heinz Schuldt, Christian Stadler, Gerhard Stemberger und Manfred Thielen. Besonderer Dank gilt meiner Frau Gila Kriz und meinem Freund Ralf Lisch, die als Journalistin bzw. als vielfacher Buchautor und Psychotherapie-Laie nicht nur das gesamte Buch sorgfältig durchgesehen, sondern auch mit einer Fülle an Vorschlägen zur besseren Verständlichkeit beigetragen haben.

Osnabrück, im September 2022
*Jürgen Kriz*

# Zur Struktur dieses Buches

Um die Orientierung über die einzelnen Kapitel in diesem Buch zu erleichtern, ist in ▶ Abb. A1 die Humanistische Psychotherapie – und die Gliederung dieses Buches – schematisch als Baum dargestellt.

Wenn man einen Baum betrachtet, springen meist die weitverzweigten Kronen mit ihren Ästen, Blättern, Blüten und/oder Früchten ins Auge. Manche Äste sind weit ausladend und streben scheinbar auseinander. Andere sind so eng verzweigt, dass schwer zu unterscheiden ist, welche Blätter genau zu welchem Ast und Zweig gehören. Doch bei aller Bedeutsamkeit solcher Details: Wesentlich ist, dass die Äste nicht einfach irgendwie zusammen – oder gar: in der Luft – hängen, sondern klar zu *einem* Baum gehören, der wesentlich auch durch seine Wurzeln bestimmt wird. Diese Wurzeln sind oft unerwartet tiefgründig und nicht immer so offensichtlich zu erkennen, wie die Baumkrone. Aber ohne diese Wurzeln könnten wichtige Nährstoffe aus unterschiedlichen Bereichen des Bodens gar nicht zum Leben und Gedeihen des Baumes mit seinen Zweigen, Früchten und Blüten zur Verfügung stehen. Und nur die stützende Kraft starker Wurzeln ermöglicht es, dass der Baum sich oben in seiner Krone erfolgreich entfalten kann.

Es ist nicht unwichtig, in solche Betrachtungen auch die Frage über die Sicherheit und die weitere Entwicklung eines Baumes einzubeziehen. Dies gilt besonders in einer Zeit und in einer Landschaft, in der Bäumen kaum noch in ihrer Eigenart und Schönheit ein Wert beigemessen wird, sondern ihr Nutzen zunehmend unter Verwertungs- und Effizienzaspekten bewiesen werden muss. Da das »kognitive Klima« von Wertbeurteilungen stets (auch) interessengeleitet ist, gilt es, die dabei aufgestellten Kriterien nach ihrer Angemessenheit zu hinterfragen.

Diese Baum-Metapher passt in wesentlichen Punkten gut zur Humanistischen Psychotherapie (▶ Abb. A1): Vordergründig springen zwar die einzelnen Ansätze der HPT (Äste) mit ihren Vorgehensweisen (Blättern, Blüten und Früchten) ins Auge. Doch hängen auch diese nicht einfach »in der Luft«, sondern sind eben Äste *eines* Baumes, auch wenn einzelne aus manchen Perspektiven weiter auseinanderliegen, während andere in ihren Verzweigungen so verwoben sind, dass es müßig erscheint, genau zu verfolgen, welchem Ast denn nun genau ein einzelnes Blatt zuzuordnen ist.

Trotz der Wichtigkeit der einzelnen Ansätze der HPT mit ihrer Vielzahl von Vorgehensweisen sind diese, wie bereits im Vorwort betont, in diesem Buch nur extrem kurz in Teil B dargestellt. Neben Platzgründen spricht dafür, dass zu jedem Ansatz der HPT gute Einzelwerke vorliegen. Sofern man vor allem an der Praxis der HPT und den konkreten Vorgehensweisen – möglichst eingebettet in Fallgeschichten – interessiert ist, sollte auf diese Werke zurückgegriffen werden (Hinweise sind bei den einzelnen Ansätzen in B1–B9 angegeben).

Der zentrale Fokus dieses Buches liegt auf den Grundlagen der Humanistischen Psychotherapie. Daher wird mit diesen auch begonnen; im umfangreiche Teil A werden nach den allgemeinen Grundlagen (A1–A3) vor allem die so wichtigen gemeinsamen konzeptionellen Wurzeln der HPT (A4–A8) dargestellt und diskutiert. Fasziniert von der »Blüten- und Blätterpracht« – ggf. gar nur an einzelnen Zweigen – wurden diese so wesentlichen Grundlagen der HPT zwar auch bislang schon implizit genutzt, aber kaum explizit dargestellt. Umso wichtiger erscheint es, diese konzeptionellen Wurzeln etwas genauer darzustellen, auch wenn dies für manchen Praktiker vielleicht etwas mühselig erscheinen mag. Es wäre ein Missverständnis, »Wurzeln« primär unter einer historischen Perspektive zu sehen. Wie bei jedem lebenden Baum sind die Wurzeln nicht nur für einen festen Stand notwendig, sondern sie liefern auch für alle aktuellen Lebensvorgänge die essenziellen Nährstoffe, ohne die die o. a. »Blüten- und Blätterpracht« an den einzelnen Zweigen nicht möglich wäre und der Baum seine Lebenskraft verlieren würde.

Dass letztlich auch den »klimatischen Bedingungen« für den Gedeih der HPT Aufmerksamkeit geschenkt werden muss, wurde bereits oben anhand der Baum-Metapher erläutert. Konkret bedeutet dies, den aufgestellten Kriterien für die Wertentscheidungen über die HPT, die in Deutschland abweichend von der gesamten restlichen Welt eine überlebensnotwendige Bedeutung erlangt haben, nachzugehen und den Wert der HPT nach internationalen Kriterien hervorzuheben. Dies erfolgt in Teil C. Dabei sind die Kapitel C1–C7 mit ihrem, umfangsbedingt, recht engen Fokus der Evidenzbewertung an den gegenwärtigen Diskursen und ihren Narrativen bezüglich der HPT ausgerichtet.

Die Struktur des Buches folgt entsprechend diesen Argumenten: In ▶ Abb. A1 – quasi von unten nach oben – von den Grundlagen (Teil A) über die Ansätze der HPT (Teil B) bis zur Frage einer angemessenen Evidenzbeurteilung (Teil C).

# Zur Struktur dieses Buches

Klimatische Bedingungen

*Teil C:*

**Zur angemessenen Evidenzbeurteilung** ▶ Kap. C1–C6

*Teil B:*

**Die Ansätze der HPT** ▶ Kap. B1–B9

Personzentrierte Psychotherapie, Focusing und EFT, Gestalttherapie, Psychodrama, Transaktionsanalyse, Existenzanalyse/Logotherapie, Körperpsychotherapie, weitere konzeptuelle Perspektiven

*Teil A:*

**Grundlagen**

**Die konzeptionellen Wurzeln der HPT** ▶ Kap. A4–A8

Gestaltpsychologie, (Selbst-)Aktualisierungstendenz, Begegnung und Szene, Mensch als Subjekt, therapeutische Beziehung

**Allgemeine Grundlagen** ▶ Kap. A1–A3

Phänomenologische Grundhaltung/Menschenbild, Definition, Historische Entwicklung, Perspektivenvielfalt und Positionierung der HPT

**Abb. A1:** Darstellung der Humanistischen Psychotherapie als Baum

# A Grundlagen

# A1 Was ist Humanistische Psychotherapie (HPT)?

## A1.1 Phänomenologische Grundhaltung und Menschenbild

Die Humanistische Psychotherapie (HPT) versteht sich als eine der vier psychotherapeutischen Grundorientierungen. Wie auch in den drei anderen – der psychodynamischen, der behavioralen und der systemischen Grundorientierung – haben sich in der HPT in Jahrzehnten professioneller Psychotherapie unterschiedliche Ansätze entwickelt. Ein wesentlicher gemeinsamer Kern ist eine phänomenologische Haltung, verbunden mit einem spezifischen Menschenbild.

Diese Haltung resultiert ideengeschichtlich aus dem philosophischen Ansatz der »Phänomenologie«, die von Edmund Husserl (1859–1938) Anfang des 20. Jahrhunderts geprägt wurde. Seit Husserls bedeutenden Werken vor hundert Jahren ist die Phänomenologie allerdings heute als Strömung mit einer »Vielzahl von Nebenarmen« zu sehen (Wendt 2021, 306): eine »heteromorphe – d. h. gestaltenreiche – Bewegung« mit »hermeneutischen und existenzphilosophischen Spielarten«. Aus diesem Grunde müssen wir im vorliegenden Band auch nicht die philosophischen Tiefen und Feinheiten der Phänomenologie ausleuchten, sondern können eine moderat-praxisorientierte Erläuterung von Graumann aus seinem Beitrag zur »Phänomenologischen Psychologie« nutzen. Auf die Frage, was wir berücksichtigen müssen, wenn wir Gefühle und Handlungen verstehen bzw. erklären wollen, führt Graumann (1988, S. 539) unter Verweis auf Nuttin (1973) aus:

> »Es genügt bei der Analyse von Verhalten nicht (wie es im behavioristischen Forschungsprogramm versucht wurde), es nur so aufzufassen, als stünde es unter der Kontrolle von physischen Stimulusbedingungen. Vielmehr gilt: ‚Verhalten ist eine sinnvolle Antwort auf eine Situation, die ihrerseits für das Subjekt Sinn hat. Diese sinnvolle Situation ist eine Konstruktion des Subjekts' (Nuttin 1973, S. 175 f), bzw. soziale Konstruktion von mehreren Subjekten, die – in sozialer Interaktion stehend – ihre jeweilige Situation definieren, …bzw. aushandeln. Dass etwas für jemanden Sinn hat oder bekommt, wird also weder subjektiv aus der (Psyche der) Person noch objektiv aus der Sache erklärt, sondern aus der …Person-Umwelt-Interaktion.«

Die phänomenologische Haltung der HPT besagt somit, dass der Mensch in seiner subjektiven Bedeutungsgebung im Zentrum des psychotherapeutischen Verstehens, Erklärens und Handelns, sowie des damit verbundenen Forschens steht. Dabei wird zugleich hervorgehoben, dass diese »subjektive Bedeutungsgebung« weder allein aus »inneren Prozessen« des Menschen noch allein aus äußeren Gegebenheiten und Sozialbeziehungen kommt, sondern stets als interaktives Zusammenwirken beider gesehen werden muss (▶ Kap. A7). Dieses Zusammenwirken von inneren, körperlichen Vorgängen und äußeren Anforderungen und Deutungsmustern lässt für den konkreten Menschen die o. a. »sinnvolle Antwort« auf eine subjektiv sinnvolle Situation entstehen. Aus der Forschung über psychische (oft als Basis auch der physischen) Gesundheit unter dem Begriff Salutogenese (Antonovsky 1997) wissen wir, dass dort, wo eine solche Kohärenz aus sinnvoll empfundenen Situationen typisch ist, Menschen eine große Widerstandkraft gegen schädigende Einflüsse haben. Wo dies aber chronisch nicht gelingt – etwa in Folge von traumatischen Erlebnissen –, ist der Mensch stark verletzlich (vulnerabel).

Mit ihrer phänomenologischen Haltung ist die HPT deutlich von den anderen Grundorientierungen zu unterscheiden. Denn was das Subjekt in einer Situation als sinnvoll ansieht bzw. empfindet, ist nicht (allein) durch äußere Reize und »Faktoren« bestimmt, und auch nicht durch das, was Außenpersonen in Forschungsdesigns herausgefunden und in Form von Manualen als Interventionen vorgeben, wie es für den behavioralen Ansatz typisch ist. Es ist aber auch nicht (allein) durch biologische Triebe und deren psychodynamisches Zusammenspiel erfassbar, wie es im psychodynamischen Ansatz der Fall ist – besonders wenn der Blick auf psychopathologische Erklärungsmuster nicht auch die Ressourcen, salutogenetischen Dynamiken und Selbstregulationspotentiale mitberücksichtigt. Letztlich kann der subjektive Sinn aber auch nicht (allein) durch die Strukturen interpersoneller Dynamiken erklärt und verstanden werden, worauf der systemische Ansatz eher fokussiert. Wobei konzediert werden darf, dass reale Therapien inzwischen ohnedies weit konzeptübergreifender und integrativer verlaufen, als es die Lehrbuchdebatten unter der Fragestellung möglichst sauberer Abgrenzung und der in Deutschland betriebene Konkurrenzkampf zwischen sogenannten »Verfahren« erscheinen lassen.

Die Konsequenz der phänomenologischen Haltung ist, den zu therapierenden Menschen bei seiner Erforschung innerer, körperlicher Prozesse und deren symbolisierender Einordnung in einen Sinnzusammenhang achtsam zu begleiten und für diese Prozesse ggf. Anregungen zu geben. Wobei, nochmals betont sei, dass ein solcher Sinnzusammenhang nicht losgelöst von sozialen und materiellen Anforderungen und Strukturen, von der biografischen Vergangenheit und den Möglichkeiten der Zukunft und vielem Weiteren »in der Welt« gefunden werden kann. All diese Gegebenheiten in der Welt sind mitbestimmend, aber sie determinieren nicht das, was der Mensch als sinnvoll empfindet. Und er ist damit frei, angesichts und trotz aller Umstände bestimmen zu können – und zu müssen –, als wen er sich selbst in dieser Welt sehen will. Letzteres ist die »existenzielle Freiheit«, die vom existenzanalytischen Ansatz in der HPT besonders betont wird (Längle 2021).

Diese kurzen Ausführungen zeigen, dass allein schon aus der phänomenologischen Haltung sehr viel darüber folgt, wie in der HPT die Therapeut:innen ihre Patient:innen[1] sehen. Zur Charakteristik des damit verbundenen Menschenbildes

---

1 In diesem Buch wird eher unsystematisch von Klient:innen und Patient:innen gesprochen. »Klient:innen« vermeidet zwar Assoziationen, die oft mit einem hierarchischen Verhalten und pathologisierenden Blick verbunden sind, droht aber die Leiden und erlebten Begrenzungen der Menschen, die in Therapie kommen, zu verniedlichen – so als wären es Klienten beim Steuerberater oder Anwalt. »Patient:innen« nimmt vom Begriff her das

werden oft die »Basic Postulates and Orientation of Humanistic Psychology« von James Bugental (1964) zitiert, welcher als erster Präsident der 1962 gegründeten »Association for Humanistic Psychology (AHP)« wirkte (siehe ▶ Kap. A2). Bei den folgenden elf Grundsätzen geht es bei den ersten fünf um das Menschenbild der HPT, die folgenden sechs charakterisieren deren wissenschaftliche und methodische Orientierung. Auch diese letzteren sind bemerkenswert, weil daran deutlich wird, dass die AHP keineswegs wissenschaftsfeindlich war oder die anderen Verfahren ausgrenzen wollte. Vielmehr ging es der AHP um eine Ergänzung der Perspektiven anderer Verfahren und um wesentliche Fragen, welche den Menschen ausmachen.

Da solche Postulate sprachlich und terminologisch gewöhnlich sehr prägnant und gleichzeitig bedeutungsvoll sind, werden sie hier sowohl im Original als auch mit freierer Übersetzung referiert. Bugental selbst – und viele, die sich darauf bezogen haben (z. B. Hutterer 1998) – haben diese Postulate weiter kommentiert. Wenn man so will, stellt dieses Buch (besonders Teil A) eine umfassende Erläuterung (auch) dieser Postulate dar.

### Elf Grundsätze der Humanistischen Psychologie (Basic Postulates and Orientation of Humanistic Psychology) nach Bugental (1964)

- *Man, as man, supercedes the sum of his parts* (der Mensch ist in seinem Wesen mehr, als was die Aufsummierung seiner Teile ergeben würde).
- *Man has his being in a human context* (der Mensch ist in seiner Existenz nur im Kontext anderer Menschen zu sehen).
- *Man is aware* (der Mensch lebt (reflexiv) bewusst).
- *Man has choice* (der Mensch hat Entscheidungsfreiheit).
- *Man is intentional* (der Mensch lebt sinn- und zielorientiert).
- *Humanistic Psychology cares about man* (die Humanistische Psychologie kümmert sich um die Belange der Menschen).
- *Humanistic Psychology values meaning more than procedure* (die Humanistische Psychologie hält Fragen nach der Bedeutung von etwas für wertvoller als Fragen nach einem bestimmten methodischen Vorgehen).
- *Humanistic Psychology looks for human rather than nonhuman validations* (die Humanistische Psychologie orientiert sich hinsichtlich der Gültigkeit ihrer Befunde an menschlichen Maßstäben und nicht an formalen Kriterien).
- *Humanistic Psychology accepts the relativism of all knowledge* (die Humanistische Psychologie erkennt die Relativität allen Wissens an).
- *Humanistic Psychology relies heavily upon the phenomenological orientation* (die Humanistische Psychologie stützt sich stark auf eine phänomenologische Orientierung).
- *Humanistic Psychology does not deny the contributions of other views, but tries to supplement them and give them a setting within a broader conception of the human*

---

Leiden zwar ernst (pathos = Leid), droht aber mit stigmatisierendem Blick im (schlechten) hierarchischen medizinischen Behandlungsmodell unangemessene Distanz zu erzeugen.

> *experience* (die Humanistische Psychologie verleugnet nicht die Beiträge anderer Orientierungen, sondern versucht, diese zu ergänzen und in einen breiten Zusammenhang menschlicher Erfahrung zu stellen).

Dennoch erscheinen einige Bemerkungen zu den ersten beiden Postulaten in dieser Einführung angebracht:

Das erste Postulat bezieht sich auf die Befunde und die Position besonders der Gestaltpsychologie (▶ Kap. A2, ▶ Kap. A4, ▶ Kap. A5) und hebt die HPT von einer analytisch zergliedernden Betrachtung, Behandlung und Erforschung des Menschen ab. So kann man Gegenstände und mechanische Apparate zwar zerlegen, analysieren, und dann meist wieder zusammenfügen. Schon bei Organismen funktioniert dies hingegen nicht – eine Maus kann zwar zerlegt werden, aber nach der noch so gekonnten Zusammensetzung ihrer Teile wird ein Wesentliches fehlen: das Leben. Beim Menschen misslingt dieses Prinzip der Synthese aus Einzelkomponenten nicht nur auf organismischer Ebene, sondern auch in seinen essenziellen kognitiven und sozialen Beziehungen: Das Lösen von hundert einfachen Rechenaufgaben lässt sich gut in fünf Abschnitte zu je 20 Aufgaben gliedern. Und nach ¾ der Bearbeitungszeit kann man davon ausgehen, dass rund 75 Aufgaben gelöst wurden. Der Lösungsprozess bei einem komplexen Problem lässt sich aber nicht so aufgliedern. Wenn sich nach einer Zeit der Bearbeitung plötzlich die Lösung mit einem »AHA-Effekt« einstellt, wäre es unsinnig zu sagen, dass nach ¾ dieser Zeit die Lösung zu 75 % vorlag. Wir haben es hier mit nicht-linearen Zusammenhängen zu tun, die für komplexere Denk-, Handlungs- und Entwicklungsvorgänge (zu denen auch die HPT gehört) typisch sind, und für welche die üblichen linearen Analysemodelle der Klinischen Psychologie untauglich sind.

Aus Sicht der HPT ist es daher auch überaus fragwürdig, bei einem Menschen, dessen Leid diagnostisch den Kategorien »Angststörung«, »Depression« und »Belastungsstörung« zugeordnet werden kann, von einer additiv – oder sonst wie vorstellenbaren – Zusammensetzung aus drei Störungen (Angst, Depression, Belastungsstörung) auszugehen. Aus Sicht der HPT würde hier die Bedeutung von Diagnostik und ihrer Kategorien weitgehend missverstanden.

Auch von Teams wissen wir, dass beispielsweise elf hervorragende Fußballstars sich nicht einfach zu einer guten Fußballmannschaft zusammenstellen lassen. Und das, was einen Menschen als liebenswert, sozial, empfindsam, kreativ usw. erscheinen lässt, ist mehr und etwas anderes, als die Summe isoliert antrainierter Verhaltensweisen.

Das zweite Postulat hebt die HPT gegen Perspektiven ab, die z. B. die geistigen Fähigkeiten ausschließlich nach dem Computermodell als kognitive Informationsverarbeitung ohne Körper und ohne soziale Beziehungen modellieren. Die Beschäftigung mit menschlicher Erfahrung kann nicht einfach die soziale Eingebundenheit des Menschen ausblenden und lediglich einzelne Funktionen untersuchen wollen. Das gilt noch stärker für die Psychotherapie als für die Psychologie – und das gilt aus heutiger Sicht nochmals mehr, seitdem wir in den letzten Jahrzehnten die überaus große Bedeutung des evolutionär erworbenen »social brain« (▶ Kap. A5, ▶ Kap. A7) erkannt haben.

## A1.2 Die Sicht der HPT auf menschliche Bedürfnisse

Nun ist Humanistische Psychotherapie nicht identisch mit Humanistischer Psychologie – auch wenn beide in den »Basic Postulates« von Bugental übereinstimmen. Unter einer spezifischeren Perspektive von Therapie gerät stärker die Frage in den Blick, was dem Menschen Leid bereitet. Dazu wurde oben schon auf die Befriedigung des Bedürfnisses nach einem irgendwie sinnvollen Leben verwiesen. Chronisch erlebte Sinnlosigkeit – das Gegenteil von Kohärenz im Sinne der Salutogenese (Antonovsky 1997) – ist ein krankmachender Stressfaktor (bzw. setzt die Fähigkeiten, Distress zu bewältigen, herab). Aufgrund der Vielzahl und Differenziertheit menschlicher Lebens- und Entwicklungsgeschichten ist diese Sinnlosigkeit sowohl sehr umfassend zu verstehen als auch mit einem großen Spektrum an unterschiedlichen Detaildynamiken verbunden. Zudem gibt es natürlich auch Beeinträchtigungen auf körperlicher, sozialer oder materieller Ebene, die ggf. gar keinen Raum lassen, sich mit Befindlichkeiten im Sinne der Psychotherapie auseinanderzusetzen (dann ist ggf. auch sozialarbeiterische oder gar schlicht materielle Hilfe zunächst wichtiger).

Zur Groborientierung hat Maslow (1943) eine »Bedürfnispyramide« vorgeschlagen, die sehr häufig zitiert wird (▶ Abb. A1.1).

**Abb. A1.1:** Bedürfnispyramide von Maslow (1943)

Die Bedürfnisse der unteren Ebene (*physiological needs*) sind weitgehend körperlicher und kaum psychischer Natur. In westlichen Zivilgesellschaften sind sie weitgehend erfüllt – für einen beträchtlichen Teil der weiteren Menschheit gilt dies aber nicht. Chronische Verweigerung dieser Bedürfnisse führt zusätzlich zu psychischen Schädigungen. Die Bedürfnisse der zweituntersten Ebene (*safety needs*) sind für viele Menschen vor dem Hintergrund von Kriegen, Flucht, Armut, Wirtschaftskrisen ebenfalls kaum erfüllt. Die Bedürfnisse der mittleren Stufe (*love needs*) betreffen den Menschen als soziales Wesen; die vierte Stufe (*esteem needs*) geht darüber hinaus und lässt, nach Maslow, bereits das Machtmotiv sichtbar werden. Die fünfte und oberste Ebene (*need for self-actualization*) betrifft das Bedürfnis, die eigenen Anlagen und Fähigkeiten zur Entfaltung zu bringen und zu perfektionieren. Hier siedelt Maslow auch spirituelle Interessen an. Die Pyramide wird gewöhnlich als hierarchisch gesehen: Die Befriedigung der Bedürfnisse einer Ebene muss hinreichend sichergestellt sein, bevor man sich der nächsten zuwenden kann. Aber Phänomene wie z.B. Hungerstreiks für Gerechtigkeit zeigen, dass für die Befriedigung auf einer hohen Stufe (etwa Stufe 4) durchaus eine tiefer liegende (Stufe 1) zur Disposition gestellt werden kann.

Die Pyramide von Maslow ist vielfach dahingehend kritisiert worden, dass hier typisches amerikanisches Mittel- und Oberschichtdenken abgebildet wird. Der Mensch als soziales Wesen tritt im positiven Sinne nur auf Stufe 3 in Erscheinung; die »self-actualization« kann man sogar sehr individualistisch bis egoistisch (miss)-deuten, als »Selbstverwirklichung« des Einzelnen auf Kosten anderer (was Maslow nicht meinte). Für dieses Buch ist wichtig, dass Maslows »self-actualization« sich deutlich von dem theoretisch begründeten Konzept der »Selbstaktualisierung« von Kurt Goldstein bzw. von Carl Rogers unterscheidet (▶ Kap. A2, ▶ Kap. A4, ▶ Kap. A5, ▶ Kap. A8). Dieses Konzept der »Selbstaktualisierung« umfasst stets die bio-psycho-soziale Gesamtdynamik des Menschen. Ausgeprägte Egoismen wären somit Defizite in der menschlichen Entwicklung. Für die HPT ist dieses Konzept der »Selbstaktualisierung« deshalb zentral, weil es die wichtigen Prozesse von Selbstregulation und Selbstorganisation in Therapie und Alltag begrifflich fassen und theoretisch erklären kann (▶ Kap. A5).

Wegen der berechtigten Kritik an den Einseitigkeiten von Maslows Bedürfnispyramide macht es Sinn, diese um einige Bedürfnisse zu ergänzen, wie sie aus der psychotherapeutischen Perspektive der Existenzanalyse (Längle 2013, 2021) vorgetragen worden sind (▶ Kap. B7). Die folgenden »Grundmotivationen« (nach Längle) hat Kolbe (2014, 31) im Rahmen der Existenzanalyse so formuliert, dass sie wichtige Aspekte der gesamten HPT betreffen:

---

**Vier Grundmotivationen der menschlichen Existenz
(nach Alfried Längle, siehe Kolbe 2014, S. 31)**

Die folgenden Bedürfnisse in Form von Motivationen kennzeichnen in unterschiedlicher Ausprägung das Leben des Menschen. In der Existenzanalyse werden sie daher als »Grundmotivationen« bezeichnet:

1. Der Mensch ist darauf ausgerichtet, in der Welt sein und überleben zu können. Hierbei ist er auf Schutz, Raum und Halt angewiesen, sodass sich Können, Vertrauen und Grundvertrauen entwickeln können. So lernt er, das, was ist, annehmen und/oder aushalten zu können.
2. Der Mensch ist auf Verbundenheit ausgerichtet. Hierzu benötigt er Beziehung, Zeit und Nähe, um sich Wertvollem zuwenden zu können und Zugang

zum Grundwert des Lebens zu haben. Dies spiegelt sich in dem Gefühl, dass es gut ist, da zu sein.
3. Der Mensch ist auf Entfaltung seines Selbst-Seins ausgerichtet. Beachtung, Gerechtigkeit und Wertschätzung helfen ihm, sein Ich und seinen Selbstwert auszubilden, sodass es ihm möglich wird, authentisch zu leben, eine Identität zu entwickeln und ein Gespür für das ethisch Richtige zu finden.
4. Der Mensch ist auf einen Kontext ausgerichtet. Als wertvoll empfundene Tätigkeiten, Möglichkeiten und Zusammenhänge lassen ihn erfahren, dass er mit seinem Dasein für etwas gut ist.

Diese Grunddimensionen verorten die Existenzanalyse eindeutig als Ansatz der Humanistischen Psychotherapie.

## A1.3 Das Verständnis von psychischer Beeinträchtigung und des therapeutischen Prozesses in der HPT

Mit dem o. a. Menschenbild der HPT und dem Blick auf die Bedürfnisse des Menschen ist in der Therapie die Frage verbunden, was die Menschen dazu bringt, professionelle Hilfe nachzusuchen. Dabei sei zunächst ein Aspekt betont, der allzu leicht in den Psychotherapiediskursen aus dem Auge gerät: Wandlungs-, Veränderungs- und Neuadaptationsprozesse an veränderte Herausforderungen, die uns als Einzelne, Paare, Familien oder Gruppen ein ganzes Leben begleiten, finden insgesamt in unfassbar großem Umfang ständig so statt, dass diese Veränderungen zumindest hinreichend gelingen. Dazu tragen Partner, Freunde, Familienangehörige und viele andere bei, ohne dass eine professionelle Psychotherapie notwendig wird. In der Psychotherapie haben wie es daher mit einer engen Selektion von Menschen zu tun, bei denen in bestimmten Aspekten diese Veränderungen und die Überwindung stark beeinträchtigender Prozesse mit anderen Mittel nicht hinreichend gelingt. Sie verstehen sich dann selbst und ihre erlebten belastenden Vorgänge im »Inneren« und/oder im »Äußeren« nicht (mehr) und können nicht auf die Ressourcen, Kompetenzen und Regulationsmechanismen zurückgreifen, die eine Besserung bewirken könnten. Der Mensch ist dann – z. B. in Folge einer traumatisierenden Entwicklung – von einem Teil seiner Person entfremdet (in der Fachterminologie der HPT wird von »Inkongruenz« zwischen körperlichen Prozessen und deren Repräsentation im Bewusstsein gesprochen, ▶ Kap. A6, ▶ Kap. A7, ▶ Kap. A8, ▶ Kap. C1.2).
Diese Entfremdung von sich selbst (Eberwein 2016) betrifft insbesondere:

- den eigenen Körper und die Körperempfindungen,
- die eigenen Gefühle und Zustände,
- die sozialen Bindungen, Abhängigkeiten und Beziehungen,
- die eigenen Fähigkeiten, Kompetenzen und Erfahrungen,
- das Selbstbild und die Selbstwahrnehmung sowie
- die Halt und Schutz gebenden Grenzen und psychosozialen Strukturen.

Eberwein (2016) weist auch auf typische schädigende Erfahrungskonstellationen hin – besonders in vulnerablen Lebensphasen wie der der Kindheit –, die eine solche Deprivation verständlich machen, nämlich:

- Deprivation, also das anhaltende Fehlen von etwas, was ein Mensch für ein psychisch gesundes Leben braucht,
- Invasion, das gewaltsame Durchbrechen schützender Identitätsgrenzen,
- Repression, also Unterdrückung oder anhaltende Behinderung vitaler Lebensimpulse,
- Konfusion, massiv verwirrende Kommunikation durch mehrdeutige Botschaften oder unvereinbare Aufforderungen.

Diese können als Folge von zeitlich durchgängigen pathogenen Beziehungskonstellationen, von existenziellen Mangelzuständen (also dem Fehlen an lebensnotwendigen Ressourcen) oder von Traumata (also einmaligen oder aufeinander folgenden, ähnlichen Ereignisse) auftreten.

Aus diesem eher allgemeinen Verständnis heraus wird im therapeutischen Prozess der HPT ein sehr spezifisches, auf den einzelnen Menschen mit seinen Beschwerden, Bedürfnissen und Ressourcen abgestimmtes Vorgehen gemäß den Prinzipien der HPT realisiert. Die Grundlage dafür ist eine spezifische therapeutische Beziehung (▶ Kap. A8), auf deren Basis die Therapeut:innen der HPT entsprechend dem großen Spektrum an Arbeitsweisen in den einzelnen Ansätzen in sehr kleinschrittiger Abstimmung mit den Patient:innen die konkreten Vorgehensweisen entfalten. Wobei nochmals betont werden soll, dass »Entfalten« eine andere Modellvorstellung zugrunde liegt als das Abarbeiten vorher festgelegten Interventionen aus einem Manual. Denn letzteres kann die subjektive Bedeutungsgebung des betreffenden Menschen in der konkreten Situation nicht vorherwissen.

Da der Mensch wesentlich auch als verkörpert angesehen wird, spielt der Körper eine besondere Rolle – auch dann, wenn scheinbar – von außen gesehen – nur miteinander gesprochen wird. »Du sollst merken – wie willst du sonst verstehen« lautet beispielsweise eine zentrale Aussage der Gesprächspsychotherapie (Biermann-Ratjen und Eckert 1982, ▶ Kap. B2). Der zentrale Fokus der HPT liegt ohnedies auf der Verschränkung, sein Fühlen zu erleben und sein Erleben zu fühlen (Kriz 2019a). Dazu können auch die spezifischen körperpsychotherapeutischen Vorgehensweisen (▶ Kap. B8) sowie psychodramatische interpersonelle (real oder imaginiert) Darstellungstechniken (▶ Kap. A6, ▶ Kap. B5, ▶ Kap. B9) eingesetzt werden. Entsprechend der phänomenologischen Haltung steht aber immer das Subjekt mit seinen Sinnbezügen im Zentrum der dialogischen Arbeit. HPT ist das Bemühen, eine existenzielle Begegnung (▶ Kap. A6, ▶ Kap. A8) zwischen Therapeut:innen und Klient:innen für den therapeutischen Prozess nutzbar zu machen.

## A1.4 Die formale Definition der HPT

Abschließend soll hier die formale Definition für die HPT referiert werden, so wie sie 2012 im Antrag der Arbeitsgemeinschaft Humanistische Psychotherapie (AGHPT) an den »Wissenschaftlichen Beirat Psychotherapie (WBP)« formuliert wurde (AGHPT 2012). Es ist aber durchaus sinnvoll, diese Definition erst im Anschluss der Lektüre des *vollständigen* Teils A zu lesen (oder ggf. nach dieser nochmals hierher zurückzukehren), weil erst die ausführliche Darstellung und Diskussion der wesentlichen Konzepte in den nächsten Kapiteln zu einem tieferen Verständnis dieser Definition führen wird.

> **Definition des heilkundlichen Verfahrens »Humanistische Psychotherapie« (AGHPT 2012)**
>
> Humanistische Psychotherapie als heilkundliches Verfahren behandelt krankheitswertige Störungen. Dabei fokussiert sie auf die nur dem Menschen eigene Verschränkung von organismischen und psychosozialen Prozessen mit der besonderen Perspektive einer selbstregulativen, sinn-orientierten, intentional-motivierten, selbst-verantwortlichen, auf Zukunft ausgerichteten Aktualisierung kreativer Potentiale in Adaptation an die Gesamtgegebenheiten.
>
> Mit »Gesamtgegebenheiten« sind dabei keineswegs nur äußere (materielle und soziale) Faktoren, sondern eben auch die bio-psycho-sozialen Strukturen im Laufe der bisherigen Biografie, sowie essenziell auch die nach selbstbestimmter, intentionaler, sinnorientierter Entfaltung drängenden vital-kreativen Kräfte und Potenziale des Menschen gemeint.
>
> Nosologisch gesehen können diese Gesamtgegebenheiten in der Entwicklung des Menschen auf materieller, somatischer, psychischer oder interaktioneller Ebene zur Herausbildung von Mustern in den Lebensprozessen (wozu auch Erleben und Verhalten gehört) geführt haben, die besonders für neue Entwicklungsaufgaben und Bedingungen nicht adaptiv sind. So können beispielsweise organismische Erfahrung und Selbstwahrnehmung beziehungsweise verinnerlichte Werte und Selbstkonzept inkongruent zueinander sein. Die internen Repräsentationen biografischer Gegebenheiten auf körperlicher oder kognitiv-emotionaler Ebene, pathogene Symbolisierungsprozesse, aktuelle Lebensereignisse und äußere Belastungsfaktoren können hier also ungünstig symptomatisch zusammenspielen. Die differenziellen Formen dieser Inkongruenz eignen sich als Diagnostikum unterschiedlicher Krankheitsbilder und entsprechend differenzieller Vorgehensweisen. Zentral für die Humanistische Psychotherapie ist daher

die Unterstützung von intensiven selbstexplorativen Erfahrungen körperlicher, emotionaler, kognitiver und interaktiver Prozesse im Rahmen einer spezifischen therapeutischen Beziehung, wie sie von C. Rogers beschrieben worden ist.

## A2 Zur Geschichte der Humanistischen Psychotherapie (HPT)

HPT wird oft als eine Entwicklung aus der »Humanistischen Psychologie« gesehen, einer Bewegung, die in den 1950er Jahren in den USA begann und dort 1961 in die formelle Gründung einer Gesellschaft(»Association for Humanistic Psychology«, AHP) mündete. Den dort vertretenen Grundansichten lagen Konzepte zugrunde, wie sie lange zuvor besonders in Deutschland und Österreich entwickelt worden waren (s. u.). Jedoch wurde auf die europäischen Vorläufer nicht nur in den USA wenig explizit Bezug genommen, auch die mit gut einem Jahrzehnt verzögert entstehende deutschsprachige »Humanistische Psychotherapie« ignorierte weitgehend diese Wurzeln und verstand sich eher als »Entwicklung aus den USA«.

Es lohnt sich, einige Eckpunkte dieser Entwicklung nachzuzeichnen, weil daran einige Versäumnisse und Missverständnisse bezüglich der HPT deutlich werden.

### A2.1 Die Geschichte der HPT aus US-amerikanischer Sicht

Richtet man zunächst den Fokus auf die USA (Aanstoos et al. 2000, O'Hara 1991, Moss 2015), so begannen in den 1950er Jahren zunehmend Psycholog:innen ihre Unzufriedenheit mit den beiden vorherrschenden Paradigmen, dem Behaviorismus und der Psychoanalyse, zu artikulieren. Abraham Maslow, der zu dieser Zeit am psychologischen Department der Brandeis University vor allem experimentell arbeitete, begann 1954 über eine wachsende Adressenliste Personen miteinander in Kontakt zu bringen, deren Interesse über die üblichen akademischen Fragestellungen in der Psychologie hinausreichte. Es ging um wissenschaftliche Untersuchungen von Themen wie Kreativität, Gesundheit, Wertorientierungen, Individualität, Wachstum, Selbstaktualisierung, Liebe und Sinnorientierung im menschlichen Leben. Bereits in seiner 1943 publizierten Arbeit »A Theory of Human Motivation«, dann umfassend in seinem Buch »Motivation and Personality« (Maslow 1954/2005), hatte er kritisch angemerkt, dass die Psychologie menschliches Verhalten nicht nur von »Defizit-Bedürfnissen« her erklären solle (Befriedigung von Hunger oder Durst – d.h. die typischen Verstärker in den Tierexperimenten der Behavioristen – oder von Trieben, welche die Psychoanalyse im Fokus hatte). Wichtig sei auch, sich mit dem Bedürfnis zu beschäftigen, sich als Mensch zu verwirklichen, sowie mit Kreativität oder sinnhafter Entfaltung. Diese Sicht, die prägnant in einer sog. »Bedürfnispyramide« veranschaulicht werden kann (▶ Abb. A1.1), ist – trotz der kritischen Bemerkungen in ▶ Kap. A1 – auch heute noch eine wichtige Perspektive in der Humanistischen Psychologie, da sie nicht allein auf die Bekämpfung von Defiziten und Psychopathologien, sondern ebenso auf die Förderung von Ressourcen, Entwicklungspotentialen und salutogenetischer Selbstregulation schaut.

Nach einigen informellen Treffen der Listenmitglieder Ende der 1950er wurde 1961 unter der Schirmherrschaft der Brandeis University die AHP formal gegründet. Als wichtigste Gründungsmitglieder werden u. a. Charlotte Bühler, Abraham Maslow und Carl Rogers, sowie Gordon Allport, James Bugental und Rollo May genannt. Ebenso setzte sich 1961 ein Editorial Board zusammen, um das *Journal of Humanistic Psychology, JHP*, ins Leben zu rufen, dessen erster Band 1963 erschien. Als erster Präsident der AHP fungierte James Bugental, der 1963 im *American Psychologist* den Beitrag »Humanistic Psychology: A New Breakthrough« und 1964 »The Third Force in Psychology« im JHP veröffentlichte – zwei Grundsatzartikel auch zur sich formierenden HPT.

1964 fand dann in Old Saybrook (Connecticut) die erste Konferenz der AHP statt. Führende Personen waren neben den oben genannten Gründungsmitgliedern auch Vertreter anderer Disziplinen mit Interesse an Fragen der HPT (u. a. Barzun, Dubos und Matson). Zentrales Diskussionsthema war, laut O'Hara (1991), warum die beiden dominanten Paradigmen der Psychologie sich weder mit dem Menschen als einmaligem Wesen noch mit vielen Problemen des wirklichen Lebens beschäftigten. Sie stimmten darin überein, dass es gut wäre, wenn die Psychologie eine solche akademische Disziplin werden würde, die sowohl die engen, vom behavioralen Bias begrenzten Fragestellungen als auch die von Tiefenpsycholog:innen unterbelichteten menschlichen Eigenschaften wie Wertorientierung und Selbstbewusstsein berücksichtigen sollte. Als »Dritte Kraft« müsse diese Psychologie ein reichhaltigeres Konzept dafür entwickeln und Erfahrung dazu anbieten, was es im Kern heißt, ein Mensch zu sein.

Diese Formulierungen (sinngemäß ins Deutsche übertragen, J.K.) machen deutlich, dass die Gründer nicht gegen die bisherige Wissenschaft waren, sondern eher den Bias der beiden Mainstream-Orientierungen und deren Beschränkungen korrigieren wollten. Dies zeigen auch etliche Titel der Beiträge auf Konferenzen und in der Zeitschrift JHP, die sich mit Fragen von Psychologie und Therapie als Wissenschaft auseinandersetzten. An der »Ersten Kraft«, dem Behaviorismus (damaliger Zeit), wurde kritisiert, dass dieser systematisch subjektive Daten des Bewusstseins und viel Information über die Komplexität menschlicher Persönlichkeit und deren Entwicklung ausschloss; an der »Zweiten Kraft«, der (damaligen) Psychoanalyse, wurde der allzu enge Fokus auf die Dynamik des Unbewussten kritisiert und dass dort vor allem pathologisches, krankhaftes Verhalten betrachtet wurde. Beide, Behaviorismus und Psychoanalyse, würden sich daher zu wenig mit den gesunden und kreativen Aspekten und Fähigkeiten des Menschen auseinandersetzen (vgl. O'Hara 1991).

Aus den von Bugental (1964) formulierten »Basic Postulates and Orientation of Humanistic Psychology« (▶ Kap. A1) wurden die ersten fünf (leicht umformuliert) in jedem Heft der AHP abgedruckt – quasi als die fünf Gebote der Humanistischen Psychologie.

Dass sich die AHP so schnell und erfolgreich etablierte und bereits nach wenigen Jahren über 6.600 Mitglieder hatte, hängt mit mehreren Gründen zusammen. Allein in den 1960er Jahren trugen Rogers mit vier, Maslow und May mit je zwei Büchern zur großen Verbreitung der Ideen und Grundlagen der HPT bei. Dies ging einher mit einer »Human Potential«-Bewegung: An vielen Orten entstanden Zentren, welche die Entfaltung menschlicher Potenziale mit Hilfe von T-Gruppen, Sensitivity Training, Beziehungs-Training, Encountergruppen usw. zum Ziel hatten (z. B. das »Esalen Institute« in Big Sur, Kalifornien, das 1962 entstand und bis heute aktiv ist). Auch an den Hochschulen entstanden Trainings-, M.A.– und sogar PhD-Programme (z. B. 1966 an der Sonoma University, 1969 an der University of West Georgia oder 1962 ein PhD-Programm an der Duquesne University).

Der Erfolg und die große Mitgliederzahl zeigen aber auch, dass die AHP nicht nur auf Professionelle in Psychologie oder gar Psychotherapie beschränkt war (und ist), sondern zunehmend als breite Bewegung zu sehen war. Das wiederum führte dazu, dass sich auch innerhalb der etablierten Psychologischen Gesellschaft, der »American Psychological Association« (APA), zunehmend Offenheit für HPT zeigte, was dadurch gefördert wurde, dass zahlreiche führende Mitglieder der AHP längst auch Mitglieder der APA waren. So war Maslow 1968 Präsident der APA (Rogers war bereits 1947 Präsident der APA gewesen). Es lag somit nahe, innerhalb der APA eine eigene Abteilung (»Division«) für Humanistische Psychologie zu gründen – speziell nur für die Belange von Psycholog:innen. Dies schien auch deshalb angebracht, weil sich durch die Human Potential-Bewegung und beeinflusst von der Hippie-Kultur in der AHP um 1970 auch anti-intellektuelle und anti-wissenschaftliche Unterströmungen zeigten.

1971 wurde der Antrag zur Gründung der »Society for Humanistic Psychology« als »Division 32« in der APA gestellt, dem die anderen Divisions weitgehend zustimmten. Eines der vielen interessanten Gründungsdetails (vgl. Aanstoos et al. 2000) ist, dass Albert Ellis – den viele heute nur als Verhaltenstherapeuten und Begründer der »Rational Emotiven Therapie« (RET) kennen – sich nicht nur sehr für die Gründung der Div. 32 einsetzte, sondern sogar in den ersten Jahren in deren Vorstand als »Council Representative« fungierte.

Auch die Mitgliederzahl der Division 32 stieg rasch an und umfasste Ende der 1970er Jahre 1150 Personen, die vorwiegend in klinischer Psychologie, Psychotherapie, Beratung und Entwicklungspsychologie, sowie in experimenteller Psychologie, Sozialpsychologie oder Industriepsychologie tätig waren. In den 1980er sank diese Zahl jedoch wieder, wofür Aanstoos et al. (2000, S. 22) den soziokulturellen Konservatismus unter der US-Präsidentschaft von Ronald W. Reagan (1981–1989) als wichtigen Grund anführen. Schon der Begriff »humanistisch« galt in diesem Klima nun als »zwielichtig« (»sinister«).

Es war klar, dass auch die Div. 32 eine eigene Zeitschrift brauchte. Es begann 1971 und 1972 mit je einem Newsletter; ab 1973 erschien »The Bulletin: Division of Humanistic Psychology«, wobei es sich immer noch vornehmlich um eine Mitgliederzeitschrift handelte. Erst ab 1985 gab es eine reguläre Zeitschrift der Div. 32, »The Humanistic Psychologist«, die aber noch drei Jahre, bis 1988, brauchte, bis sich aus einem vergleichsweise dünnen Heftchen eine umfassende Zeitschrift entwickelt hatte. Wegen der strikten Regeln der APA bezüglich ihrer Zeitschriften wurde »The Humanistic Psychologist« erst 1989 als offizielles APA-Journal anerkannt. Mit hohen Ablehnungsraten eingereichter Manuskripte von über 75 % hat sich dieses Journal inzwischen hohes Ansehen erworben.

Bemerkenswert ist die Selbstdarstellung der Wurzeln und Geschichte der HPT, wie sie typischerweise bei Moss (2015) im umfangreichen Kompendium zur HPT (Schneider et al. 2015) zu finden ist: Da beginnt die Geschichte der HPT bei den Griechen – Sokrates, Aristoteles und den Stoikern –, geht über die europäische Renaissance, die Reformation und Erasmus von Rotterdam sowie Søren Kierkegaard und Friedrich Nietzsche als Philosophen des 19. Jahrhunderts hin zur Phänomenologie Edmund Husserls, Martin Heideggers und Maurice Merleau-Ponty sowie, in der Psychiatrie, Ludwig Binswanger und Medard Boss im 20. Jahrhundert, wobei auch Martin Buber mit seiner Dialog-Philosophie gewürdigt wird. Vergleichsweise breiten Raum erhält die Psychoanalyse mit Sigmund Freud, Alfred Adler, C. G. Jung, Otto Rank und Wilhelm Reich – obwohl sich doch die Humanistische Psychologie in den USA explizit im Kontrast zu dieser »Zweiten Kraft« konstituiert hatte. Als eigentliche Gründer der HPT werden nur Maslow, Rogers und Perls dargestellt. Die anderen der oben genannten Gründer der AHP 1962 werden nur (teilweise) namentlich aufgezählt und auf andere Literatur verwiesen.

Die europäischen Wurzeln der HPT spielen in dieser Darstellung (so wie auch in vielen anderen) so gut wie keine Rolle. Die Gestaltpsychologie taucht in einem einzigen Satz auf, in dessen Zusammenhang dann auch Kurt Goldstein erwähnt wird (s. u.). Jacob Moreno und sein Psychodrama bleiben ebenso unbeachtet wie Charlotte Bühler. Letzteres ist besonders erstaunlich, weil die Div. 32 von vier regelmäßigen Preisen einen als »Charlotte und Karl Bühler Award« ausschreibt (die anderen drei sind nach Maslow, Rogers und May benannt).

Die Filterung von Konzepten und Personen läuft allerdings auch andersherum. So findet man in dem Kompendium zur HPT von Schneider et al. (2015) im Register viele Verweise auf Irvin D. Yalom, was dessen zentrale Rolle in humanistisch-existenziellen Diskursen belegt. Im deutschen Sprachraum ist Yalom einem breiteren Publikum eher als Bestseller-Autor von romanhaften Werken über Psychotherapie bekannt (z. B. Yalom 2006, 2008, 2012). Diese und seine Fachbücher (z. B. Yalom 2010a, 2010b) werden in den Fachbeiträgen der HPT wenig rezipiert. Das gilt ähnlich für die anderen führenden Persönlichkeiten der humanistisch-existenziellen Richtung, wie die oben im Zusammenhang mit der Gründung der AHP angeführten James Bugental und Rollo May. Ihre zentralen Werke (Bugental 1976, 1978; May 2015 sowie May und Schneider 2012) sind nicht auf Deutsch zu haben. Auch aktuelle humanistisch-existenzielle Werke führender Persönlichkeiten wie Kirk J. Schneider (2008) liegen nicht übersetzt vor bzw. werden wenig beachtet (Schneider und Krug 2012). Das mag an der übermächtigen Wirkung des logotherapeutischen Ansatzes durch Viktor Frankl und dessen existenzanalytischer Weiterentwicklung durch Alfried Längle (2021) im deutschen Sprachraum liegen (▶ Kap. B7).

## A2.2 Die Geschichte der HPT mit dem Fokus auf den deutschsprachigen Raum

Bei der Frage nach der Geschichte der HPT wird im deutschen Sprachraum gern die amerikanische Version nacherzählt, in der die o. a. Gründung der »Association for Humanistic Psychology«, 1961, eine besondere Rolle spielt. Bei allen bedeutenden wissenschaftlichen bzw. kulturellen Entwicklungen gibt es jedoch stets viele Wurzeln, die oft in frühere Zeiten zurückreichen. Für die Humanistische Psychotherapie bedeutsame Wurzeln reichen bis weit vor die Gründung der AHP zurück und lassen sich in Ansätzen verorten, die sich bereits vor über rund hundert Jahren in Europa entwickelt haben. Besonders bedeutsame Ursprünge führen nach Deutschland bzw. nach Österreich – vor allem zum Psychodrama von Jacob Moreno und seiner kongenial mit Martin Buber entwickelten Begegnungsphilosophie – sowie zur Gestaltpsychologie der Berliner Schule. Darüber hinaus gab es, allein schon über persönliche Verbindungen (s. u.), starke Einflüsse der Konzepte von Jakob v. Uexküll und Ernst Cassirer (▶ Kap. A7).

Wie sich aufzeigen lässt, waren die amerikanischen Gründer der HPT sehr stark von diesen europäischen Ideen und Konzepten beeinflusst. Da allerdings Moreno, Buber und auch die meisten führenden Köpfe der Gestaltpsychologie Juden waren, mussten die meisten von ihnen mit dem Aufkommen des Nationalsozialismus in die USA emigrieren. Von diesem geistigen Kahlschlag hat sich die humanistische Psychologie und Psychotherapie hierzulande bis heute nicht erholt, denn nach dem II. Weltkrieg wurde diese dunkle Vergangenheit weitgehend verdrängt und in ihren Folgen faktisch fortgeschrieben, weil sich niemand dafür stark machte, an die Tradition anzuknüpfen. Jedenfalls hat es die HPT in Deutschland im Vergleich zu allen anderen Ländern ganz besonders schwer. So stellt Norbert Andersch, Mitglied des britischen »Royal College of Psychiatrists«, bezüglich der Rezeption des Psychiaters und Gestaltpsychologen Kurt Goldstein in Deutschland fest:

> »Wer in der internationalen Arena medizinisch/psychologischer Literatur nach klinisch und experimentell versierten, philosophisch fundierten, einflussreichen und innovativen Nervenärzten des 20. Jahrhunderts sucht – egal ob in Publikationen des englischen, französischen, russischen oder spanischen Sprachraums – stößt seit Jahrzehnten immer wieder auf einen Deutschen, der alle diese Qualitäten mit Brillanz demonstrierte: Kurt Goldstein (1878–1965). Eine derart universale Wertschätzung eines ihrer Kollegen – über Ideologien und Schulrichtungen hinweg – sollte deutsche Neurologen, Psychiater und Medizinhistoriker mit Stolz erfüllen und zu der wissenschaftlichen und publizistischen Aufmerksamkeit führen, die Kurt Goldstein gebührt. Die offizielle deutsche Fachliteratur hingegen, sei sie historisch oder klinisch orientiert, scheint Kurt Goldstein in der 2. Hälfte des 20. Jahrhunderts nicht mehr zu kennen. In Fachverbänden und auf ihren zahlreichen Kongressen taucht sein Name nicht auf... Ein merkwürdiger Tatbestand, den der unvoreingenommene Beobachter mit Erstaunen zur Kenntnis nimmt.« Andersch (2015, S. 189).

*Inhaltlich* wird in weiteren Kapiteln auf die essenziellen Beiträge von Moreno und Buber (▶ Kap. A6) sowie der Gestaltpsychologie (▶ Kap. A4) eingegangen. Hier sollen die *historischen* Wegmarken kurz dargestellt werden, die besonders gut für die Gestaltpsychologie dokumentiert sind (vgl. auch Kriz 2022):

Mit der »Psychologischen Forschung« wurde vor hundert Jahren (1921) die erste große psychologische Zeitschrift in Deutschland von Kurt Koffka, Max Wertheimer, Wolfgang Köhler, Kurt Goldstein und Hans Gruhle gegründet.[2] Diese Gründung fällt nicht zufällig mit dem Zeitpunkt zusammen, an dem Wolfgang Köhler den Lehrstuhl am Berliner Psychologischen Institut von seinem Lehrer Carl Stumpf übernahm, der das Institut 1893 gegründet und zum »höchstdotierten und zweitgrößten Institut im Wilhelminischen Reich« (Ash 1980, 272) entwickelt hatte. Köhler führte dann zusammen mit Wertheimer und Kurt Lewin – sowie in enger Kooperation mit Koffka (Gießen) und Goldstein (Frankfurt) – die berühmte »Berliner Schule der Gestaltpsychologie« für gut ein weiteres Jahrzehnt zur Blüte, die der amerikanische Historiker Mitchell G. Ash (1985, S. 120) wie folgt kennzeichnet: »Besuche aus Japan, China, Indien, der Sowjetunion und von jungen US-amerikanischen Stipendiaten des National Research Council wie Donald Adams, J. F. Brown und N. R. F. Maier bestätigten und erweiterten den internationalen Ruf des Instituts.«

Nach der »Machtergreifung« des Nazi-Regimes wurden die Gestaltpsychologie und ihr nahestehende Ansätze der Psychologie zerschlagen (beispielsweise wurde Karl Bühler als Leiter des Psychologischen Institutes der Universität Wien ebenso wie seine Frau und Wissenschaftlerin Charlotte zur Emigration gezwungen). Graumann (1985, S. 6) zählt zwei Dutzend auch heute noch international bekannte Wissenschaftler:innen auf, die aus Deutschland vertrieben wurden, und bemerkt dazu:

> »Man ist versucht, diesen Namen zwei Dutzend der bekanntesten im Amt belassenen Psychologen gegenüberzustellen, wenn es der Anstand gestattete und es noch nötig wäre zu demonstrieren, wie durch die »Säuberungen«, »Entjudungen« und »Gleichschaltungen« jener Jahre die Psychologie als Wissenschaft von einer vor 1933 international geachteten zu einer nach 1933 bzw. 1938 provinziellen Disziplin wurde.«

Unter unserer Perspektive der HPT sei erwähnt, dass von der Vertreibung durch die Nationalsozialisten noch viele weitere für diesen Ansatz wichtige Personen betroffen waren, die keine psychologischen Lehrstühle innehatten – so etwa Lore (»Laura«) und Friedrich Salomon (»Fritz«) Perls, wesentliche Begründer der »Gestalttherapie« in den USA, die beide bei Kurt Goldstein gearbeitet hatten, oder Martin Buber, dessen Denomination seiner Honorarprofessur in Frankfurt »jüdische Religionslehre und Ethik« lautete und der daher in Graumanns Liste nicht geführt ist. Dazuzurechnen wäre auch z. B. Ernst Cassirer, dem als Jude 1933 sein Lehrstuhl für Philosophie in Hamburg entzogen wurde und der ebenfalls in die USA emigrieren musste. Als Cousin und intensiver Diskussionspartner von Kurt Goldstein hat Cassirer bedeutsamen Einfluss auf dessen Konzeptionen ausgeübt (Cassirers Hauptwerk »Die Philosophie der symbolischen Formen« erlebt seit einigen Jahren eine internationale Renaissance (▶ Kap. A7) – nur leider nicht in der deutschen Psychologie oder Psychotherapie.

Der Hauptgrund für die Eliminierung dieser Wissenschaftler durch die Nationalsozialisten war zwar eher darin begründet, dass sie Juden, Partner von Juden (Karl

---

2 Seit 1974 erscheint diese Zeitschrift als »Psychological Research« auf Englisch.

Bühler) oder Unterstützer von Juden (Wolfgang Köhler) waren und weniger in ihrem wissenschaftlichen Ansatz. Gleichwohl stand und steht die Gestaltpsychologie klar im Widerspruch zu totalitären Systemen. Statt einfacher Ursache-Wirkungs-Relationen – wie wir sie bei »Reiz-Reaktion«, »Befehlen-Gehorchen« usw. finden – stehen hier selbstorganisierte Ordnungen und (relative) Autonomie im Zentrum (▶ Kap. A4). Bei solchen, aus der Dynamik aller Kräfte sich natürlich ergebenden Ordnungen ist eben nicht sichergestellt, dass die »Herrschenden« stets ihren führenden Platz in den sich adaptierenden Strukturen einnehmen – eine bedrohliche Vorstellung für alle jene, die ihre Sicherheit an totalitäre, (über-)konservative und starre Führungsstrukturen binden. Statt schöpferische Freiheit zu fördern – eine der Leitideen angewandter Gestaltpsychologie (Metzger 1962) – muss eher die Abweichung vom Durchschnitt kontrolliert und unterdrückt werden, so wie es für totalitäre Regime typisch ist. Die Gestaltpsychologie passte somit absolut nicht zur Ideologie des Nationalsozialismus. Die auf die Stellen der Vertriebenen nachgerückten Psycholog:innen waren zwar überwiegend keine Nazis, vertraten aber andere, weniger »gefährliche« Ansätze und prägten bald das Bild »normaler« Psychologie – wenn auch, um die o. a. Formulierung Graumanns nochmals zu gebrauchen, auf »provinziellem« Niveau.

Das ging auch nach 1945 erst einmal so weiter. Wie nahezu überall mochte man sich in Deutschland weder an die Nazi-Zeit selbst erinnern noch an das, was das Regime angerichtet hatte. Auch hier nochmals ein Zitat von Graumann (1985, S. 7):

> Das »schweigende Hinnehmen der Ausschaltung ihrer jüdischen Kollegen (sieht man von Wolfgang Köhler ab) ist nur noch übertroffen worden durch das offizielle Schweigen über diese Vorfälle in den Jahren nach 1945, in denen man ohne Furcht frei seine Meinung sagen konnte. Man geht nach allem nicht fehl in der Bewertung, dass die Ausschaltung rassisch und politisch unliebsamer Psychologen und die Reaktion ihrer »Kollegen« nicht nur ein schmerzlicher Verlust an wissenschaftlichem Niveau war, sondern auch und gravierender an moralischem.«

Ab Mitte der 1960er Jahre entstand in Deutschland erstmals eine klinische Psychologie und Psychotherapie. Die Zahl der Studierenden in Psychologie war in wenigen Jahren rasant angestiegen und es folgte (wie in vielen anderen Fächern auch) eine große Zunahme an Stellen an den Universitäten bis in die 1970er Jahre hinein. Das war eine günstige Ausgangssituation, auch Psychotherapie an psychologischen Instituten zu etablieren. Die Behandlung psychisch kranker Menschen war bis dahin den an medizinischen Fakultäten ausgebildeten Ärzt:innen und der psychoanalytischen Schule vorbehalten. In Hamburg brachte Reinhard Tausch einen zentralen Ansatz der HPT, die »Personzentrierte Psychotherapie« von Carl Rogers, aus den USA nach Deutschland. Da die Ärzteschaft für sich das psychotherapeutische Behandlungsmonopol reklamierte, verwehrte sie Tausch unter Androhung von langjährigen Gerichtsverfahren, bei seinem Ansatz von »Personzentrierter Psychotherapie« zu sprechen. Daher nannte er ihn einfach »Gesprächspsychotherapie« – eine zwar berufspolitisch notwendige aber letztlich unglückliche Bezeichnung, da sie Einfallstor für vulgarisierende Missverständnisse ist (Motto: »Ach so: Sie machen bloß Gespräche«).

Mit Hilfe der 1970 gegründeten »Gesellschaft für wissenschaftliche Gesprächspsychotherapie«, GwG, etablierte sich dieser Kern der HPT rasch an deutschen

Universitäten. Andere Ansätze der HPT – wie Gestalttherapie, Psychodrama, Transaktionsanalyse, Logotherapie und Existenzanalyse oder Körperpsychotherapien – verbreiteten sich zwar auch nennenswert unter *Praktikern*, aber es gab kaum Bemühungen, diese über einzelne Lehrveranstaltungen hinaus im akademischen Lehr- und Forschungsbetrieb zu verankern. Daher waren im Bereich der Psychologie die GwG und die 1968 gegründete »Gesellschaft für Verhaltenstherapie« in den folgenden Jahrzehnten die beiden einzigen psychotherapeutischen Organisationen, die (neben der ärztlichen Psychoanalyse und Tiefenpsychologie) eng mit dem universitären Lehr- und Forschungsbetrieb verbunden waren. 1995 wurden an drei Viertel der deutschen psychologischen Institute Lehr- und Ausbildungsprogramme angeboten; an zwei Drittel der Institute gab es Forschungsprogramme in Gesprächspsychotherapie (Frohburg 2007, S. 77). Auch in der »Deutschen Demokratischen Republik« war Gesprächspsychotherapie ein bedeutendes Verfahren, das bis zur Wiedervereinigung (1990) praktiziert und gelehrt werden durfte. Im Rahmen des in der DDR 1981 eingeführten »Fachpsychologen für Medizin« waren die Gesprächspsychotherapeut:innen dort heilberuflich mit den Ärzt:innen gleichgestellt.

Bei den anderen Ansätzen der HPT fand der allergrößte Teil der Ausbildung jenseits der Universitäten statt und wurde dort von Privatinstituten und Verbänden organisiert. An den Universitäten waren hingegen nur vereinzelt Dozenten dieser Ansätze mit Stellen vertreten, was sich in nur recht begrenzten Ressourcen für Forschung niederschlug: Diese war durchaus umfangreich mit vielen wertvollen Ergebnissen. Aber sie war eher auf spezifische Fragen der Praxis zugeschnitten – wie auch in den psychodynamischen Ansätzen – und weniger dem akademisch-psychologischen Paradigma einer objektivierten, methodisch-naturwissenschaftlichen – und zunehmend medikalisierten – »evidenzbasierten« Beweisführung ihrer Wirksamkeit verpflichtet (▶ Kap. C5).

Gleichwohl trugen die Psychotherapeut:innen der unterschiedlichen Ansätze in der HPT bis 1999 ganz erheblich zur psychotherapeutischen Versorgung und qualifizierten Ausbildung in Deutschland bei. Die Psychotherapeut:innen des psychodynamischen Spektrums sowie der verhaltenstherapeutischen Grundorientierung waren überwiegend als Vertreter:innen der »Richtlinienverfahren« von Ärzt:innen delegiert; die Psychotherapeut:innen der humanistischen Grundorientierung erhielten (wie auch die noch wenigen systemischen Familientherapeut:innen) im »Erstattungsverfahren« ihre Honorare über direkte Vereinbarungen mit den Kassen. Insgesamt gab es in Deutschland, wie in vielen anderen Ländern der Welt, ein breites Spektrum an Ansätzen, das den Patient:innen eine große Wahlmöglichkeit ließ.

Die deutsche Sonderstellung in der Psychotherapie begann sich herauszukristallisieren, als 1978 die Bundesregierung einen Referentenentwurf für ein Psychotherapeutengesetz vorlegte: Es zeichnete sich ab, dass, im Gegensatz zu anderen Ländern, damit eine »Psychotherapie auf Krankenschein« (im Rahmen der Gesetzliche Krankenversicherung, GKV) möglich werden würde – also eine Aufnahme ins medizinische System der Kassenfinanzierung unter bestimmten Bedingungen. Damit wandelte sich die zunächst gute Kooperation zumindest innerhalb der psychologischen Psychotherapie mehr und mehr zu einem Konkurrenzkampf. Es ging um die – ebenfalls leicht zu prognostizierende – Verteilung der begrenzten finanziellen Ressourcen. Neben der Gesprächspsychotherapie wurden die Interessen der

HPT ab 1978 auch von der »Arbeitsgemeinschaft der Psychotherapeutischen Fachverbände« (AGPF) vertreten – einem Zusammenschluss von Verbänden für Gestalttherapie, Psychodrama, Transaktionsanalyse und Körperpsychotherapie, sowie weiteren (u. a. systemische Familientherapie).

Als im Februar 1998 das Psychotherapeutengesetzes (PsychThG) im Bundestag beschlossen wurde, mussten die Psychotherapie-Richtlinien bis zu dessen Inkrafttreten am 1.1.1999 angepasst werden. Im September 1998 – also drei Monate vor Inkrafttreten – beschlossen die Länderbehörden, dass die bisherigen Richtlinienverfahren – Psychoanalyse, tiefenpsychologisch fundierte Therapie sowie die Verhaltenstherapie – und die Gesprächspsychotherapie bundeseinheitlich als wissenschaftlich anerkannt gelten und daher bei der Neufassung diese vier Verfahren in die neuen Richtlinien zu übernehmen wären. Als Richtlinienverfahren hätte sich die Gesprächspsychotherapie vielleicht organisatorisch zu einer umfangreichen HPT erweitern können – ähnlich wie die Verhaltenstherapie, die sehr viele Ansätze (u. a. die der sog. »3. Welle«) aufgenommen hat, bzw. wie die Psychodynamischen Verfahren, die inzwischen über zwanzig Ansätze umfassen. Aber es kam anders, wie in ▶ Kap. C4 über die berufs- und gesundheitspolitische Stellung der HPT in Deutschland kurz dargestellt wird.

## A2.3 Nach dem Psychotherapeutengesetz von 1999

Auch wenn bis zum Psychotherapeutengesetz die HPT in Deutschland sowohl in der Krankenbehandlung als auch an Universitäten in Forschung und Lehre sehr gut vertreten war, spielten dabei die eigenen Wurzeln bestenfalls eine untergeordnete Rolle. So ist die Gestaltpsychologie in Deutschland nicht wieder erstarkt: Die letzten in Deutschland nach dem »Dritten Reich« verbliebenen Professoren sind längst verstorben – und mit ihrer Emeritierung wurden ihre Stellen anders nachbesetzt. Die 1978 gegründete »Gesellschaft für Gestalttheorie und ihre Anwendungen« (GTA) knüpft zwar mit der Zeitschrift »Gestalt Theory« an diese Tradition an, doch zeigt schon der englischsprachige Titel, dass im internationalen Spektrum vergleichsweise wenige Beiträge aus Deutschland kommen, wo es ja auch keine Forschungstradition mehr gibt. Auch die im Schnitt zweijährlichen Kongresse der Gesellschaft finden inzwischen vorwiegend außerhalb Deutschlands statt. Eine ursprünglich im Rahmen der GTA gegründete Abteilung für Gestalttheoretische Psychotherapie (Walter 2018, 2020) ist inzwischen nur noch in Österreich aktiv (▶ Kap. B9.1) – dort allerdings mit beachtlichem Erfolg (wie die gesamte HPT, ▶ Kap. C4). Die Gesellschaften bzw. Institute, die in Deutschland Gestalttherapie anbieten, knüpfen eher an die amerikanische Entwicklung von Perls und anderen an (s. o. und ▶ Kap. B4), was mit der Gestalttheorie wenig zu tun hat.

Auch die bis zum PsychThG in Deutschland im akademischen Bereich gut etablierte »Gesprächspsychotherapie« hat wenig explizite Beziehungen zu ihren Wurzeln. So geht zwar das zentrale Erklärungskonzept von Rogers, die »Aktualisierungstendenz«, auf Kurt Goldstein zurück, ebenso wie sich weitere wichtige Aspekte auf die Gestaltpsychologie beziehen. Jedoch waren Tausch und viele seiner Anhänger nicht so sehr an diesen theoretisch-konzeptionellen Zusammenhängen interessiert, so dass man keineswegs von einer expliziten Renaissance der Gestaltpsychologiee sprechen kann. Letztlich ist auch das Psychodrama von Moreno als eine weitere wichtige Wurzel der HPT (▶ Kap. A6) zwar als einer der Ansätze der HPT in Deutschland vertreten, allerdings wird eher nur die Vorgehensweise von den anderen Ansätzen rezipiert und integriert, explizite Bezüge auf die theoretischen Konzeptionen sind dagegen selten.

Trotz dieser mangelhaften theoretischen Integration der Ansätze der HPT untereinander und mit ihren Wurzeln – was allerdings im Spektrum psychodynamischer, verhaltenstherapeutischer und systemischer Ansätze nicht besser ist – kommen auf der Ebene der praktischen Durchführung von Psychotherapie zunehmend die Gemeinsamkeiten zum Vorschein. Dazu trägt eine vermehrte Teilnahme an Weiterbildungsveranstaltungen der jeweils anderen Verbände in der HPT bei. Zudem trägt der erleichterte Zugang, sich über Videos und Internet die Arbeitsweise der anderen anzusehen, viel zur Vernetzung von Vorgehensweisen und Konzepten bei – übrigens auch über die Grenzen der vier Grundorientierungen hinaus. Seit sich 2010 in der »Arbeitsgemeinschaft Humanistische Psychotherapie (AGHPT)« Verbände der Gesprächspsychotherapie, Gestalttherapie, Existenzanalyse und Logotherapie, Körperpsychotherapie, Psychodrama und Transaktionsanalyse zusammengeschlossen und mehrere gemeinsame Kongresse durchgeführt haben, wird diese Entwicklung sowohl inhaltlich als auch formell intensiviert.

Wie oben referiert, gibt es in den USA mit der AHP und der Division 32 der APA seit rund einem halben Jahrhundert zwei übergreifende Gesellschaften zur humanistischen Psychologie (und Psychotherapie) mit zwei ebensolchen umfassenden Zeitschriften. Und selbst in der Zeitschrift *Psychotherapy* der APA-Division 29, der »Society for the Advancement of Psychotherapy«, erscheinen Beiträge zur HPT. In Deutschland hingegen gibt es in der »Deutschen Gesellschaft für Psychologie (DGPs)« keine Sektion Humanistische Psychotherapie. Die Zeitschrift »Klinische Psychologie« ist in ihren Beiträgen und dem Herausgebergremium stramm auf Verhaltenstherapie getrimmt – Konzepte, Forschungen und Praxis der Humanistischen Psychotherapie tauchen dort nur auf, soweit sie von der VT »integriert« wurden (wie z.B. sehr rudimentäre Formen der »therapeutischen Beziehung«, ▶ Kap. A8, oder die sogenannte »Dritte Welle der Verhaltenstherapie«, die zwar in hohem Maße Konzepte der HPT leicht abgewandelt verwendet, aber selten die Quellen nennt). Dies macht deutlich, wie sehr hierzulande die HPT noch immer unter der erzwungenen Emigration (auch) jener Psycholog:innen leidet, welche einst wesentliche Wurzeln für die HPT gelegt haben.

Es ist schwer vorstellbar, dass die HPT in Deutschland langfristig so ausgegrenzt werden wird, dass die Patient:innen nicht wie in anderen Ländern deren wirksames Angebot nutzen können und die Studierenden an Universitäten mangelhaft über die Theorien, Konzepte, Vorgehensweisen und Ergebnisse internationaler Forschung informiert werden. Wann hier aber ein Umdenken bei den mächtigen Interessenvertretern einsetzen wird, ist derzeit nicht abzusehen.

# A3 Perspektivenvielfalt und Positionierung der Humanistischen Psychotherapie (HPT)

In ▶ Kap. A1 wurde die phänomenologische Grundhaltung der HPT betont. Das mit dieser Perspektive verbundene Bild des Menschen rückt besonders Aspekte wie Sinn- und Zielorientierung, Entscheidungsfreiheit und reflexives Bewusstsein in Zentrum. Diese begründen das selbstverantwortliche, kreative und soziale Handeln des Menschen (beinhalten aber auch die Möglichkeit, unfassbare Destruktivität, Grausamkeit und Verantwortungslosigkeit entwickeln zu können). Diese Aspekte (und weitere) sind nicht als jeweils einzelne »Faktoren« oder »Summanden« zu sehen, sondern sie beschreiben ein ganzheitliches, komplexes Zusammenwirken.

Mit diesen Hinweisen ist noch nicht das Menschenbild der HPT umrissen. Wie bereits in den o.a. Postulaten von Bugental und der Definition von Graumann betont wird (▶ Kap. A1.1), ist mit der phänomenologischen Grundhaltung der HPT auch die soziale Eingebundenheit des Menschen verbunden: Seine Sinnkonstruktionen sind nie als Ausdruck eines isoliert zu sehenden psychischen Geschehens zu verstehen, sondern Sinn ist immer sozial und damit kulturell eingebettet.

Darüber hinaus macht die Bedürfnispyramide von Maslow (▶ Kap. A1.2) mit den »physiological« und »safety« needs deutlich, dass ein angemessenes Bild des Menschen auch die materiellen und biologischen Aspekte nicht einfach ausblenden darf. Wir sind eben schon evolutionär gesehen nicht nur als reflexive Wesen, sondern auch als biologische Organismen in dieser Welt. Die Sinnhaftigkeit unserer Existenz ist somit auch mit Affekten und den evolutionär präformierten Strukturen unserer Realitätswahrnehmung verbunden (▶ Kap. A7).

Mit dem Menschbild der HPT beziehen wir somit automatisch Stellung in den vielfältigen – oft kontrovers geführten – Diskursen über die Betrachtung der Phänomene in dieser Welt. Einem Schema von Eckensberger (2002) folgend, spielen dabei besonders vier Perspektiven eine wichtige Rolle (▶ Abb. A3.1). Je nachdem, ob im Blick auf den Menschen »M« eher die physischen, die biologischen, die kulturellen oder die selbstreflexiven Aspekte im Zentrum stehen, ergeben sich unterschiedliche Fragen, Themen, Handlungsweisen und beispielsweise auch methodische Zugänge in der Forschung. Für ein Verständnis der methodologischen Position der HPT in diesen vielfältigen Diskursen macht es daher Sinn, sich kurz diesen vier zentralen Perspektiven zuzuwenden (▶ Kap. A3.2). Am Beispiel der Komplementarität von »Natur« und »Kultur« wird zunächst (▶ Kap. A3.1) etwas ausführlicher die Relevanz dieser unterschiedlichen Perspektiven erläutert.

## A3.1 Zur Komplementarität von »Natur« und »Kultur«

Die Bedeutsamkeit der unterschiedlichen Perspektiven, aus denen wir auf die Welt blicken können, lässt sich zunächst gut in Bezug auf »Natur« versus »Kultur« erläutern. Noch heute wird an vielen Universitäten zwischen den Fächern der Naturwissenschaften und denen der Kulturwissenschaften unterschieden. Gerade die Psychologie und Psychotherapie verortet sich hier schwer: einem oft vehement vorgetragenen Anspruch, Naturwissenschaft zu sein – oder zumindest deren Methoden zu verwenden – steht die Kritik gegenüber, sich eher als (Sozial- und) Kulturwissenschaft zu begreifen. Wie verhält es sich mit dieser Unterscheidung?

»Die Natur erklären wir, das Seelenleben verstehen wir.« Dieser 1894 formulierte und oft zitierte Satz von Wilhelm Dilthey (1924, S. 144) weist bereits auf einen zentralen Unterschied hin, für den Slunecko und Mayer (1999) folgendes Beispiel konstruiert haben:

> Ein Forscher erblickt in einem ihm unbekannten Tal eine Ansammlung von verwitterten, eingekerbten Steinen. Er untersucht diese zunächst mit geologischen und anderen naturwissenschaftlichen Fragestellungen und Methoden: Um welche Gesteinszusammensetzungen handelt es sich? In welchem Erdenalter mögen diese entstanden sein? Welchen Verwitterungskräften waren diese seither ausgesetzt? Und so weiter. Plötzlich aber verändert sich seine Sichtweise, als er auf die Idee kommt, dass es sich bei diesen Steinen um *Grabsteine* handeln könnte und er unter dieser Perspektive die geordnete Formation dieser zunächst als lose Ansammlung wahrgenommenen Objekte entdeckt. Auch über die Kerbungen findet er heraus, dass diese offenbar Zeichen darstellen.
>
> Damit geraten nun die *Intentionen* der menschlichen Handlungen in den Fokus: Nicht die *Ursachen*, sondern die *Gründe* für die Kerbungen und die Steinformation sind nun wichtig. Was sollen diese genauer *bedeuten*? Und *für wen* soll(t)en sie etwas bedeuten? Um dies zu erforschen, muss versucht werden, Wissen über die Lebensumstände, die Geschichte, die Glaubenssysteme – kurz: die Kultur – dieser Menschen zu gewinnen (bzw. vorhandenes Wissen unter dieser Perspektive zusammenzustellen).

Es sei beachtet, dass mit dem Wechsel von einer natur- zur kulturwissenschaftlichen Perspektive die bisher erhobenen geologischen, physikalischen oder chemischen Befunde über diese Steine keineswegs irrelevant werden: Beispielsweise ist interessant, aus welcher Gegend diese Steine ursprünglich stammen, warum bestimmte Steine ausgewählt und wie sie transportiert wurden, welche Werkzeuge zur Gravur verwendet wurden. Aber diese eher naturwissenschaftlichen Befunde sind »Fakten«, die unter einer nun veränderten Fragestellung bestenfalls Hinweise darauf geben, welche kulturellen Gewohnheiten der damals handelnden Menschen sich in den Grabsteinen manifestiert haben könnten, sowie welcher Sinn und welche Bedeutung wohl mit bestimmten Auffälligkeiten des nun Gefundenen verbunden gewesen sein mögen.

## A3 Perspektivenvielfalt und Positionierung der Humanistischen Psychotherapie (HPT)

Es dürfte kaum zu bestreiten sein, dass auch für die Psychotherapie die Kultur-Perspektive sehr bedeutsam ist. Die Lebensprozesse von Patient:innen in der Psychotherapie sind kaum angemessen als Naturvorgänge zu fassen, die es objektiv *nomothetisch* (gesetzmäßig) zu erklären gilt. Zwar sind Verstehens-, Bewusstseins-, Handlungs- und Sprachprozesse nicht nur allgemein in Naturvorgänge eingebettet, sondern auch spezifisch von diesen abhängig: Wird das Gehirn funktionsunfähig, so hört jedes psychische Geschehen auf. Dies gilt in spezifischer Weise auch für ganz bestimmte, oft hoch spezialisierte neuronale und psychische Zusammenhänge. Ferner verändern hormonelle Prozesse in der Entwicklung oder die Zufuhr bestimmter Substanzen das subjektive Erleben und beobachtbares Handeln. Alle diese somatischen Vorgänge lassen sich im Rahmen der Naturwissenschaften untersuchen, und deren Perspektiven lassen sich auf die Zusammenhänge zwischen somatischen und psychischen Vorgängen ausdehnen. Gleichwohl geht es wesentlich um Kulturvorgänge, die subjektiv und kommunikativ *idiografisch* (Eigentümliches, Einmaliges beschreibend) verstanden werden müssen. Fragen wie:»Als wen sehe ich mich? « oder »was will ich im Leben erreichen?«, sowie das Erleben, verstanden zu werden, oder das Gefühl von Geborgenheit oder von Sinnlosigkeit – all dies verweist auf Prozesse, die sich nicht im Rahmen naturwissenschaftlicher Messbarkeit in ihren relevanten Aspekten erfassen lassen. Zusätzlich treffen in der Psychotherapie die bereits erwähnte Innen- und Außenperspektive aufeinander, da sich Menschen wesentlich selbst verstehen müssen – als Wesen, deren persönliche (Auto-)Biografien hinreichend konsistent einer »Vergangenheit« bedürfen und sich auf eine »Zukunft« hin entwerfen.

»Natur« und »Kultur« sind somit prägnante Kürzel für zwei unterschiedliche Perspektiven und Vorgehensweisen bezüglich der Fragestellungen, Fokussierungen, Forschungsmethoden und Diskurse. Trotz der Betonung der kulturwissenschaftlichen Perspektive im Bereich der Psychotherapie – die auch mit der phänomenologischen Grundhaltung einhergeht – sind auch viele naturwissenschaftliche Befunde nützlich. Beide Perspektiven sind daher komplementär: keine von beiden ist durch die jeweils andere zu ersetzen.

Zudem handelt es sich, wie bei allen Kategorisierungen von Phänomenen mit Bezug zur Realität (jenseits von Mathematik und Logik) um unscharfe Abgrenzungen. So bezieht sich beispielsweise die Frage »Warum, wann und wie fällt ein Blatt vom Baum?« auf Phänomene im Bereich der Natur und nicht der Kultur. Zudem liefern naturwissenschaftliche Kenntnisse aus Biologie und Botanik erhebliche Grundlagen zum »Warum« und »Wann«, und Kenntnisse der Physik mit Gravitation und Aerodynamik liefern Grundlagen zur Erörterung des »Wie«. Aber mit diesem nomothetischen Wissen sind weder Zeitpunkt noch genaue Flugbahn eines konkreten Blattfalls vorhersagbar. Diese Flugbahn ist in ihrem Auslösezeitpunkt und in ihrem Ablauf weitestgehend nur ideographisch nachvollziehbar – wobei uns wiederum die nomothetischen Kenntnisse helfen, dies zu verstehen. Und trotz der Unmöglichkeit, eine präzise Antwort auf die gestellte Frage im Sinne einer nomothetischen Ableitung geben zu können, kann aus den Kenntnissen eine erhebliche Anzahl von Handlungsoptionen abgeleitet werden – etwa, in einem sehr trockenen Sommer die Bäume zu gießen, wenn sie ihre Blätter lange behalten sollen, oder damit zu rechnen, dass bestimmte Blattformen in einem weit größeren Radius um den Baum verweht werden als andere Formen.

Auch die HPT nutzt bei aller Betonung der phänomenologischen Haltung und den damit verbundenen spezifischen Fragestellungen, Vorgehensweisen und Forschungsansätzen die Befunde aus eher objektivierenden Disziplinen wie der Medizin, Psychiatrie, störungsspezifischer Psychopathologie oder Hirnforschung. Heute sind besonders die Befunde aus der evolutionären Entwicklung unserer Hirnarchitektur relevant (»social brain«, ▶ Kap. A6.2, ▶ Kap. A7.2 inklusive Bindungsforschung, Emotionstheorien). Es ist für die HPT auch mit ihrer phänomenologischen Grundhaltung wichtig, dieses Wissen mit zu berücksichtigen – besonders, wenn sie sich in wissenschaftliche Diskurse begibt, in denen es darum geht, ihr Vorgehen zu begründen und ihre Wirksamkeit zu belegen.

## A3.2 Klassische konzeptuelle Dichotomien

Die Unterscheidung zwischen der Natur- und der Kultur-Perspektive ist zwar eine zentrale, aber dennoch nur recht grobe Gegenüberstellung. Wenn man die unterschiedlichen Positionen in den typischen Diskursen etwas differenzierter betrachten will, ist das bereits erwähnte Schema von Eckensberger (2002) hilfreich. Darin veranschaulicht er unterschiedliche Positionen (Eckkreise) bzw. die dabei eingenommenen Perspektiven (Pfeile) beim Blick auf den Menschen »M«. Zwischen diesen Positionen (Seiten) fanden und finden oft besonders heftig ausgetragene Kontroversen statt: Außer der o. a. Kontroverse »Kultur« versus »Natur« (rechts in ▶ Abb. A3.1) geht es um »Geist« versus »Materie« (links), was beispielsweise bei Diskussionen über Künstliche Intelligenz oder die Tragweite der Computer-Metapher für menschliche Denkvorgänge und Handlungen eine Rolle spielt. »Materie« versus »Leben« (unten) war schon für Descartes »res extensa« und »res cogitans« eine Leit-Dichotomie. Und »individuell« versus »überindividuell« (oben) spielt bei der Frage danach, was eigentlich sozial bzw. kulturell vermittelt ist, eine wichtige Rolle. Für viele Fragen der Psychotherapie schien uns wichtig, neben den vier (grauen) Positionen bzw. Perspektiven von Eckensberger noch die (mikro-)soziale Perspektive des »interpersonellen« hinzuzufügen, weil diese – in Paaren, Familien, Gruppen, Arbeitsplatz etc. – sowohl von der Perspektive des einzelnen Individuums als auch von den (makro-)sozialen Strukturen der Kultur abweicht (mehr dazu weiter unten).

In der Tat hängt das, was wir mit dem Wort »Mensch« meinen und was uns ein Mensch bedeutet, schon in der Alltagswelt von der jeweiligen Situation ab, in der wir uns befinden. Haben wir Anlass, jemanden als einen bedrohlichen Feind zu sehen, so kommen andere Aspekte zum Tragen als wenn wir uns von diesem Menschen einfach nur genervt fühlen; und völlig anders ist es, wenn wir uns in einer faszinierenden Begegnung mit diesem befinden. Mindestens ebenso groß sind die Unterschiede in unserem Verständnis »des Menschen« aufgrund professioneller Perspektiven: So sind beispielsweise Menschen in ihren beruflichen Rollen als

## A3 Perspektivenvielfalt und Positionierung der Humanistischen Psychotherapie (HPT)

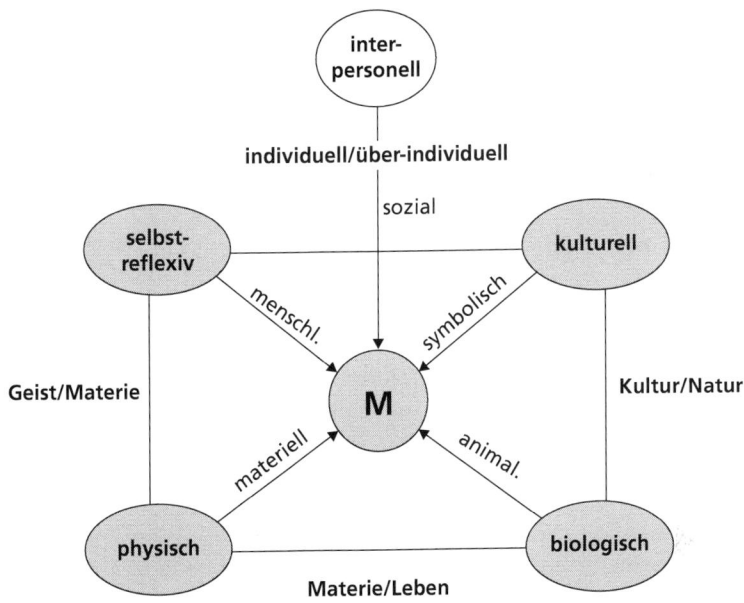

**Abb. A3.1:** Klassische (konzeptuelle) Dichotomien (nach Eckensberger 2002, übersetzt und erweitert, J.K.)

Steuerberater:innen, Chirurg:innen oder Psychotherapeut:innen an jeweils deutlich anderen Aspekten »des Menschen« interessiert.

Eckensberger hat in ▶ Abb. A3.1 übrigens deswegen von »klassischen (konzeptuellen) Dichotomien« gesprochen, weil besonders früher in zahlreichen Diskursen die an den vier Seiten benannten Aspekte als »Dichotomien« vorgetragen wurden und man darüber stritt, welche denn nun die »richtige« (zumindest in Bezug auf eine bestimmte Fragestellung) wäre. Solche Debatten sind inzwischen weitgehend der oben bereits umgesetzten Erkenntnis gewichen, dass es unsinnig ist, die verschiedenen Perspektiven gegeneinander auszuspielen. Viel fruchtbarer ist es, diese einerseits in ihrer Unterschiedlichkeit zu würdigen, andererseits aber ihr spezifisches Zusammenwirken zu betrachten. Denn – wie die Wissenssoziologen Berger und Luckmann (1966/2003) vor über einem halben Jahrhundert einen Grundsatz der Erkenntnis- und Wissenschaftstheorie hervorhoben – ein komplexer Gegenstand wird deutlicher mit der Vielfalt der Perspektiven, die sich auf ihn richten.

Trotz dieser Komplementaritäten geht es bei vielen Konzepten über »den Menschen« nicht nur um bestimmte *Aspekte*, die beim Blick auf »M« (im Zentrum) jeweils akzentuiert werden, sondern auch – und bisweilen vor allem – um bestimmte *methodische Zugänge* und Erklärungs- bzw. Argumentationskontexte. So wird beispielsweise kaum jemand im Bereich der Psychologie den Menschen unter rein materiellen Aspekten betrachten. Ganz im Kontrast dazu wird allerdings das kausale Prinzip von einfachen Ursache-Wirkungs-Beziehungen, das für den Bereich der Materie in den klassischen Modellen des 19. Jahrhunderts vorherrschend war, für große Teile der (besonders: experimentellen) Psychologie herangezogen. Im Bereich der Psychotherapie spielt dies eine besonders große Rolle, weil dort das Konzept der »Evidenzbasierung« vorwiegend auf Wirksamkeitsbeweise reduziert wird, die mit Forschungsdesigns in Form von »Randomized Controlled Trial« (RCT) erbracht wurden (genauer: ▶ Kap. C2, ▶ Kap. C3; Kriz 2014d).

Es lohnt daher, zumindest wenige Aspekte der vier bzw. fünf Perspektiven kurz hervorzuheben.

## Materielle Perspektive

Unter diesem Blickwinkel würde der Mensch vor allem als rein *physische* Existenz betrachtet werden. Wie eben betont, spielt diese *materielle* Perspektive im Kontext der Psychotherapie zwar kaum eine Rolle, wenn man dies auf den Gegenstandsbereich bezieht. Es sei denn, wir interessieren uns im Zusammenhang mit Krankheiten für die Mineralien in den Knochen eines Menschen, oder wir betrachten das Körpergewicht eines Menschen mit der Diagnose »Anorexia nervosa« (»Magersucht«) zu einem bestimmten Zeitpunkt. Wie ebenfalls erwähnt wurde, durchzieht die mit der materiellen Perspektive verbundene (einfach) kausale Erklärungsweise nach wie vor auch die Psychotherapie – etwa bei der Suche nach isolierten Wirkfaktoren oder bei der »Beweisführung« der Wirksamkeit mithilfe von Designs aus der Pharma-Forschung (▶ Kap. C2).

## Animalische Perspektive

Unter diesem Blickwinkel wird der Mensch (auch) als biologischer Organismus gesehen, der vieles an seinem Verhalten mit z. B. Säugetieren teilt (zumindest in recht großem Ausmaß). Viele Untersuchungen an Tieren im Rahmen des Behaviorismus lieferten wertvolle Hinweise – z. B. über Lernvorgänge, Nachahmung, Fluchtverhalten usw.

Man kann diese Blickrichtung allerdings auch für einen ganz anderen Fragekomplex nutzen, indem man nämlich danach fragt, was am Organismus des Menschen biologisch sein Mensch-Sein begründet und ihn von anderen Organismen unterscheidet. Diese Fragestellung hat in den letzten Jahrzehnten mit der Hirnforschung erheblichen Auftrieb erhalten. Weit mehr als wir noch Mitte des 20. Jahrhunderts geahnt hätten, wurden die Zusammenhänge zwischen der spezifischen, evolutionär erworbenen Architektur des menschlichen Gehirns und seinem Wahrnehmen, Erleben, Denken, Fühlen, Verhalten und Handeln deutlich. Die Bedingungen und Möglichkeiten des Menschen in seiner Beziehung zur Welt und zu sich selbst werden unter Einbeziehung der organismischen Perspektive auch in der Psychotherapie umfassender verstanden, als dies noch vor wenigen Jahrzehnten möglich erschien. Dies gilt auch für die HPT, die immer schon das Verhältnis zwischen körperlichen Prozessen, deren Wahrnehmung und deren symbolisch-bewusstem Verstehen als eine zentrale Fragestellung sowohl für die theoretischen Konzepte als auch für die praktische Arbeit ansah (dies wird in den folgenden Kapiteln immer wieder Gegenstand sein und ausführlich diskutiert, ▶ Kap. A6, ▶ Kap. A7).

Allerdings ist es wichtig, hier auch neuere Forschungsbefunde einzubeziehen, wie beispielsweise jene über die mikroaffektive Abstimmung in der dialogischen Interaktion: Krause (2003 a, b) und seine Forschungsgruppe konnten zeigen, dass die beim Menschen (und teilweise bei Primaten) evolutionär erworbenen Affektausdrücke Freude, Neugier, Angst, Wut, Trauer, Verachtung und Ekel nicht unbedingt als Ausdruck innerer Befindlichkeiten, sondern genauso als kommunikativer Appell verstanden werden müssen. Dieser Unterschied wird therapeutisch dort relevant, wo der alltagsweltliche reziproke Austausch von Lächeln beispielsweise bei Patient:innen mit Panikattacken kontraindiziert ist. Das Lächeln der Patient:innen bedeutet hier (vorwiegend) nicht den Ausdruck innerer Befindlichkeit, sondern ist als (unbewusster) Test über die Reaktionen des Gegenübers auf dem Boden einer Bindungsstörung zu verstehen. Je stärker sich Therapeut:innen in dieses maligne Beziehungsangebot einbinden lassen – also auf Lächeln ebenfalls lächeln – desto weniger erfolgreich war die Therapie (siehe auch Benecke 2000). Auch wenn in der HPT wegen ihres Fokus auf den »inneren Bezugsrahmen« der Patient:innen und der Beachtung unbedingter Wertschätzung (▶ Kap. A8.2) sowie der Förderung von achtsamer Selbstexploration die therapeutische Beziehung anders zentriert ist als in dem von Krause untersuchten psychodynamischen Therapiekontext, helfen solche Ergebnisse auch in der HPT, durch missverstandene Empathie (z. B. bei Anfänger:innen) wenig hilfreiche Interaktionen zu vermeiden.

## Selbstreflexive (menschliche) Perspektive

Die spezifische Architektur des menschlichen Gehirns (neben anderen biologischen Aspekten wie etwa das »Kindchenschema« der Kleinstkinder, die für uns so »niedlich« sind) stellt vor allem spezifische Entwicklungsmöglichkeiten für einen Menschen in seinem sozialen Umfeld bereit. Die Realisierung dieser Möglichkeiten muss dann allerdings im Laufe des weiteren Lebens erfolgen. Denn wesentlich für das, was wir typisch *menschlich* nennen, ist die Fähigkeit, sich selbst – d. h. sein Handeln, seine Gefühle, seine Gedanken, seine Entscheidungen usw. – betrachten zu können und sich damit diese Vorgänge bewusst zu machen. Diese *»selbst-reflexive«* Fähigkeit des menschlichen Bewusstseins ist zwar vornehmlich mit kognitiven Vorgängen des Denkens verbunden, aber keineswegs darauf beschränkt.

Wenn man sich darüber ärgert, dass man sich ärgert oder wenn man fürchtet, zu heftige (und damit vor anderen: peinliche) Ergriffenheit bei Filmen oder bei Musik zu zeigen, wird deutlich, dass es auch emotionale Selbst-Reflexivität gibt (gemeint ist nicht das Denken über die Gefühle, sondern die gefühlsmäßige Reaktion auf eigene Gefühle, ▶ Kap. B3.2).

Wie oben unter der organismischen Perspektive betont, sind die biologischen Grundlagen dieses selbst-reflexiven Bewusstseins zwar evolutionär entstanden und beim Menschen somit angeboren. Aber für die spezifische Entwicklung dieser Anlagen braucht der Mensch die Sozialgemeinschaft. »Nur am Du kann man zum Ich werden« lautet ein vielzitierter Leitsatz, der Buber (1923) zugerechnet wird, allerdings wohl eher von Moreno stammt (▶ Kap. A6.1). Wir brauchen ein soziales Gegenüber, welches das organismische Erleben einfühlend in Form von Sprache symbolisierbar (▶ Kap. A6.2, ▶ Kap. A7.3, ▶ Kap. B3.1) und damit verstehbar macht. »Sprache« aber verweist bereits auf eine weitere zentrale Perspektive, unter welcher man den Menschen betrachten kann: die Kultur.

## Kulturelle Perspektive

In Eckensbergers Schema (▶ Abb. A3.1) wird die kulturelle Perspektive einerseits der »Natur«, andererseits dem »Individuum« gegenübergestellt. Entsprechend gab es früher auch ausführliche Debatten darüber, ob bestimmte Leistungen des Menschen »angeboren« (= Natur) oder »erlernt« (= Kultur) wären. Dies ist aus heutiger Sicht eine recht unsinnige Debatte, da die damit unterstellte Dichotomie bis auf wenige Sonderaspekte in der menschlichen Entwicklung inadäquate Abstraktionen betrifft: Real ist es so, dass überaus mehr angeboren ist, als wir noch vor wenigen Jahren vermutet haben. Diese Potentiale werden aber nicht im Sinne von »Reifung« (wie der zweifüßige Gang) einfach entfaltet, sondern es werden recht allgemeine Prästrukturierungen in differenzierter Weise an die (weitgehend soziale) Umgebung angepasst. Die Welt nach geordneten Lautstrukturen oder nach Schutzstrukturen unter Stressbedingungen abzusuchen, ist beim Baby angeboren. Ob daraus dann aber die chinesische oder französische Grammatik generiert wird bzw. ob ein sicheres oder ein vermeidend-ambivalentes »Working Model« für Bindungsverhalten entsteht, hängt von den spezifischen Erfahrungen in der Kultur ab (Bowlby 1969, 1988, Ainsworth 1967).

Wenn ein Mensch die Lebensbühne betritt, sind Gesetze und Regeln des sozialen bzw. gesellschaftlichen Miteinanders, Bedeutungsstrukturen, Verstehensweisen, Welt- und Menschenbilder, Erklärungsprinzipien für »die Welt« mit ihren materiellen und sozialen Prozessen usw. längst vorgegeben. Am deutlichsten nehmen wir die Einbettung unserer Lebensprozesse in die Kultur anhand von deren materiellen Werkzeugen wahr: Die meisten Dinge des täglichen Lebens – vom Tisch und Kugelschreiber über den Computer und das Auto bis hin zu massenmedialen und massenkommunikativen Geräten wie dem Handy, der Zeitung oder dem Fernseher – sind Errungenschaften, die im Laufe vieler Generationen hervorgebracht worden sind. Sie werden als Kulturwerkzeuge an die jeweils nachfolgenden Generationen weitergegeben – auch wenn viele Werkzeuge einer stetigen Veränderung in Form von Anpassung an neue Gegebenheiten unterliegen.

Besonders im Rahmen von Psychotherapie ist aber das Kulturwerkzeug »Sprache« noch weit wichtiger. Denn es geht dabei ja nicht nur um Begriffe und Grammatik, um sich über Sachverhalte, Gefühlszustände, Wünsche, Ziele usw. auszutauschen. Vielmehr werden mit der Sprache auch Metaphern, Narrationen, Verstehensweisen und Erklärungsprinzipien, Wertvorstellungen, Gebote und Verbote, usw. vermittelt. Und, wie noch ausführlich gezeigt wird (▶ Kap. A6, ▶ Kap. A7), auch um sich überhaupt selbst in seinen biologisch-animalischen Prozessen verstehen zu können, muss der Mensch diese Kulturwerkzeuge auf sich selbst anwenden.

So nützlich einerseits auch die analytische Trennung der unterschiedlichen Sichtweisen auf den Menschen in eine biologische, eine kulturelle und eine selbstreflexive Perspektive sein mag: in der Realität des Lebens und besonders für zentrale Fragen der HPT spielen die damit verbundenen Prozesse unmittelbar zusammen.

## Soziale (interpersonelle) Perspektive

Wie bereits erwähnt, wurde in ▶ Abb. A3.1 zusätzlich zu den bisher angesprochenen vier Perspektiven von Eckensberger (grau) noch eine fünfte ergänzt, nämlich die interpersonelle Perspektive (heller oberer Kreis in ▶ Abb. A3.1). Diese unterscheidet sich von der »selbst-reflexiven« des Individuums durch ihre »Über-Individualität«, denn es geht um mikro-soziale Einheiten, deren Mitglieder sich durch face-to-face-Interaktionen auszeichnen. Gemeint sind Paare, Familien, Gruppen, Teams, Schulklassen etc. Dabei müssen natürlich nicht ständig alle Prozesse face-to-face ablaufen. Aber wesentliche Aspekte der Kommunikation sind durch Strukturen bestimmt, bei denen man sich wechselseitig kennt und in (einigen) wichtigen (Er)-Lebensvorgängen miteinander abstimmt. Bei Paaren und Familien kommen zusätzlich Aspekte wie Intimität, Geborgenheit, Zärtlichkeit, Sexualität etc. und der Austausch entsprechender Bedürfnisse zum Tragen. Diese gegenseitigen Abstimmungsprozesse mit ihren selbstorganisierten Strukturen, die sich immer wieder neu an die Lebensumstände adaptieren müssen, sind ein zentraler Unterschied zur Perspektive der Kultur.

Wir haben diese Perspektive in ▶ Abb. A3.1 »sozial« genannt. Das ist für manche Fragen zwar ein Attribut, das auch der Kultur (bzw. der Gesellschaft, als deren Träger) zukommt – weshalb man auch von »mikro-sozialen« bzw. »makro-sozialen« Strukturen sprechen könnte. Aber es sollte bedacht werden, dass die meisten wesentlichen Belange der Kultur und der Gesellschaft in der Realität des Alltags über interpersonelle Prozesse vermittelt werden: Kindliche Entwicklung – angefangen von der Bedürfnisbefriedigung über Aspekte wie Bindung, Mentalisieren sowie den Erwerb von Kompetenzen bis hin zur Sozialisation – wird »im Auftrag der Gesellschaft und ihrer Kultur« von den Eltern, der Familie und/oder anderen Bindungspersonen, Peer-Groups, Schule (real aber: einzelne Lehrende, Freunde, Klassenverband) geleistet. Daher sind diese interpersonellen Prozesse nicht nur in der Systemischen Therapie – adressiert als »Familientherapie« – besonders wichtig, sondern auch in der HPT. Denn die Potentiale des Menschen mit seinem »social brain« entfalten und entwickeln sich vor allem im Kontext des Mikro-Sozialen (der ins Makro-Soziale eingebettet ist).

## A3.3 Resümee: Komplementarität und Komplexität

Alle fünf Perspektiven haben ihre Berechtigung und ihren Wert – je nachdem, was uns interessiert, d. h., was unsere Fragestellung ist, sind aber unterschiedliche Schwerpunkte zu setzen. Daher sei nochmals betont, dass diese Positionen und

Perspektiven nicht als *gegensätzlich* (im Sinne von: Ausschluss der anderen Positionen) gesehen werden, sondern als *komplementär* (also im Sinne von: sich gegenseitig ergänzend) zu verstehen sind und entsprechend in den Erörterungen dieses Bandes zum Tragen kommen.

Darüber hinaus sei bedacht, dass alle fünf Perspektiven sowohl mit einer eher intersubjektiven (bzw. »objektiven«) als auch mit einer am Subjekt orientierten Grundeinstellung verbunden werden können. Unter ersterer würden wir beispielsweise die Beeinträchtigung bzw. Förderung von selbstreflexiven Prozessen auf die Gesundheit, hilfreiche und weniger hilfreiche Metaphern in den (sub-)kulturellen Narrationen oder maligne körperliche Manifestationen früher biografischer Erfahrungen betrachten, erörtern und erforschen. Unter einer am Subjekt orientierten Grundeinstellung würden wir eher danach fragen (und zwar möglichst die Patient:innen selbst und direkt), wie die Patient:innen sich selbst sowie ihr Leiden verstehen und beschreiben, welche Erklärungen sie für die Entstehung, für die Aufrechterhaltung und für mögliche (nicht-)Veränderungen ihrer Leidenszustände haben, ob sie ihren Körpern eher als »Feind« oder »Fremder« gegenübertreten, der bekämpft werden muss oder dem gegenüber sie sich ausgeliefert fühlen, oder aber als Teil ihrer ganzheitlichen Existenz, der vielleicht auf übersehene Missachtung von Bedürfnissen (z. B. gesunde Ernährung, Bewegung, Zuwendung) aufmerksam macht oder der Unterstützung durch vielfältige Aktivitäten oder auch neue Lebensziele benötigt.

Das wesentliche Resümee dieses Kapitels besteht darin, dass es für die Vielfalt der Perspektiven, Fragen und Anliegen nicht die »eine richtige Antwort« bzw. den »einen wissenschaftlich korrekten Ansatz« gibt, sondern dass wir diese Vielfalt für kreatives Handeln in der Psychotherapie nutzen können und müssen, um der Komplexität der Lebensprozesse gerecht zu werden. Die HPT ist mit ihrem Menschenbild und ihren Ansätzen schon immer für diese Vielfalt eingetreten und dafür, sich in der konkreten psychotherapeutischen Arbeit von der Fülle an Passungsproblemen zwischen objektiv beschreibbaren und subjektiv erfahrbaren, bio-psycho-sozialen Prozessen, ihren Manifestationen im Körper, in den Biografien, in den interpersonellen und kulturellen Strukturen und vor allem der Gestaltung der therapeutischen Beziehung (▶ Kap. A8) leiten zu lassen.

# A4 Die gestaltpsychologische Wurzel der Humanistischen Psychotherapie (HPT)

## Vorbemerkung

Wie in ▶ Kap. A2 beschrieben, gehörte die Gestaltpsychologie der Berliner Schule bis zur Vertreibung der meisten ihrer führenden Vertreter aus Deutschland zu den international renommiertesten psychologischen Richtungen. Recht bald wurde die Gestaltpsychologie auch in anderen Wissenschaftsbereichen jenseits der Psychologie als Theorie bzw. Metatheorie herangezogen. Dort findet sie als »Gestalttheorie« Anwendung in zahlreichen Feldern von Wissenschaft und Forschung (vgl. Metz-Göckel 2008, 2011).

In diesem Kapitel geht es um den engen Fokus der Gestaltpsychologie als Wurzel der HPT. Es ist also nicht das Anliegen, die Gestaltpsychologie oder Gestalttheorie hier umfassend darzustellen. Dazu gibt es inhaltlich (Metzger 2001, Koffka 2008, Metz-Göckel 2008, Walter 2018), historisch (Harrington 2002, Ash 2007) oder in ihren spezifischen Differenzierungen (Duncker 1963, Lewin 2012, Köhler 1968, Goldstein 2014, Wertheimer, 2019a, b) zahlreiche Bücher. Im Internet gibt es die Zeitschrift »gestalt theory« im open office, mit freiem Zugriff auf die Inhalte ab 1979.

## A4.1 Einführung

Das von der phänomenologischen Haltung geprägte Menschenbild der HPT und die damit verbundene Arbeitsperspektive der Psychotherapeut:innen lässt sich einführend an folgendem Beispiel aus der Vorphase der Gestalttheorie erläutern:

> **Beispiel für die Perspektive der HPT**
> **(nach Stemberger 2002, S. 7f)**
>
> Um 1906 forschte Max Wertheimer, späterer Begründer der Berliner Gestaltpsychologie-Schule, an der Wiener Neuro-Psychiatrischen Klinik. Deren Direktor, Wagner-Jauregg, beauftragte ihn damit herauszufinden, ob bestimmte Klienten – es handelte sich z. T. um taubstumme Kinder – als »schwachsinnig« zu diagnostizieren wären. Wertheimer überprüfte das nicht mit den damals übli-

> chen Tests, die den Fokus auf den Aspekt legen, was die Kinder nicht können und welche Defizite sie haben. Vielmehr stellte er den Kindern bestimmte Aufgaben und versuchte, ihnen für die Lösung dieser Aufgaben möglichst gute Rahmenbedingungen zu schaffen (Luchins und Luchins 1982).
> Die Fähigkeiten eines Menschen auf einem bestimmten Gebiet wurden hier also in einer sehr bemerkenswerten Weise getestet: Untersucht wurden jene Bedingungen, unter denen sich diese Fähigkeiten entfalten bzw. nicht entfalten können. Der Mensch wird somit nicht als Ansammlung fester, unveränderlicher Teileigenschaften oder psychischer Funktionseinheiten verstanden, die in immer gleicher, festgelegter Weise auf einen äußeren Reiz bzw. auf eine bestimmte Anforderung reagieren. Vielmehr kommt in Wertheimers Vorgehen bereits die für humanistische Ansätze grundlegende Überzeugung zum Ausdruck, dass dem Menschen die Fähigkeit zu geordnetem, der Situation angemessenem Erleben und Verhalten innewohnt – wie gestört und verschüttet diese Fähigkeit in bestimmten Situationen und Konstellationen auch sein mag. Und dass es folglich darauf ankommt, sich mit den Bedingungen zu befassen, die zu schaffen wären, um diese Fähigkeit freizulegen.

Es geht in der HPT somit wesentlich darum, Bedingungen herzustellen, unter denen selbstregulative und selbstorganisatorische Prozesse gefördert werden, und eher von solchen Eingriffen abzusehen, die von außen eine bestimmte Ordnung vorgeben. Damit soll keineswegs gesagt werden, dass es nicht auch sinnvoll und erfolgreich sein kann, die Defizite zu analysieren und ggf. Trainingsprogramme zu entwickeln, um festgestellte Mängel auszugleichen bzw. zu überwinden. Dies würde aber eher dem verhaltenstherapeutischen Ansatz und weniger der HPT entsprechen. Wobei das internationale Spektrum realer Psychotherapien zeigt, dass die Perspektiven und Menschenbilder von VT und HPT zwar gegensätzlich sind, dies jedoch eher im Sinne von »komplementär« verstanden werden sollte und man sich daher nicht im Ringen um die »eine einzige Wahrheit« gegenseitig bekämpfen sollte (zumal sich die Ansätze in der sog. »3. Welle der Verhaltenstherapie« sogar vermischen).

Unter dieser Perspektive ist es interessant, dass die gegenwärtigen Diskurse zum Verständnis der Psychotherapie von zwei gegensätzlichen (auch hier sollte man besser sagen: komplementären) Grundpositionen durchzogen sind, wie dies bereits vor weit über einem Jahrhundert in recht ähnlicher Form vorzufinden war: Heute steht ein kontextuelles Verständnis (Wampold 2001) im komplementären Gegensatz zur Vorstellung von methodenspezifischen »Wirkfaktoren«. Beim kontextuellen Ansatz steht das komplexe Zusammenspiel sog. »unspezifischer« Wirkaspekte im Zentrum (»unspezifisch« heißen diese Wirkaspekte vor allem deswegen, weil sie sich nicht so einfach operationalisiert vermessen lassen). Bei den methodenspezifischen »Wirkfaktoren« geht man hingegen davon aus, dass ihre Wirkungen im Therapieprozess einzeln analysierbar sind und in ihren Wirkungsanteilen quantitativ bestimmt werden können (▶ Kap. A8.3, ▶ Kap. C5). In der HPT vermeidet man eher den Begriff »Wirkfaktor«, weil er additive oder multiplikative Verknüpfungen isolierbarer Variablen suggeriert. Stattdessen wird von »Wirkaspekten« gesprochen, die in einer dynamischen Interaktion stehen. Entsprechend entwickelte sich vor über hundert Jahren die Gestaltpsychologie mit ihrem Fokus auf das ganzheitlich-dynamische und geordnete Zusammenspiel von Wirkvariablen im Gegensatz (besser: in Komplementarität) zur atomistischen Assoziationspsychologie, nach der sich psychische Vorgänge aus einzelnen Elementen zusammensetzen, die isoliert voneinander untersucht werden können.

## A4.2 Ideengeschichtliche Situation bei der Entstehung der Gestaltpsychologie

Die Assoziationspsychologie geht auf die bereits von Aristoteles getroffene Feststellung zurück, dass sowohl die absichtsvolle »Jagd« nach Gedächtnisinhalten als auch das unwillkürliche Erinnern dadurch begünstigt werden, dass man (a) den zeitlichen Ablauf der Geschehnisse rekonstruiert oder (b) Assoziation zu Inhalten herstellt, die (i) ähnlich, (ii) gegensätzlich oder (iii) in zeitlicher bzw. räumlicher Nähe (»Kontiguität«) zum Gesuchten stehen. Wie Hofstätter (1957) hervorhebt, hat diese Beobachtung stark die frühe Entwicklung der Psychologie beeinflusst – etwa die englische »Assoziations-Psychologie« vom 17. Jh. (u. a. John Locke), über das 18. Jh. (u. a. David Hume) bis hin zum 19. Jh. (u. a. John Stuart Mill). Dies wiederum war die konzeptionelle Basis der Ende des 19 Jh. einsetzenden experimentellen Erforschung von assoziativen Zusammenhängen zwischen vorgegebenen Reizwörtern und den Reaktionswörtern. Registriert bzw. gemessen wurden u. a. Aspekte wie die Häufigkeit von Reaktionswörtern, die Zeit bis zur Reproduktion, oder kategorielle Zuordnungen der Reaktionswörter im Lernprozess (wobei das Lernmaterial vorzugsweise aus sinnlosen Silben bestand).

Die auf diese Weise gefundenen Ergebnisse zu Lernprozessen waren beachtlich. Daher war es auch nicht das Anliegen der Gestaltpsychologie, diese Forschung als solche zu verwerfen. Vielmehr ging es in ihrem Ansatz darum, die methodologischen Beschränkungen der Assoziationspsychologie dahingehend zu kritisieren, dass Wesentliches, was den Menschen in seinem Erleben und Handeln auszeichnet, auf diese Weise nicht erfasst wird: Kreative Prozesse, das menschliche Ringen um Sinn und Verantwortung, das Lösen komplexer Aufgaben in Tests und vor allem das auf zukünftige Ziele hin orientiertes Alltagshandeln – all das sind Aspekte, die zwar bedeutsam für das Leben und Erleben des Menschen sind, die aber unter der Perspektive der Assoziations-Psychologie oder dem Behaviorismus nicht untersucht wurden. Mit ihrem spezifischen Forschungsfokus und den darauf zugeschnittenen methodischen Vorgehensweisen wurden diese Fragen gar nicht thematisiert und waren offensichtlich auch nicht thematisierbar. Denn die Sinnhaftigkeit, die inneren Zusammenhänge und die strukturellen Gesetzmäßigkeiten der Wahrnehmungs-, Erfahrungs- und letztlich auch der Handlungswelt verschwinden aus dem Fokus, wenn dieser auf die atomistische Analyse von Einzelelementen ausgerichtet wird.

Das berühmte Beispiel, das schon auf Christian von Ehrenfels (1890) zurückgeht, ist eine (einstimmige) Melodie. Diese besteht fraglos aus der Abfolge von einzelnen Tönen. Aber weder eine Aussage wie: »27 mal der Ton a, 18 mal der Ton fis, usw.«, noch: »in 13 % der 2er-Sequenzen folgt dem Ton g der Ton h, usw.« wird dem Wesentlichen einer Melodie gerecht, auch wenn dies interessante Fakten sein mögen. Das, was eine Melodie ausmacht, ist – nach Ehrenfels – »übersummativ« und »transponierbar«. Das bedeutet, dass man die Melodie genauso gut erkennt, wenn sie beispielsweise einen halben Ton höher gespielt wird – obwohl kein einziger Ton physikalisch derselbe bleibt – oder wenn sie statt auf einer Violine auf einer Trompete vorgetragen wird. Ehrenfels benutzte dafür den Begriff »Gestaltqualitäten« und prägte den oft zitierten Leitsatz (der schon auf Aristoteles zurückgeht): »Das Ganze ist etwas anderes als die Summe der Teile« (wobei das Wort »Summe« nicht im mathematischen Sinne zu verstehen ist, sondern eine unstrukturierte Ansammlung von Elementen bzw. Einzelphänomenen meint).

Es gab aber auch andere Vorläufer der gestaltpsychologischen Perspektive. So weist Schäfer (2006) beispielsweise auf Frédéric Paulhan (1856–1931) hin, der in »Psychologie de l'invention« (1901) eine Theorie der Kreativität darlegte, in der er die stückhafte Zusammensetzung assoziativer Prozesse ohne Rückbezug auf ein Ganzes kritisierte. Stattdessen, so betonte er, entwickeln sich psychische Vorgänge oder das Verhalten oft in Bezug zu einer Gesamtaufgabe. Ganzheiten entstehen dabei nicht durch räumliches und zeitliches Zusammentreffen ihrer Teile, sondern organisieren sich nach bestimmten Prinzipien auf ein strukturiertes Ziel hin. Solche Entwicklungen hin auf ein strukturiertes Ziel nennt man »teleologisch«.

Die Besonderheit der Berliner Gestaltpsychologie war nun, dass sie über solche philosophisch-allgemeine Erwägungen hinaus in sehr großem Umfang experimentelle Studien durchführte, um die Prozesse der Gestaltbildung genauer zu untersuchen und deren »Gesetzmäßigkeiten« zu finden. Die überaus reichhaltige Forschung zu sog. »optischen Täuschungen« belegt beispielsweise die Kontextabhängigkeit des gesamten Wahrnehmungsaktes. Das wird offensichtlich, wenn etwa in ▶ Abb. A4.1: (1) und (2) derselbe physikalische Reiz in Abhängigkeit von seiner Einbettung in unterschiedliche Kontexte jeweils deutlich anders wahrgenommen wird oder wenn in ▶ Abb. A4.1: (4) ein starres, zweidimensionales Gebilde aus Linien einen dreidimensionalen Eindruck hervorruft, bei dem »vorne« und »hinten« oszillieren. Wer jedenfalls in ▶ Abb. A4.1: (3) die Frage, ob ein Feld als »weiß« oder als »schwarz« wahrgenommen wird, allein an den objektiv gemessenen Helligkeitswerten festmacht, ignoriert die dynamische Ganzheitlichkeit menschlicher Wahrnehmung (als *ein* prototypischer Bereich menschlichen Lebens überhaupt).

Wenn aber dieselben »objektiven« Reize in Abhängigkeit von deren Kontext unterschiedliche Wahrnehmungsreaktionen erzeugen, so ist die Betrachtung, Erforschung und Nutzung von Reiz-Reaktions-Zusammenhängen, wie es für den Behaviorismus typisch ist, mit großer Vorsicht zu genießen. Denn die Ergebnisse gelten offenbar nur für bestimmte experimentelle Konstellationen – und noch seltener für Alltagssituationen. Mindestens genauso relevant ist, was bereits Wertheimer (1925, S. 42) formulierte: »Es gibt Zusammenhänge, bei denen nicht, was im Ganzen geschieht, sich daraus herleitet, wie die einzelnen Stücke sind und (wie sie) sich zusammensetzen, sondern umgekehrt, wo – im prägnanten Fall – sich das, was

# A4 Die gestaltpsychologische Wurzel der Humanistischen Psychotherapie (HPT)

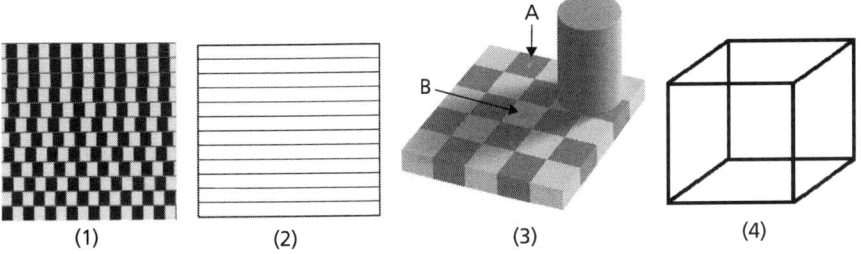

**Abb. A4.1:** In (1) und (2) sind die Linien parallel, in (3) sind Feld A und B objektiv gleich hell[3], in (4) ruft eine statische zweidimensionale Zeichnung ein dreidimensionales, oszillierendes Wahrnehmungsbild hervor

an einem Teil dieses Ganzen geschieht, bestimmt (wird) von inneren Strukturgesetzen dieses seines Ganzen.« Dies zeigt, dass die Gestalttheorie schon damals als eine dynamische Selbstorganisations-Theorie konzipiert wurde (Kriz 2008b).

Im Zusammenhang mit Gestalt oder Kontextwirkungen wird auch oft von einem »Feld« gesprochen – mit Bezug zur Felddefinition Einsteins (1934, nach Metzger 1986): »Eine Gesamtheit gleichzeitig bestehender Tatsachen, die als gegenseitig voneinander abhängig begriffen werden, nennt man ein Feld.« Konkret bedeutet dies, dass bei der Veränderung von Teilen oder von Eigenschaften des Feldes sich dadurch auch andere, nicht unmittelbar betroffene Teile ändern können.

## A4.3 Die kritisch-realistische Sicht – schwierig, aber notwendig

Indem die Gestaltpsychologie einen bedeutsamen Teil ihrer Untersuchungen auf das Verhältnis zwischen hergestellten, »objektiven« Reizbedingungen einerseits und deren subjektive Ordnung bzw. Unordnung andererseits richtete, musste sie sich geradezu zwangsläufig auch mit dem zugrundeliegenden erkenntnistheoretischen Problem auseinandersetzen: Deutlicher und expliziter als in allen anderen Richtungen der Psychologie – und auch den anderen humanistischen Ansätzen – wird eine »objektive Welt«, so wie sie beispielsweise die Physik beschreibt, von einer »phänomenalen Welt«, wie sie in unserem Bewusstsein gegeben ist, unterschieden. In unserer Alltagswelt und in der »Volkspsychologie« denken wir gewöhnlich nicht über diesen Unterschied nach, sondern setzen beide gleich – d.h. wir gehen

---

3  Diese »Schachbrett-Illusion« (von E. H. Adelson, mit freundlicher Genehmigung) glauben Studierende (und vermutlich auch etliche Lesende) nicht. Wenn man aber z. B. ein Rechteck in der Tönung von Feld A über die linke Hälfte des Bildes (3) legt, sodass A und B halb bedeckt sind, wird dies deutlich (siehe: http://persci.mit.edu/gasllery/checkershadow/proof).

»selbstverständlich« davon aus, dass die Welt so ist, wie wir sie wahrnehmen. Erkenntnistheoretisch wird diese Position »naiver Realismus« genannt. Die Betonung des Unterschiedes zwischen der physischen[4] und der phänomenalen Welt, den die Gestaltpsychologie vornimmt, heißt hingegen »kritischer Realismus«.

Die Unterscheidungen, die der kritische Realismus trifft (den es nicht nur in der Gestalttheorie, sondern auch in anderen theoretischen Ansätzen gibt), sind in Bezug auf manche Gegebenheiten eher simpel. Fast jeder weiß letztlich – wenn (!) er diese Fragen ins Bewusstsein hebt –, dass die (Fach-)Welt der Physiker zwar Atome, aber keine Farben, Gerüche und Töne kennt. Es sind dies Qualitäten, die nur in unserem Bewusstsein als Ergebnis menschlicher Wahrnehmung existieren. Andere Fragen sind freilich komplizierter – etwa: warum wir einen Schrank als »da draußen«, als außerhalb unseres Körpers befindlich, wahrnehmen und nicht in unserem Kopf, wo sich doch unser Gehirn befindet, das diesen Wahrnehmungsinhalt »Schrank« generiert. Für eine brauchbare Antwort muss man sich klarmachen, dass der physische Schrank außerhalb unseres physischen Kopfes existiert, der phänomenale Schrank unserer Wahrnehmung aber ebenso außerhalb unseres *phänomenalen* Kopfes. Die Frage vermengt somit in unzulässiger Weise beide »Welten« miteinander.

Das alles ist nun keine rein abstrakte oder philosophische »Spielerei«, sondern für die Psychotherapie hochrelevant: Bei der adäquaten Beschreibung einer therapeutischen Situation muss berücksichtigt werden, dass im *physischen* Raum eine Klient:in (Kl) der Therapeut:in (Th) gegenübersitzt, es aber *zwei phänomenale* Räume gibt, in denen ebenfalls *beide* anwesend sind – freilich auf unterschiedliche Weise. Denn der *phänomenale* Raum von Th und der von Kl enthält zwar neben jeweils beiden Menschen auch Gegenstände, ihre Beziehungen zueinander und das Geschehen aus der je subjektiven Sicht. Aber die beiden »inneren Bilder« sind natürlich nicht deckungsgleich – ja, sie können sich in ihrer Bedeutung sogar erheblich unterscheiden. Dies wird in ▶ Abb. A4.2 deutlich.

Noch komplexer wird die sorgfältige Analyse von Phänomenen, bei denen jemand im Patientensessel eine bestimmte Szene imaginiert (oder in der Alltagswelt: wenn wir im Kino sitzend in eine Filmszene »eintauchen«). Wenn über ein Jahrhundert nach dem Beginn gestaltpsychologischer Forschung Stemberger (2018a) einen Beitrag mit dem Titel: »Über die Fähigkeit, an zwei Orten gleichzeitig zu sein. Ein Mehr-Felder-Ansatz zum Verständnis menschlichen Erlebens« thematisiert und zur Diskussion stellt, zeigt dies, dass eine sorgfältige Differenzierung zwischen der Welt der Physiker (bzw. der alltagsweltlichen Sicht davon) und den Erlebenswelten der Menschen, mit ihren oft komplizierten Gliederungen des psychischen Gesamtfeldes, immer noch Fragen aufwirft. Dabei ist es für die Psychotherapie durchaus wichtig, sich beispielsweise die Frage zu stellen, wann sie die Gliederung des psychischen Gesamtfeldes in weitere Bereiche fördern will – etwa bei imagina-

---

4 Oft wird auch von »physikalischer Welt« gesprochen. Das wird hier vermieden, denn die physikalische Welt ist auch nur eine bestimmte Art, die Phänomene in der Welt zu beschreiben. Besser wäre ohnedies, die präzisere Begrifflichkeit »transphänomenale Welt« zu verwenden. Das liest sich aber noch sperriger, daher wird versucht, das Sprachproblem zu umgehen, indem z. B. von »physikalischen« Gegebenheiten oder von einer »objektiven« Welt gesprochen wird.

tivem Vorgehen – und wann dies eher problematisch ist. Letzteres wäre beispielsweise dann zu erwägen, wenn der Alltag der Patient:innen ohnedies schon orientierungsarm und unstrukturiert erscheint, oder wenn Traum- und Phantasiewelten eher dazu dienen, sich den Anstrengungen bei Lösungsbemühungen in der Alltagsrealität zu entziehen (Stemberger 2019, S. 48).

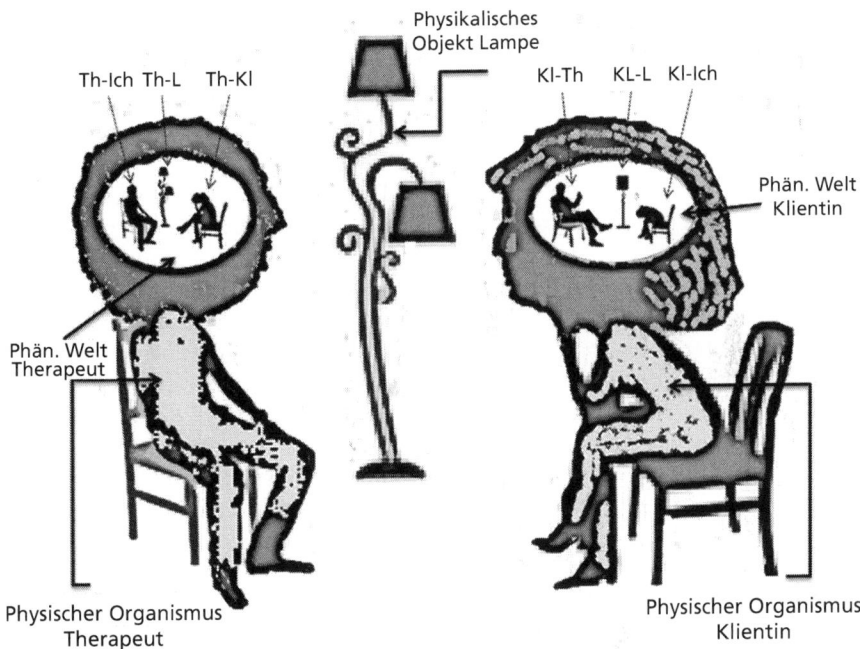

Abb. A4.2: Therapiesituation aus kritisch-realistischer Sicht (Stemberger 2016, dort Abb. 2 auf S. 33, © Gerhard Stemberger, Abdruck mit freundlicher Genehmigung)[5]
Th-Ich: Phänomenales Ich der Therapeuten
Th-L: Lampe in der phänomenalen Welt des Therapeuten
Th-Kl: Klientin in der phänomenalen Welt der Therapeuten
Kl-Ich: Phänomenales Ich der Klientin
Kl-L: Lampe in der phänomenalen Welt der Klientin
Kl-Th: Therapeut:in in der phänomenalen Welt der Klientin

---

5   Wie alle Darstellungen von »etwas« hat auch diese Abbildung mit ihrem Fokus Grenzen: Der Fokus liegt auf der Unterschiedlichkeit der beiden phänomenalen Welten – und dass beide nicht einfach »die objektive Realität« sind. Die Grenzen sind, dass hier die *visuellen Bilder* in den phänomenalen Welten gezeichnet sind. Nicht abbildbar waren die ganzheitlich-intermodalen Bilder in den phänomenalen Welten beider und deren gestaltende Kräfte durch organismische und symbolische Formierungsprozesse (▶ Kap. A7).
     Stemberger (persönliche Mitteilung) weist darauf hin, dass die erste Bedingung von Rogers (1957) »Necessary and Sufficient Conditions« (▶ Kap. A8) genau Abb. A4.2 entspricht, wenn er dazu erläutert: »All that is intended by this first condition is to specify that the two people are to some degree in contact, that each makes some perceived difference in the experiential field of the other.«

Wer zum ersten Mal diese Differenzierungen des kritischen Realismus liest, wird erfahrungsgemäß seine Schwierigkeiten haben – aber hoffentlich dennoch ahnen, dass die aufgeworfenen Fragen für die Psychotherapie relevant sind. Denn es folgt daraus beispielsweise, dass Gefühle nicht als Prozesse im Inneren einer Person anzusehen sind, sondern als Feldgeschehen zwischen der erlebten Person und der erlebten Umwelt. Ganz abgesehen von neueren Erkenntnissen, dass affektiver Ausdruck nicht unbedingt innere Befindlichkeiten widerspiegelt (Benecke 2000, Krause 2003a, b), sondern (unbewusst und implizit) aufgrund eines evolutionär erworbenen Kommunikationsprogramms auch kommunikationssteuernd eingesetzt werden kann (▶ Kap. A6.2).

Gleichwohl sind wir gewohnt, in unserer Alltagswelt deutlich schlampiger und unpräziser zu denken – und kommen damit recht gut klar. Entsprechend versuchen auch Therapeut:innen in der HPT diese gedanklich schwierigen und sprachlich komplizierten Präzisierungen des Geschehens zu umschiffen (so wie es auch in diesem Buch geschieht): Die Problematik wird auf die (allerdings: notwendige) Erkenntnis im Hintergrund reduziert, dass die subjektiven Welten der beteiligten Menschen unterschiedlich sind. Und vor diesem Hintergrund richtet man, wenn immer möglich, die Perspektive primär auf nur eine Seite und wenige Aspekte. So kann man, auch ohne diese Probleme vertieft anzugehen, den Klient:innen beispielsweise dabei helfen, ihre »inneren Welten« achtsam zu erkunden und zur Sprache zu bringen. Sofern klar bleibt, dass es hier stets um Prozesse in der phänomenalen Welt geht, lässt sich damit z. B. auf den inneren »Bühnen des Bewusstseins« (▶ Kap. A6, ▶ Kap. A8, ▶ Kap. B5, ▶ Kap. B9) gut arbeiten.[6] Gleichwohl gibt es Fragen, welche einer größeren Präzision bedürfen – beispielsweise die oben aufgeworfene Frage nach der Ausgliederung bestimmter Teile der phänomenalen Welt. Ebenso gilt es zu beachten, dass die phänomenalen Welten meist auch auf physische Welten verweisen, also auf die »wirkliche« Alltagswelt der Menschen mit ihren materiellen, ökonomischen und sozialen Herausforderungen. Auch diese sind nicht selten Anlass oder Auslöser für psychisches Leid und sollten keineswegs ausgeblendet werden.

## A4.4 Gestaltpsychologie und Systemtheorie

Nicht weniger anspruchsvoll als eine konsequente Berücksichtigung des kritischen Realismus wäre die *präzise* Darstellung der systemtheoretischen Konzeption der Gestaltpsychologie. Die oben zitierte Aussage von Wertheimer (1925) zum Verhältnis zwischen ganzheitlichem Geschehen und den Teilen dieser Dynamik, liegt ja

---

6 Hier ist die HPT in einer recht ähnlichen Lage wie die Systemische Therapie, für die neben der Systemtheorie der Konstruktivismus die zentrale erkenntnistheoretische Basis ist (vgl. Hanswille 2022). Aber für die meisten Therapeut:innen mit ihren konkreten Interventionen ist dies bestenfalls ein allgemeiner Hintergrund ihrer Arbeit.

bereits dem systemtheoretischen Konzept der »Gestalt« zugrunde. In der modernen interdisziplinären Theorie nicht-linearer dynamischer Systeme spricht man hier von dem Zusammenhang zwischen bottom-up- und top-down-Dynamiken – bzw. etwas salopper von »zirkulärer Kausalität«.

Nehmen wir wieder als typisches Beispiel eine Melodie: Die wahrgenommenen Töne erhalten im Kontext einer Melodie Eigenschaften, die sie als einzelne nicht haben. Ob ein Ton von 440 Hz als »ruhend« oder als »drängend« empfunden wird, hängt von den weiteren Tönen dieser Melodie ab (bei A-Dur nämlich »ruhend«, bei B-Dur »drängend«). Psychotherapeutisch näher ist das Beispiel, dass erste Aussagen von Klient:innen zu groben Vorstellungen bzw. »inneren Bilden« über das Gemeinte bei den Therapeut:innen führen. Und diese Bilder beeinflussen wiederum die Dynamik des Verständnisses weiterer Äußerungen.

Etwas allgemeiner formuliert beginnen in der Dynamik der Gestaltbildung die ersten Elemente dem Feld eine Struktur zu geben – eine Wirkrichtung, die »bottom-up« genannt wird –, die dann im weiteren Verlauf auf die Dynamik der Elemente zurückwirkt – eine Wirkrichtung, die »top-down« genannt wird. Wie zahlreiche Experimente und Untersuchungen der Gestalttheoretiker gezeigt haben, führen solche bottom-up- und top-down-Rückkopplungen zu prägnanten Mustern bzw. Ordnungen beim Wahrnehmen oder auch beim Erinnern (Übersichten in Metzger 1986, Metz-Göckel 2008, Kriz 2008b). So werden beispielsweise in Zeugenaussagen bei mehrfacher Wiederholung mit der Zeit immer mehr Details vergessen zugunsten weniger anderer, die sehr prägnant und ausgeschmückt aufscheinen und vor allem »stimmig« gemacht werden, ohne dass die Erzählenden *bewusst* etwas verfälschen. Vielmehr entsteht durch Rückkopplungen zwischen Kurz- und Langzeitgedächtnis und den Feldeigenschaften der erinnerten Episode eine markante, stimmige Erzähl-Gestalt. Dies ist natürlich auch für die Erinnerungen von Patient:innen relevant. Solche Prozesse der Ordnungsbildung beim Erinnern hat schon Bartlett (1932) in dem Werk »Remembering« ausführlich erforscht und dargestellt. Das dabei entwickelte Design der »seriellen Reproduktion« dient auch heute noch der Untersuchung von gestaltpsychologischen Ordnungstendenzen (Übersichten in Haken und Stadler 1990, Kriz 2001, 2011).

In diesem Band kann auf eine ausführlichere Darstellung der systemtheoretischen Aspekte der Gestaltpsychologie verzichtet werden: Das für die HPT wichtige Konzept der »Selbstaktualisierung« wird im folgenden Kapitel (▶ Kap. A6) referiert, umfassendere bzw. tiefergehende Darstellungen sind anderswo publiziert (formal-mathematisch: Kriz 1990, 1992a, b, Tschacher 1997, Kriz und Tschacher 2013; experimentell: Kriz 2001, 2011; klinisch-therapeutisch: Kriz 2008a, b, 2017). Hinsichtlich der systemtheoretischen Aspekte gibt es übrigens große Überschneidungen in der Ausarbeitung dieser Konzepte – im modernen, interdisziplinären Gewand der »Synergetik« – zwischen der Gestaltpsychologie und der Systemischen Therapie (umfassend: Schiepek 1991, Tschacher et al. 1992, Schiepek und Tschacher 1997, Haken und Schiepek 2010, Kriz und Tschacher 2017, Hanswille 2022).

Stattdessen soll dieses Kapitel mit den sechs Kennzeichen für »die Arbeit am Lebendigen« abgeschlossen werden, die Wolfgang Metzger (1962/2022) in seinem Buch »Schöpferische Freiheit« als Kernmerkmale für die Anwendung der Gestaltpsychologie in psychosozialen Kontexten publiziert hat. Dieses längere Kapitel wurde in den letzten Jahrzehnten in den Werken sehr vieler Gestaltpsycholog:innen in unterschiedlicher Ausführlichkeit resümiert und kommentiert. So hat Hans-Jürgen Walter (2018, 148–160) den Kennzeichen sechs weitere Merkmale zur Seite gestellt, die maßgeblich dafür sind, dass die psychotherapeutische Situation zu einem »Ort schöpferischer Freiheit« werden kann. Ebenso wurde die Korrespondenz dieser Kennzeichen zu den Prinzipien interdisziplinärer Systemtheorie herausgearbeitet und gezeigt, warum gerade diese Kennzeichen der HPT auch aus systemwissenschaftlicher und naturwissenschaftlicher Sicht effektive Konzepte darstellen (Kriz 1998). Hier sei eine eher kurze Darstellung von Zabransky et al. (2018, 153 f) gewählt:

> **Sechs Kennzeichen für die Arbeit am Lebendigen**
> **(nach Metzger 1962, aus Zabransky et al. 2018, 153)**
>
> a) *Wechselseitigkeit des Geschehens:* Das Verfahren des Entdeckens und Veränderns im lebendigen Beziehungsgeschehen zwischen Menschen wird als Feldgeschehen aufgefasst. Die Psychotherapeutin wird zum Teil des Lebensraums der Klientin und umgekehrt. Damit bildet sich auf beiden Seiten ein beide Personen umfassendes phänomenal-soziales Feld – Erleben und Verhalten beider Menschen stehen im Feldzusammenhang.
> b) *Gestaltung aus inneren Kräften:* Diagnostische Klärung und therapeutische Veränderung können nur gelingen, wenn sie sich auf Kräfte stützen, die in der Patientin selbst angelegt sind. Auch die scharfsinnigste und erfahrenste Therapeutin steht auf verlorenem Posten, wenn es nicht gelingt, dass die Patientin selbst in konstruktiver Weise ihre eigene Diagnostikerin und Therapeutin wird.
> c) *Nicht-Beliebigkeit der Form:* Jede Vorgangsweise im Zusammenwirken von Therapeutin und Patientin muss daher den individuellen Möglichkeiten und Fähigkeiten beider beteiligten Seiten in der jeweiligen konkreten Situation angemessen sein. Dem Lebendigen lässt sich auf Dauer nichts gegen seine Natur aufzwingen.
> d) *Nicht-Beliebigkeit der Arbeitszeiten:* Planmäßiges Vorgehen in der Psychotherapie kann daher nicht heißen, nach einem starren Schema ohne Rücksicht darauf vorzugehen, ob die Zeit für einzelne Schritte für die Patientin schon da ist. Jeder Mensch hat seine eigenen fruchtbaren Zeiten für Entdeckungen und Veränderungen.
> e) *Nicht-Beliebigkeit der Arbeitsgeschwindigkeit:* Auch die mögliche Ablaufgeschwindigkeit diagnostischer Entdeckungs- und therapeutischer Veränderungsprozesse ist weder bei allen Menschen gleich, noch kann sie beliebig beschleunigt oder verlangsamt werden.
> f) *Duldung von Umwegen:* Nicht alle bedeutsamen Fragen lassen sich direkt ansteuern. Oft ist es notwendig, Umwege in Kauf zu nehmen oder sie aus der Einsicht, dass solche Umwege notwendige Zwischenschritte sein können, auch bewusst vorzusehen.

# A5 Selbstaktualisierung und Aktualisierungstendenz

## A5.1 Grundlegendes Verständnis der Aktualisierung

Es wurde bereits oben bemerkt, dass die Gestaltpsychologie als komplementäres Konzept zur lange Zeit vorherrschenden Idee zu sehen ist, dass Ordnung nur zur Unordnung zerfallen kann, das Umgekehrte auf »natürlichem Weg« aber nicht möglich wäre. Die nicht zu übersehende Ordnung in der Welt wurde in früheren Zeiten somit »dem Schöpfer« oder später zumindest dem intentionalen Eingreifen eines überwachenden Geistes zugeschrieben, der das Chaos verhindere. Es war dies nicht nur lange eine recht praktische Ideologie für Kirche, Adel und andere »Eliten«, die sich dann gleich selbst zuschrieben, dieser überwachende Geist »im Interesse aller« zu sein (vgl. Kriz 2011). Vielmehr schien es so, als hätte diese Sicht mit der Thermodynamik im 19. Jahrhundert auch eine naturwissenschaftliche Untermauerung erhalten, deren vulgarisierte Version des 2. Hauptsatzes sinngemäß lautet, dass physikalisch alle (natürliche) Veränderungen nur in Richtung auf den Zerfall von Ordnung, niemals aber im Entstehen von Ordnung möglich wäre. Auch für die Assoziationspsychologie oder den klassischen Behaviorismus war diese Sicht essenziell, dass ohne ordnende Interventionen keine Ordnung entstehen kann.

Wie bei vielen Irrtümern und Einseitigkeiten wurde für solche grundlegenden Aussagen den Randbedingungen – hier: die Gültigkeit nur für abgeschlossene Systeme – zu wenig Bedeutung beigemessen. Es dauerte noch rund einhundert Jahre, bis in den Naturwissenschaften die komplementäre Sicht, die Selbstorganisationstheorie im Bereich der Materie, präzise formuliert werden konnte: Der erste Nobelpreis für ein entsprechendes Konzept ging 1977 an Ilya Prigogine für seine Arbeiten zur Nichtgleichgewichtsthermodynamik.

Das Grundkonzept der »Gestalt« ist bereits ein früher Ansatz von Selbstorganisation: Die zirkuläre Kausalität von bottom-up-Dynamik zur Bildung und Strukturierung dieser »Gestalt« und deren top-down-Wirkung auf die Eigenschaften der Elemente macht keinen externen Ordner erforderlich (gleichwohl sind die externen Bedingungen als zwar *unspezifisch, aber nicht beliebig* relevant – Kriz 2017). Die genauere Beschreibung und Erklärung dieser Vorgänge ist mit dem Konzept der »Selbstaktualisierung« verbunden, das Kurt Goldstein (1878–1965) entwickelte und von Carl Rogers (1902–1987) im Rahmen seines personzentrierten Ansatzes übernommen und in spezifischer Weise weiter ausformuliert wurde.

Goldstein, dessen professioneller Schwerpunkt Fragen der Psychiatrie, Neurologie und Physiologie galt, entwickelte seinen Ansatz im Rahmen von umfangreichen Untersuchungen an hirnverletzten Soldaten aus dem I. Weltkrieg sowie in Tierexperimenten. Bei den hirnverletzten Soldaten beschrieb Goldstein die Tendenzen zur Selbstregulierung und zur Selbstaktualisierung der neuronalen Prozesse (was wir heute mit dem Verweis auf die »Plastizität des Gehirns« diskutieren). Er verwies dabei auch auf die grundsätzliche Interdependenz zwischen psychischen und somatischen Prozessen. In Experimenten an Heuschrecken und Käfern (»Hexapoden«) zeigte er, dass diese nach der Entfernung eines Beines weder »humpelten« noch mühsam einen neuen Bewegungsrhythmus im Sinne behavioristischer Prinzipien »lernen« mussten. Vielmehr stellte sich spontan ein recht optimales neues Bewegungsmuster ein, indem die übrigen Beine in einer neuartigen Weise erfolgreich zur Fortbewegung organisiert wurden. Unter den gegebenen Bedingungen (Verlust eines Beines) organisierte der Organismus somit spontan eine neue Bewegungsgestalt. Diese vom Organismus autonom und spontan hervorgebrachte Neu- bzw. Umorganisation nannte er »Selbstaktualisierung«.

Seine Forschungen und Erkenntnisse publizierte Goldstein vor allem in seinem Werk »Der Aufbau des Organismus« (1934). Unter »Selbstaktualisierung« wird darin die Realisierung und Entfaltung inhärenter Potentiale verstanden. Ohne einen externen »Organisator« erfolgt die Herausbildung von Ordnung aufgrund von Prozessen der Selbstregulierung bzw. -organisation. Das bedeutet, dass der Organismus in Relation zur Umwelt selbst zu einer angemessenen Ordnung strebt, wobei die inneren Möglichkeiten mit den äußeren Gegebenheiten dynamisch zu einer ganzheitlichen Gestalt abgestimmt werden. Veränderung dieser dynamischen Ordnung wird von Goldstein als eine Reorganisation einer alten Struktur (»pattern«) zu einer neuen und effektiveren Struktur beschrieben. Mit dieser „Tendenz zu geordnetem Verhalten« erklärt er, warum ein Organismus auch dann oft weiter existieren kann, wenn er erhebliche Beeinträchtigungen erfahren hat. Angesichts heutiger Kenntnisse über die Plastizität des Gehirns und der Verbreitung der Theorie nichtlinearer dynamischer Systeme ist dies nicht verwunderlich. Vor hundert Jahren aber waren dies schon erstaunliche Befunde, die von Forschern, die weiter an einfache Ursache-Wirkungs-Relationen glaubten, schlicht ignoriert wurden, um ihr Weltbild aufrechtzuerhalten.

Carl Rogers übernahm bei der Entwicklung seines personzentrierten Ansatzes zunächst – bis etwa 1950 – den Begriff der »Selbstaktualisierung« und auch wesentliche Teile dessen konzeptueller Bedeutung von Goldstein (der nach seiner Emigration in die USA an der Columbia University arbeitete, wo auch Rogers einige Zeit war). Das »Selbst« im Begriff »Selbstaktualisierung« bei Goldstein und den frühen Arbeiten von Rogers betont dabei den Gegensatz zur »Fremd-Organisation« (die z. B. für von außen systematisch angeleitetes Lernen, für Ratschläge oder für operantes Konditionieren typisch ist).

Allerdings veränderte sich Rogers Terminologie in den 1950er Jahren. Der Fokus seines theoretischen Interesses verschob sich von den organismischen Aspekten des Erfahrungsprozess hin zu einer persönlichkeitspsychologischen »Selbst«-Theorie (vgl. Hall und Lindzey 1957). Er verwendete nun den Begriff »Selbst-Aktualisierungstendenz« in Bezug auf die Entwicklung des »Selbst«.[7] Für die Aktualisierung

---

7 Weshalb wir bei Rogers bzw. für den personzentrierten Ansatz zur Vermeidung einer Ver-

des Organismus hingegen verwendete er den Begriff »Aktualisierungstendenz«: Die Selbst-Aktualisierungstendenz ist im personzentrierten Ansatz zwar ein Teil der Aktualisierungstendenz des Gesamtorganismus – und zwar ein für den Menschen essenzieller Teil. Dennoch lässt sich dieser Teil *analytisch* insofern klar abgrenzen, als damit eine dynamische Struktur im Bereich *psychisch-sozialer* und nicht *bio-somatischer* Entitäten gemeint ist.

Später erweiterte Rogers sein Konzept der Aktualisierungsprozesse auf die gesamte materielle Welt und nannte dies die »formative Tendenz« (Rogers 1978). Es ist bemerkenswert, dass er sich dabei (als einer der ersten Psychologen) explizit auf Ilya *Prigogine* bezog. Wie oben erwähnt, hatte dieser 1977 den Chemie-Nobelpreis für sein Konzept der »dissipativen Strukturen« erhalten – ein Ansatz der Selbstorganisation, der in der Tat strukturelle Ähnlichkeiten zur formativen Tendenz aufweist. Auch an dieser Stelle wird somit die explizit ausgedrückte Gemeinsamkeit zwischen der Gestaltpsychologie, dem personzentrierten Ansatz und der modernen, interdisziplinären Systemtheorie deutlich.

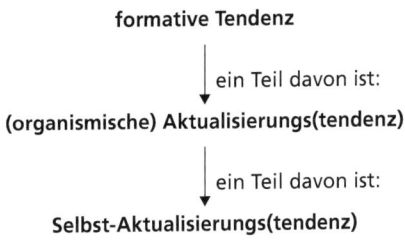

**Abb. A5.1:** Zusammenhang von formativer Aktualisierungs- und Selbst-Aktualisierungstendenz

## A5.2 (Selbst-)Aktualisierung und damit verbundene Missverständnisse

Öfter ist zu lesen – selbst in Literatur zum personzentrierten Ansatz – dass Rogers an die Aktualisierung bzw. Aktualisierungstendenz »glaubte«. Eine solche Formulierung ist zumindest missverständlich, wenn nicht einfach Unfug. Wissenschaftstheoretisch hat »Aktualisierung« denselben Stellenwert wie »Gravitation«. Im Newtonschen Weltbild bringt das Konzept »Gravitation« schlicht bestimmte Phänomene in einen theoretisch-konzeptionellen Zusammenhang, der erklärt, dass ein Apfel zu Boden fällt, der Mond aber nicht (sondern um die Erde »kreist«). Genauso bringt »Aktualisierung« schlicht bestimmte Phänomene in einen theoretisch-kon-

---

wechslung mit Goldsteins »Selbstaktualisierung« das »Selbst« mit Bindestrich absetzen – also »Selbst-Aktualisierung« schreiben.

zeptionellen Zusammenhang, der erklärt, dass rückgekoppelte, vernetzte Prozesse selbstorganisiert Strukturen bilden können[8], während dies bei nicht-rückgekoppelten Systemen nicht beobachtet wird. Diese selbstorganisierten Strukturen (oder: Muster, Ordnungen) sind den Systemen einerseits inhärent – es wird also keine Struktur von außen einfach aufgezwungen –, sie sind andererseits aber stets als Adaptation an die Gesamtheit der Bedingungen zu verstehen. Eben das meint »Aktualisierung« – deren Details freilich umfangreicher formuliert werden müssen und können (vgl. Kriz 1992, 1999, 2008a, b, 2017a).

Wenn man in den mechanistischen Bildern des 19. Jahrhunderts gefangen ist bzw. die einfachen Reiz-Reaktions- bzw. Ursache-Wirkungs-Relationen der Volkspsychologie dem Denken und Erklären zugrunde legt, sind Konzepte der Selbstorganisation in der Tat schwer verständlich und obskur. Denn dass das Entstehen von Ordnung einerseits keine externe, ordnende Instanz benötigt, andererseits aber auch nicht einfach alles »aus sich heraus« geschieht, sondern die externen Bedingungen sehr wohl bedeutsam sind, scheint im Widerspruch zu stehen. Trotz der zahlreichen Experimente der Gestaltpsycholog:innen und der Fruchtbarkeit des Konzeptes der Selbstaktualisierung in den o. a. Ansätzen (und weiteren) wurde die HPT von Seiten »naturwissenschaftlicher« Psycholog:innen lange eher belächelt und ihre Erklärungsmodelle als »unwissenschaftlich« diskreditiert.

Das änderte sich erst mit der Etablierung der Systemtheorie (genauer: der Theorie nichtlinearer dynamischer Systeme) in den Naturwissenschaften ab etwa 1970, die diese Prinzipien mathematisch exakt formulierten und zunächst für naturwissenschaftliche Phänomene untersuchten. Eine Reihe von Nobelpreisen, die diese Forschungs- und Denkrichtung honorierten und breiter in den Fokus der Naturwissenschaften rückten, sowie die systemtheoretische Fundierung der »Familientherapie«, die ebenfalls weitgehend auf den Konzepten der Aktualisierung und Gestaltbildung beruht, änderte diese Vorbehalte. Gleichwohl ist bemerkenswert, dass z. B. der Physiker Hermann Haken als Begründer des interdisziplinären systemtheoretischen Programms der »Synergetik«, das Tausende von Forschungsarbeiten im Bereich der Naturwissenschaft umfasst, in vielen Beiträgen auf die Gestaltpsychologie als wesentliche Wurzel hinweist, während große Teile vor allem der deutschen Psychologie diese immer noch weitgehend ignorieren. Es muss allerdings konzediert werden, dass auch in der HPT das Konzept der Aktualisierung keineswegs von allen verstanden wird. Keinesfalls bedeutet Selbst-Aktualisierung, dass sich Prozesse mit als problematisch angesehenen Strukturen »von selbst« irgendwie zum »Guten« entwickeln. Vielmehr bedarf es präziser Veränderung der Umgebungsbedingungen der Prozesse, damit diese ihre Strukturen ändern (genauer in Kriz 2017a).

Wenn also davon gesprochen wird, dass die Aktualisierungstendenz »blockiert« oder »stecken geblieben« oder »beschädigt« sei und daher der »Prozess der Aktualisierung wieder in Gang zu setzen« sei (z. B. Lietaer 2008, 29) so ist dies terminologisch und von den damit vermittelten Verstehensbildern problematisch bis irreführend. Denn eine Tendenz kann nicht »beschädigt« werden. Und die

---

8 Dazu bedarf es, genaugenommen, noch einiger Randbedingungen – diese sind aber für lebende Systeme aufgrund ihrer Evolution meist erfüllt (vgl. Kriz 2017a).

Aktualisierung kann und muss – wie alle Erklärungsprinzipien – auch nicht in Gang gesetzt werden. Das wird an einem Erklärungsprinzip wie »Gravitation« deutlich: Wenn gasgefüllte Ballons steigen, ist nicht die Gravitation beschädigt, sondern es muss bei diesem Phänomen auch die Schwere der Luft berücksichtigt werden, die bei fallenden Äpfeln, Gläsern etc. vernachlässigbar ist. Für Entwicklungsprozesse bedeutet dies, dass zu den Bedingungen, an die sich lebende Organismen adaptieren, eben auch ihre Vergangenheit gehört. Und daraus folgt, dass die Aktualisierung niemals so stattfindet, als hätte es diese Vergangenheit nicht gegeben. Manchmal sind und bleiben die Strukturen der Vergangenheit für einen Menschen so bedeutsam, dass die Aktualisierung an neue Bedingungen deutlich anders verläuft, als man es bei Menschen beobachten kann, die in der Vergangenheit günstigere Entwicklungsbedingungen hatten. Deshalb ist die Aktualisierung jedoch nicht »beschädigt«.

Da unsere Metaphern und Verstehensbilder auch die Sicht auf unsere Handlungsmöglichkeiten beeinflussen, geht es hier nicht um Wort- oder Begriffsklauberei. Vielmehr habe ich bereits an anderer Stelle dafür plädiert (Kriz 2017c), Probleme und Symptome nicht als »Barrieren auf dem Lebensweg« sondern als »Strudel im Fluss des Lebens« zu verstehen. Barrieren – wie blockierende Schranken, umgestürzte Bäume, Mauern, Berge etc. – sind statisch. Und die Ideen, die zu einer Verbesserung der Lage beitragen, haben eher mit Wegräumen, Durchbrechen, Umgehen usw. zu tun. Strudel hingegen sind überstabile dynamische Strukturen (also auch spezifische Aktualisierungen) im Fluss, die sich nur verändern lassen, wenn die aufrechterhaltenden Wirkkräfte verstanden und modifiziert werden (z. B. etwas am Grunde des Flusses, am Ufer oder an einer ganz anderen Stelle, als der Strudel sichtbar ist, verändert wird).

Dieser Aspekt einer stets bedingten Aktualisierung – die damit im Ergebnis oft recht begrenzt erscheint – soll durch folgendes (fiktives) Gleichnis für die »Aktualisierung« auf der anschaulichen körperlichen Ebene weiter erhellt werden. Körperliche Strukturen sind für unser Denken oft anschaulicher als die psychischen:

> **Ein fiktives Beispiel zur Aktualisierungstendenz**
>
> Ein 20-jähriger Mensch, den man als Dreijährigen in eine Holzkiste von 90x90x90 cm eingesperrt (und regelmäßig mit Nahrung versorgt) hatte, wird entdeckt und befreit. Da dieser Mensch überlebt hat, wird er seine menschliche Gestalt entsprechend den sehr einschränkenden Bedingungen aktualisiert haben. Dabei werden z. B. seine Arme und Beine wegen der extremen Enge eine ungewöhnliche Form entwickelt haben und deren Muskeln und Sehnen werden nahezu ungeübt sein. Der nun befreite Mensch wird daher zunächst nicht gehen können, sondern merkwürdig zusammengekauert, mit verbogenen Gliedmaßen, am Boden sitzen.
>
> Was dürfen wir nun von der weiteren Entwicklung dieses Menschen erwarten? Man kann wohl davon ausgehen, dass er seinen neu gewonnenen Freiraum zur weiteren Aktualisierung nutzen wird, selbst wenn er keine spezifische Therapie erhält. Er wird zunehmend von seiner Fähigkeit als Mensch – im Gegensatz zu

> einem Baum – Gebrauch machen, sich räumlich fortzubewegen und Dinge seiner engeren und weiteren Umgebung zu »ergreifen«. Er wird dies zunächst irgendwie kriechend und ungelenk tun, aber er wird nach und nach eine gewisse Fertigkeit darin entwickeln. Besonders wenn er in seiner weiteren Entwicklung nun durch andere Menschen unterstützt wird, entwickelt er vielleicht sogar einen Gang auf zwei Beinen und einen hinreichend effizienten Gebrauch seiner Arme. Andererseits können wir kaum erwarten, dass selbst bei bester und jahrelanger Therapie die körperlichen Entwicklungsschäden voll reversibel verschwinden. Dieser Mensch wird sich z. B. als 40-Jähriger nicht so bewegen können, als sei er nie in einer Kiste eingesperrt gewesen: Einiges an seinem Gang und an seinen Bewegungen wird im Vergleich zu seinen Mitmenschen, die eine weitgehend unbehinderte Entwicklung durchlaufen konnten, »merkwürdig« und »fremdartig« bleiben. Jemand, der viel Erfahrung mit Menschen »aus Kisten« hat, wird daher auch Jahrzehnte später diagnostisch feststellen können: »Ach, das wird vermutlich jemand sein, den man in eine Kiste eingesperrt hat« – und mit einer solchen Diagnose die Fremdartigkeit der Bewegungen erklären.
>
> Dieses fiktive Beispiel mit der Kiste mag »gruselig« und »abwegig« erscheinen – es ist aber die Frage, wie oft und wie viele Menschen sich unter nicht minder beschränkenden psycho-sozialen Bedingungen entwickeln müssen, die nicht deshalb weniger gruselig und abwegig sind, weil man sie nicht anfassen oder offenkundig visuell wahrnehmen kann.

Dieses drastische Beispiel sollte einerseits die Möglichkeiten, andererseits die Grenzen dessen verdeutlichen, was mit Aktualisierungstendenz gemeint ist. Die menschliche Anlage, Arme und Beine mit bestimmter Form und Länge zu entwickeln, wird zunächst selbst an die extrem beschränkenden Bedingungen der Holzkiste adaptiv aktualisiert. Verändern sich diese Bedingungen wesentlich, so adaptiert sich der Organismus entsprechend seiner Möglichkeiten an diese neuen Bedingungen – z. B. wird sich dieser Mensch nun, wenn möglich, mit Hilfe der Arme und Beine irgendwie fortbewegen. Diese Neuadaptation geschieht allerdings nicht einfach plötzlich – so wie ein unter Druck verformter Gummiball ggf. in seine runde Form zurückspringt. Sondern dies geschieht ebenfalls im Rahmen der angelegten Entwicklungsmöglichkeiten: Knochen, Sehnen und Muskeln brauchen ihre Zeit, um sich umgestalten zu können. Und die Adaptation wird auch nicht so geschehen, als hätte es keine vergangene Entwicklung gegeben. Sondern die adaptive Weiterentwicklung geschieht natürlich immer vom Ausgangspunkt der jeweils veränderten Bedingungen. Die bisherige Entwicklungsgeschichte wird somit quasi immer mitgeschleppt.

Das gilt übrigens auch für die evolutionäre Entwicklungsgeschichte: Neben vielen neuen Entwicklungen – z. B. einem sehr großen Neocortex – schleppt der Mensch auch vieles mit, was eigentlich für die aktuellen Lebensbedingungen gar nicht so praktisch ist – etwa eine zum Viel-Sitzen ungeeignete Wirbelsäule, ein unpraktisches Ausmaß, Fett anzulagern, oder sein Panikverhalten unter Bedrohung. Aktualisierung meint somit immer eine Adaptation an die Bedingungen im Rahmen der Möglichkeiten, und dazu gehört eben auch die bisherige Entwicklung.

Verglichen mit einer Entwicklung unter guten Bedingungen wird somit eine »Schädigung«, als Adaptation an schlechte Bedingungen, oft nicht einfach völlig »reversibel« sein und sich so an neue Bedingungen adaptieren können, als hätte es diese nie gegeben. Schon die Anführungszeichen bei »reversibel« sollen darauf verweisen, dass es sich um einen inadäquaten Begriff handelt. Denn es wird ja nicht eine »Fehlentwicklung« wieder zeitlich »rückgängig« gemacht. Sondern eine bestimmte Entwicklung, die wir von außen und verglichen mit anderen Entwicklungen als »Fehlentwicklung« bezeichnen, schreitet nun in eine neue Richtung weiter voran. Entsprechend den dann günstigeren Bedingungen kann die weitere Entwicklung einen so guten Verlauf nehmen, dass zu jenen Entwicklungen, die immer schon günstiger verlaufen sind, kein Unterschied mehr beobachtet werden kann – und daher sieht es so aus, als sei diese »reversibel«. Ein solcher Begriff ist aber höchstens in Bezug auf eine abstrakte Kategorie oder Variable angemessen, wobei das Ausmaß der Abweichung von einem Normwert dann so bezeichnet werden kann.

Diese Erörterung eines Beispiels auf der physischen Organismus-Ebene sollte zu einer Entmystifizierung der Aktualisierungstendenz beitragen. Zur menschlichen Aktualisierung gehört jedoch nicht nur die physische Entwicklung, sondern insbesondere auch die psychische Entwicklung hin zu einem Bewusstsein des Menschen von sich selbst. Und auch hier gibt es analog zu der Holzkiste beschränkende Bedingungen für eine Entwicklung, die wir bei anderen Personen als normal und üblich bezeichnen würden. Neben Misshandlungen und Übergriffen jeglicher Art handelt es sich auch um eine besonders beschränkende Bedingung, wenn ein junger Mensch in wesentlichen Aspekten seines Erlebens und seines emotionalen Ausdrucks regelmäßig nicht beachtet oder missverstanden wird. Sofern der Mensch trotz dieser Bedingungen überlebt, muss und wird er sich entsprechend seinen Möglichkeiten daran adaptieren. Seine kognitiven Lebensprozesse – besonders Wahrnehmen, Denken und Fühlen sowie Handeln – mögen dann vielleicht ähnlich unbeweglich und eingeschränkt erscheinen wie die physische Beweglichkeit des Menschen in der Holzkiste. Sofern und sobald jedoch bessere psychosoziale Bedingungen vorhanden sind, werden auch die psychischen Strukturen sich im Rahmen der Möglichkeiten adaptiv weiterentwickeln.

In dieser Weise beschrieben, verliert die Aktualisierungstendenz jeden mystischen oder magischen Anstrich von einer »innewohnenden« Kraft, welche aus sich heraus die Entwicklung von Lebewesen zur Vervollkommnung treibt. Sie ist vielmehr eine schlichte Beschreibung.

## A5.3 Bedeutung der Aktualisierung in einigen Ansätzen der HPT

An dieser Stelle lohnt es sich, kurz auf das Wurzelnetzwerk an gemeinsamen Konzepten in der HPT zu verweisen (auch wenn Details erst später in den betreffenden Kapiteln ausgeführt werden). Denn gerade Goldsteins und Rogers »Aktualisierungstendenz« ist ein zentrales Konzept für faktisch alle Ansätze der Humanistischen Psychotherapie. Bei allen geht es um die lebenslange Entfaltung der Potenziale des einmaligen, ganzheitlich-unteilbaren, individuellen Menschen in Adaptation an die Gegebenheiten der Umwelt – ein dynamischer Prozess, der stets in Passung zwischen Mensch und Welt stattfindet. Aber wie bei allen Konzepten in allen Verfahren gibt es unterschiedliche Fokussierungen aufgrund bestimmter Interessenlagen, Fragestellungen und Patientenerfahrungen.

So lenkt die Transaktionsanalyse (Berne 1966, ▶ Kap. B6) die Aufmerksamkeit besonders auf strukturelle Aspekte der Aktualisierungstendenz in der HTP. In Anlehnung an die Psychoanalyse werden metaphorisch-biografische Anteile als »Kind-Ich«, »Erwachsenen-Ich« und »Eltern-Ich« bezeichnet. Die Aktualisierung betont hier die Entwicklung der Beziehungen dieser drei Persönlichkeitsanteile innerhalb des einzelnen Menschen aufgrund biografischer Erfahrungen. Diese Metapher von miteinander interagierenden Persönlichkeitsanteilen (»kooperieren«, »kämpfen«, »koalieren« etc.) ist heute auch weit über die HPT populär und begegnet uns in vielen Ansätzen der drei anderen Grundorientierungen mit Begriffen wie »inneres Team«, »Ego-States«, »Schematherapie«, »Parts-Party« recht inflationär und meist mit dem Anspruch auf Eigenentwicklungen. Für Patient:innen ist diese Metapher von inneren Anteilen offenbar besonders gut anschlussfähig. Man kann diese personifiziert auf einen Stuhl gegenübersetzen (z. B. in der Gestaltarbeit), sie in Bildern oder Aufstellungen veranschaulichen oder psychodramatisch agieren lassen (s. z. B. von Ameln et al. 2019).

Dabei geht es schlicht um strukturierende Kräfte, welche die Transaktionen in Form spezifischer Kommunikationsmuster zwischen den Menschen hervorbringen. Blickt man von hier auf typische Strukturen von Lebensprozessen, so werden auch Aspekte wie Lebensgrundpositionen, Indoktrinationen, Handlungskonzepte oder Modellverhalten deutlich, die alle als typische Aktualisierungen der Potentiale an die Gegebenheiten verstanden werden können.

Komplementär zur Betonung bestimmter *psychischer* und *interpersoneller* Strukturen durch die Transaktionsanalyse legt die humanistisch orientierte Körperpsychotherapie (Geuter 2015, ▶ Kap. B8) den Fokus auf die Korrelation zwischen der Aktualisierung *körperlicher* und *psychischer* Strukturen für die Entwicklung des Menschen. Auch hierbei handelt es sich allerdings lediglich um unterschiedliche Zentrierungen: Die aktuellen Diskurse in der Psychologie und Psychotherapie unter dem Begriff »Embodiment« stellen die große Bedeutung des Organismus und seiner Strukturen für die Aktualisierung psychischer und interpersoneller Prozesse heraus.

Als eine weitere spezifische Verzweigung des Konzeptes der Aktualisierung innerhalb des Verfahrens der HTP sei das Strukturmodell der Logotherapie und

Existenzanalyse (Längle 2013, ▶ Kap. A1, ▶ Kap. B7) angeführt. Die »Grundbedingungen erfüllter Existenz« aktualisieren sich unter dieser Perspektive aus den Potenzialen von vier Grundmotivationen. Diese lauten schlagwortartig verkürzt: 1.) »in der Welt sein können«, 2.) »Wertsein-Mögen«, 3.) »Sosein-Dürfen«, 4.) »Sinn finden« (▶ Kap. B7). Die jeweilige Entfaltung der vier Grundmotivationen in der Lebenswelt des Menschen ist – wie alle Entwicklungen aus der Perspektive der HPT – an bestimmte Bedingungen gebunden. Obwohl sie in ihren manifesten Erscheinungsformen eher nacheinander hinreichend zur Verfügung stehen, gehören alle als Potenziale stets zu den essenziellen Kräften menschlicher Entwicklung schlechthin.

Allen Ansätzen der HPT ist der zentrale Aspekt der Aktualisierungstendenz gemeinsam, dass es weniger auf interventionistische Eingriffe oder vorgegebene Lernprozesse ankommt, sondern mehr um die Konstellation von Bedingungen, unter denen leidende Menschen ihre Ressourcen und Potenziale selbstorganisiert aktualisieren können. Eine zentrale Bedingung ist dabei die spezifische therapeutische Beziehung der HPT (▶ Kap. A8). Das Konzept der Aktualisierung steht somit im Kontrast zur Reparatur von Mechanismen oder der Vorstellung einfacher linearer Entwicklungen von Leid und deren Beseitigung, die auf wenige Faktoren zurückzuführen sind und deren Schritte vorab in Manuals festgelegt werden können – ohne die Bedeutungsgebung der betroffenen Subjekte zu berücksichtigen. Die achtsame, kleinschrittige, an der Bedeutungsgebung des Subjekts orientierte dialogische Feinabstimmung in der Arbeit der HPT ist somit das Gegenteil davon, wie man ein gutes Experiment unter reliablen (d.h. genau wiederholbaren) Bedingungen plant und durchführt. Es liegt daher auch auf der Hand, dass eine Psychotherapieforschung, die sich primär an den Kriterien experimenteller Designs orientiert, das Essenzielle der Wirksamkeit der HPT verfehlt.

# A6 Das humanistische Konzept der Begegnung in Morenos Psychodrama und bei Buber

Ebenso grundlegend wie das Konzept der »Aktualisierungstendenz« ist das der »Begegnung«. Beide sind zentral für die gesamte HPT und sie stehen zudem in inhaltlichem Zusammenhang. Denn die Aktualisierungstendenz verweist auf das Wagnis, sich (auch) in der Psychotherapie dem Loslassen einiger bisheriger Strukturen auszusetzen in der Hoffnung – aber keineswegs mit innerer, gefühlter Gewissheit –, dass die neuen Strukturen wirklich besser tragen und für die Herausforderungen des Lebens besser geeignet sind. Damit sich Menschen auf eine solche Verunsicherung im psychotherapeutischen Prozess einlassen, bedarf es gleichzeitig einer tragenden, Halt gebenden Beziehung. Es gibt keinen Ansatz der HPT, in dem nicht die Relevanz der therapeutischen Beziehung (▶ Kap. A8) im Sinne von Begegnung zwischen Klient:in und Therapeut:in herausgehoben wird. Darüber hinaus ist ein wesentlicher Aspekt Humanistischer Psychotherapie, die Menschen in ihrer Beziehungsfähigkeit zur Welt, zu anderen und zu sich selbst zu fördern. Und auch für diese Beziehungsfähigkeit ist der Aspekt der Begegnung essenziell: Er ist mit einer Haltung der Achtsamkeit und Wertschätzung sowohl gegenüber den äußeren als auch den inneren Prozessen verbunden.

Während das Konzept der Aktualisierungstendenz in seinen Facetten von Goldstein über Rogers bis hin zu modernen systemtheoretischen Formulierungen anspruchsvoll ist und fraglos eher dem Bereich der Theorie zugeordnet wird, scheint »Begegnung« sehr viel anschaulicher, praxisnäher und unmittelbar verständlich zu sein. Doch wie bei so vielen Begriffen, die als Wörter auch in der Alltagssprache vorkommen, besteht auch für »Begegnung« die Gefahr, dass dies im Sinne der Alltagspsychologie reduziert und vulgarisiert verwendet wird. So haben inzwischen zwar alle vier psychotherapeutischen Grundorientierungen die Bedeutsamkeit der therapeutischen Beziehung – und damit zumindest auch implizit von Begegnung – erkannt und inzwischen bestimmte Aspekte dieser Konzepte für ihre Arbeitsweisen übernommen. Das geht aber fast nie über eine volkspsychologische Ausdeutung der drei Aspekte hinaus, die Carl Rogers als »therapeutisches Beziehungsangebot« aufgrund seiner empirischen Analysen von Therapiegesprächen formulierte (▶ Kap. A8, ▶ Kap. B2): Empathie, Kongruenz und unbedingte Wertschätzung (die anderen drei der sechs von Rogers benannten Bedingungen – ▶ Kap. A8 – werden gar nicht erst genannt). So kommt es nicht selten vor, dass diese drei Aspekte als »Variable« missverstanden werden, die einzeln trainiert werden können. Dabei handelt es sich dann keineswegs mehr um das, was in der HPT mit Beziehung und Begegnung gemeint ist (was nicht ausschließt, dass Aspekte davon von erfahrenen Psychotherapeut:innen auch der anderen Grundorientierungen trotz mangelnder theoretischer Integration in deren Ansätze in der Praxis realisiert werden könnten – so wie einzelne eben auch ohne jede ärztliche Kenntnisse zu heilen vermögen).

## A6.1 Herkunft und aktuelle Bedeutsamkeit von »Begegnung« in der Psychotherapie

Ideengeschichtlich wird beim Konzept der »Begegnung« meist auf die von Martin Buber betonte dialogische Existenz des Menschen verwiesen: »Ich werde am Du; Ich werdend spreche ich Du. Alles wirkliche Leben ist Begegnung« (Buber 1923, S. 18). Auch Rogers zitiert in diesem Zusammenhang oft Buber. Allerdings gibt es Hinweise aus der neueren Forschung, dass Buber die Ich-Du-Thematik ebenso wie das zentrale Konzept der »Begegnung« und weiterer Aspekte (bis hin zu bemerkenswerten Textübereinstimmungen) von Moreno, dem Begründer des Psychodramas, übernommen[9] hat (Waldl 2005, 2006). So hatte Moreno bereits 1914 *die Schrift »Einladung zu einer Begegnung«* veröffentlicht. Auch das Konzept der »Empathie« wurde von ihm erstmals thematisiert, ebenso wie die Hervorhebung des »Hier und Jetzt« für das Erleben des Klienten und die therapeutische Arbeit.

Neben Bubers religionsphilosophischer Ausarbeitung ist für Psychotherapeut: innen daher Morenos psychodramatische Einbettung (s. u.) der Ich-Du-Begegnung beachtenswert, da diese die »Begegnung« in einen umfassenderen sozialen Kontext stellt (eine Sicht, die auch für den Autor dieses Buches wesentlich ist – vgl. Kriz 2014a, b, 2017a, b).[10]

Moreno, Buber, Rogers und auch andere frühe Vertreter einer HPT leiteten die große Bedeutsamkeit der »Begegnung« sowohl aus menschlicher und therapeutischer Erfahrung als auch aus philosophischen Konzepten ab. Denn Begegnung kann als Grundlage menschlicher »Ek-sistenz« angesehen werden, als »Gegenüber-Gestelltes«, als ein in der lebensgeschichtlichen Entwicklung »Zustande-Kommen-von-außen-her« (Schmid 2011, S. 37). Wobei wir heute vielleicht eher von einer dynamischen Wechselwirkung von angeborenen evolutionär-organismischen Potenzialen und sozio-psychischen Strukturen in der biografischen Entwicklung des Menschen unter wesentlicher Einflussnahme von Bindungspersonen sprechen würden

---

9 Waldl hat diese Übereinstimmungen im Rahmen einer Promotion herausgearbeitet – was aber nicht als Plagiatsvorwurf im heutigen Sinne zu verstehen ist: Da Buber und Moreno sich kannten (anders als Buber später zu Protokoll gab) und beide um 1915 an ähnlichen Themen arbeiteten, kann es sich auch einfach um eine kongeniale Entwicklung und Formulierung handeln, deren genauere Klärung weiterer Forschung und Quellen bedarf. (Für diese Klärung danke ich Dr. Christoph Hutter).

10 Es gibt aber gestalttherapeutische Autoren, die sich eng auf Buber beziehen und dessen Unterscheidung zwischen dem »grenzziehenden, distanzierenden und objektivierenden Ich-Es-Modus und dem integrierenden, «Zwischenfeld-stiftenden» Ich-Du-Modus« (Hartmann-Kottek 2007, S. 319) in Zentrum der Arbeit stellen. Konkret wird dann vorgeschlagen, in der psychotherapeutischen Arbeit zwischen beiden zu oszillieren (▶ Kap. B4).

(Kriz 2022). Denn in den letzten Jahrzehnten sind die philosophischen Betrachtungen über den Stellenwert der Begegnung durch eine Fülle entwicklungs- und evolutionspsychologischer Forschungsbefunde erhärtet, ergänzt und differenziert worden.

## A6.2 Das »soziale Gehirn« als wesentliche Grundlage von Begegnung

Wichtig sind hierbei die Forschungen und Diskurse unter dem Stichwort »soziales Gehirn« (»social brain«, vgl. z. B. Dunbar 1998, Fuchs 2008, Adolphs 2009, Pawelzik 2013, Kriz 2017a, b). Diese haben zu der Erkenntnis geführt, dass die evolutionäre Struktur des menschlichen Gehirns in sehr großem Ausmaß auf soziale Beziehungen hin ausgelegt ist, ohne die ein Überleben der menschlichen Spezies gar nicht möglich gewesen wäre. Denn das menschliche Neugeborene kommt weit unfertiger als alle bekannten Lebewesen auf die Welt: Es kann sich monatelang nicht hinlänglich artspezifisch fortbewegen und in seiner Umwelt für Nahrung sorgen; es kann sich nicht selber vor Kälte und Hitze und vielen anderen Einflüssen schützen – kurz: ohne andere Menschen könnte es das erste Jahr nicht überleben. Ein solches Handicap konnte sich die menschliche Art evolutionär gesehen nur leisten, indem die mangelhafte individuelle Überlebensmöglichkeit durch die soziale Aktivität fürsorgender Mitmenschen gewährleistet wurde und wird. Diese Fürsorge liegt nicht einfach in leicht veränderbaren ethischen Entscheidungen oder Übereinkünften der sozialen Gruppe begründet; vielmehr sorgt die evolutionäre Architektur unseres Gehirns dafür, dass Eltern- und Nachfolgegeneration in einem komplexen und differenzierten Zusammenspiel in ihren Bedürfnissen, Wahrnehmungen und Aktivitäten aufeinander abgestimmt sind.

Vieles, was zur genetischen Grundausstattung menschlicher Hirnentwicklung gehört, hat sich im Laufe unserer Evolution an die ökologischen und soziokulturellen Bedingungen angepasst. Wobei es treffender ist, von Ko-evolution zu sprechen, denn die »Anpassungen« haben ja ihrerseits die Bedingungen wiederum spezifisch verändert. So zeigt beispielsweise das berühmte »Kindchenschema« einen Aspekt dieser evolutionären Abstimmung, indem bei den meisten Menschen die Wahrnehmung bestimmter Merkmale (großer Kopf, große Augen, kurze Extremitäten) dazu führt, Säuglinge und Kleinkinder »niedlich« und »beschützenswert« zu finden (was wir freilich auch auf andere junge Säugetiere, Teddys, Puppen, Comic-Figuren etc. ausdehnen). Noch wichtiger sind die Affektäußerungen, mit denen gerade das Neugeborene seine Befindlichkeiten in die Welt schreit. Sie müssen als angeborene (evolutionär erworbene) Kommunikationsinstrumente gesehen werden. Denn das Baby richtet sich damit an eine soziale Umwelt in der (evolutionären) Erwartung, dass es in seinen Affekten hinreichend von jemand verstanden wird und der oder die entsprechend auf die Bedürfnisse eingeht. Andere Menschen, und erst recht die Eltern, reagieren intensiv auf das Schreien, Wimmern, Gebrabbel oder »Strahlen« des Säuglings – bis hin zu oftmals ebenso intensiven Affekten wie Verzweiflung oder Wut, wenn die Kommunikation nicht klappt und der Säugling mit seinem »durchdringenden« Schreien nicht aufhört.

Neben der sozialen Passung zwischen affektiven Äußerungen des Babys und empathischen Eltern (oder anderen Bindungspersonen), die diese Äußerungen brauchbar verstehen, erwartet das Neugeborene Lautströme, die es in Phoneme zerlegen und daraus eine Grammatik zum Spracherwerb aufbauen kann. Mit »Bindungstypen« wird thematisiert, dass das Baby das Verhalten der ersten Bezugspersonen besonders in Stresssituationen auf Verlässlichkeit hin »prüft« und diese Erfahrungen in recht klare Erwartungsstrukturen hinsichtlich seiner sozialen Umwelt transformiert (Bowlby 1969, 1988, Ainsworth 1967, Holmes 1993). Unter dem Begriff »Spiegelneurone« (Gallese und Goldman 1988, Bauer 2006) wird auf die evolutionär erworbene Koordinationsmöglichkeit unseres Gehirns verwiesen, welche beobachtete Bewegungen und die damit vermutlich verbundenen Intentionen anderer mit eigenen mentalen Prozessen in Verbindung bringt – was u. a. auch für die Entwicklung von Empathie relevant ist (Kriz 2017c). Dabei ist allerdings zu beachten, dass affektiver Ausdruck nicht unbedingt innere Befindlichkeiten widerspiegelt (Benecke 2000, Krause 2003a, b), sondern (unbewusst und implizit) – eben als evolutionär erworbenes Kommunikationsprogramm – auch kommunikationssteuernd eingesetzt werden kann (▶ Kap. A3.2, Abschnitt Animalische Perspektive).

Zunehmend werden im Rahmen der international intensiv betriebenen Säuglingsforschung (u. a. Stern 2005, 2011, 2016, Trevarthen 2011) weitere Befunde über die erstaunlichen Leistungen in der Abstimmung zahlreicher organismischer Prozesse zwischen dem Neugeborenem und seiner Mutter vorgelegt (überblicksartige Darstellungen z. B. bereits in Stern 2005). Auf die darüber hinaus gehenden evolutionär erworbenen Fähigkeiten zur Wahrnehmung und Beurteilung sozialer Strukturen durch Babys in Form präformierter Passungsprozesse werden wir in ▶ Kap. A7 näher eingehen.

Die zentrale Bedeutung der Begegnung – zunächst zwischen dem Baby und seinen Bindungspersonen (meist Mutter und Vater) – ergibt sich daraus, dass sie quasi als evolutionärer Bestandteil des notwendigen Überlebensprogramms unserer Spezies zu sehen ist. Für die Entwicklung eines Menschen, der »ich« sagen kann und als »Person« in der (auch) sozialen Welt klarkommt, würde es allerdings nicht ausreichen, wenn die Mutter (oder eine andere Bindungsperson) das Kind in seinen Affektäußerungen und Bedürfnissen »lesen« und adäquat darauf eingehen kann. Sondern dafür ist es notwendig, dass das »Du« im Sinne Morenos, Bubers und der HPT mit seinen empathischen Rückmeldungen eine sinnverstehende Symbolisierung der wahrzunehmenden Welt, der eigenen Gefühle und Verhaltensweisen an das Baby heranträgt. Das heißt, die Beziehungspersonen sind auch dafür zuständig, dass die inneren, subjektiven, individuell-organismischen Prozesse mit den äußeren, objektiven, interpersonellen Prozessen und den gesellschaftlich entwickelten Kulturwerkzeugen (Sprache, Erklärungsprinzipien, Narrationen usw.) zusammengebracht werden (▶ Kap. A7). Nur so kann der sich entwickelnde Mensch seine »Weise, in der Welt zu sein« selbst-reflexiv verstehen und sprachlich sich selbst und anderen verständlich machen.

Dieser Aspekt ist in der HPT für das Verständnis von leidvollen Entwicklungen (Symptome) zentral. Denn wenn eine solche Symbolisierung partiell misslingt – wo also Teile oder Aspekte des eigenen inneren Geschehens nicht verstanden werden – können z. B. missverstandene Bedürfnisse auch nicht durch adäquate Handlungen befriedigt werden. Aspekte des Erlebens sind vielleicht gar nicht zugänglich – und innere Vorgänge, die irgendwie gespürt werden, aber völlig unverständlich bleiben, machen typischerweise Angst. Wenn also organismisches Erleben nicht symbolisiert und damit nicht verstanden wird – und damit auch nicht Teil des eigenen »Selbst« ist –, wird in der HPT von »Inkongruenz« gesprochen (ein Begriff, der zunächst von Rogers im personzentrierten Ansatz geprägt wurde).

> **Die faktische Verschränkung dreier (Er-)Lebensprozesse und ihrer Perspektiven**
>
> Wie an anderer Stelle ausgeführt (Kriz 2014, 2017a, c), sind in der menschlichen ontogenetischen Entwicklung (besonders der kindlichen) immer schon drei Perspektiven miteinander verschränkt:
>
> 1. Die Erlebens-Perspektive des Organismus. Gemeint sind die Prozesse, mit denen (auch) der Mensch körperlich in die Welt eingebettet ist und die ein Erleben (auf zunächst unbewusster Basis) des Ich-Subjekts darstellen (sog. »Erste-Person-Perspektive«).
> 2. Die Erlebens-Perspektive der intersubjektiven (»objektiven«) und objekthaften Außensicht auf die Welt (einschließlich sich selbst). Diese bewusste und symbolisierte (vorrangig sprachliche) Perspektive (sog. »Dritte-Person-Perspektive«) ist für explizites Verstehen, Einbetten in Sinnstrukturen und Erklären des vom Organismus erlebten Geschehens notwendig. Erst diese Symbolisierungen ermöglichen, dass das Wesen »Mensch« von sich und zu sich selbst »Ich« sagen kann und eine Empfindung als »Traurigkeit« versteht.
> 3. Damit sich (2.) entfalten (bzw. aktualisieren) kann, ist ein begegnendes und sozialisierendes »Du« (sog. »Zweite-Person-Perspektive«) erforderlich, das eben diese Verbindung zwischen körperlichen Erfahrungen und deren symbolisierenden Interpretationen gewährleistet. Das ist die Bedeutung des oft zitierten »Nur am Du kann ich zum Ich werden«.

Aus diesem Verständnis heraus fungieren Psychotherapeut:innen ebenfalls als ein »Du«, welches inkongruente, falsch oder gar nicht symbolisierte Muster in der Korrespondenz zwischen Erster- und Dritte-Person-Perspektive im therapeutischen Raum für die Patient:innen erlebbar macht und empathisch hilft, diese adäquat zu symbolisieren. Wesentliche, vom Menschen unverstandene Aspekte und Teile des Erlebens, oft mit beobachtbaren und krankheitswertigen Symptomen verbunden, können so einem Verstehen und einer sinnvollen Einordnung in größere Sinnzusammenhänge – z. B. in den sozialen Beziehungen oder in der Biografie – zugeführt werden.[11]

Für diesen »nachsozialisierenden« Aspekt der HPT ist eine Form der Begegnung in der Beziehung nötig, in der die Psychotherapeut:innen weder eine konfluierende Überstülpung von Erlebensperspektiven noch eine distanzierte Welterklärung anbieten, sondern sich selbst als Person einbringen. Denn – auch darin sind sich die Ansätze der HPT einig – es ist wichtig, den anderen als Anderen, d. h. als Fremden (Dritten), zu verstehen: Weder handelt es sich also darum, das Fremde als das Eigene, noch das Fremde als Abweichung von Eigenem zu begreifen, sondern es geht darum, das »Fremde« als das eigene Fremde zu erkennen und zu verstehen. Die empathische Verstehensleistung von Therapeut:in und Patient:in beinhaltet somit eine prinzipielle Grenze: »Ein Anspruch auf vollständiges Verstehen des Fremden würde die Authentizität des Menschen zunichtemachen« (Zurhorst 2011, S. 84). Bei einem zu exzessiven Verstehensanspruch besteht die Gefahr, dass die Authentizität des anderen verhindert oder untergraben wird.

Wesentlich für die menschliche Entwicklung, die über die Begegnung mit dem »Du« gefördert wird, ist nicht nur, die eigenen inneren Prozesse quasi von außen mit den Kulturwerkzeugen zu sehen, zu verstehen und zur Sprache zu bringen und damit zu symbolisieren. Es ist genauso wichtig, die inneren Prozesse der *anderen* quasi von innen (mit-)sehen zu können. Dies wird mit dem Konzept des »Mentalisierens« (Allen, Fonagy und Bateman 2008, Asen und Fonagy 2014) besser gefasst, weil »Symbolisieren« oft zu eng – nämlich primär in Bezug auf die *eigenen* Gefühle – verstanden wird. Neben dem oben erwähnten *unmittelbaren* Erfassen der inneren Zustände anderer aufgrund evolutionär-intuitiver Kompetenzen geht es hier eher um eine notwendig unexakte, mit partiell fremd bleibenden Aspekten versehene gemeinsame Interpretation. »Die Entwicklung eines genauen Bildes vom seelischen Zustand anderer bedarf einer ständigen sozialen Verifizierung. Mentalisierung entwickelt sich, wird zunehmend komplexer und wird nur schrittweise erreicht«, schreiben Asen und Fonagy (2014, S. 235) und betonen die »Haltung, mit der man aufrichtiges Interesse daran zeigt, was andere denken und fühlen, und die die Sichtweise des anderen respektiert. Diese Haltung schließt die Zurückhaltung ein, Vermutungen anzustellen oder vorschnell zu urteilen darüber, was andere denken oder fühlen« (ebenda, S. 236). Das aber war schon immer ein wichtiger Aspekt, der nicht nur so von Rogers vor rund 70 Jahren formuliert wurde, sondern bis heute für die gesamte HPT gilt.

---

11 Vgl. als wichtige Vorgehensweisen der HPT z. B. das Focusing (▶ Kap. B3) oder die Pesso-Therapie (▶ Kap. B9) als spezifische Ausdifferenzierung des Psychodramas (▶ Kap. B5), sowie die weiteren Vorgehensweisen in der HPT, von der Körperpsychotherapie bis hin zur Existenzanalyse. D. h., hier ist ein zentraler gemeinsamer Kern der gesamten HPT angesprochen.

## A6.3 Morenos »Szene« als umfassender Kontext für Begegnung

Es klang oben schon mehrfach an, dass das »Du« in der Begegnung für das Baby zunächst von (einer oder mehreren) Bindungspersonen verkörpert wird. Nimmt man jedoch die Perspektive des »social brains« ernst, so wird klar, dass diese Bindungspersonen gleichzeitig auch Repräsentanten der Gesellschaft bzw. Kultur sind. Eine gelingende Entwicklung beinhaltet wesentlich, an der Sozialgemeinschaft teilhaben zu können. Hinter der Begegnung zweier Personen steht somit weit mehr an Sozialem, als es vordergründig den Anschein hat.

> **Zur Sozialität der Person**
>
> Peter Schmid, ein führender Denker im personzentrierten Ansatz, merkt bei Buber kritisch an, dass dieser in der Zweiheit des Ich-Du stehen bleibe und verweist dabei auf Levinas (1983). Bei diesem gibt es nicht nur ein Du, nicht nur eine personale Beziehung, sondern es gibt den Anderen immer nur in der (wenigstens potenziellen) Gegenwart des »Dritten«: »Es gibt also die Anderen, und damit wird statt des Paares, statt »Ich und Du«, nun die Gruppe, das »Wir«, zum Grundelement von Interpersonalität« (Schmid 2011, S. 38). Statt einer für die abendländische Philosophie typischen »Egologie« (bloße Rede vom Ich) geht es damit zentral um Ethik: »Ver-Antwort-lichkeit ist demnach die Grundkategorie des Personseins.« (Schmid, eda.)
>
> Ganz in Übereinstimmung damit arbeitet auch Zurhorst (2011) die grundlegende Sozialität menschlicher Beziehungen heraus: Mit Verweis auf Kurt Goldstein und dessen neuerer Rezeption durch den Philosophen Waldenfels (1997, 1998) betont auch er, dass die beiden Personen, Klient und Therapeut, in der therapeutischen Beziehung immer ihr »Verhältnis zur Welt, Anderen und zu sich selbst (einschl. zum eigenen Leib/Körper)« einbringen (Zurhorst 2011, S. 81).

Dies genauer konzeptionell zu fassen war das Anliegen von Jakob L. Moreno, für dessen Psychodrama (▶ Kap. B5) die »Szene« den Kernbegriff darstellt. Die Grundlagen des Psychodramas entwickelte Moreno zunächst in Wien, von 1925 an in den USA. Aus der Sicht psychotherapeutischer Praxis, die nur auf die Vorgänge schaut, ist eine »Szene« zunächst nichts anderes als das, was in einer Therapiegruppe von einem der Mitglieder – dem sog. Protagonisten – auf einer »Bühne« über seine Probleme und Konflikte inszeniert wird. Mit »Bühne« ist dabei ein definierter Bereich (im Gruppenraum, ggf. aber auch in der Imagination) gemeint, in dem eine Szene gezeigt oder gespielt wird, und der damit eine abgehobene Realität darstellt.

In dieser szenischen Darstellung, die entweder ein Nachspielen oder ein (freies) Stegreifspiel sein kann, unterstützt die Leitungsperson als »Regisseur:in« den Protagonisten und die von ihm ausgewählten Mitglieder der Gruppe hinsichtlich des Rollenspiels.

Doch was bestimmt eigentlich die Dynamik dessen, was in »Szene« gesetzt wird? Hutter (2009, S. 27) betont, dass Moreno mit »Szene« das stets ganzheitliche Zusammenwirken von Einflüssen aus (analytisch) unterscheidbarer Herkunft meint und führt sechs Dimensionen auf:

> **Sechs Dimensionen der »Szene« bei Moreno
> (nach Hutter 2009, S. 27)**
>
> 1. Die Einflüsse aus den einverleibten Erfahrungen des Organismus. Diese machen die körperlichen Aspekte der Begegnung(en) aus. Es handelt sich um das sog. »nichtdeklarative Wissen«, das auf der *physiodramatischen* Prozessebene seine Wirkung entfaltet.
> 2. Die Einflüsse aus dem autobiografischen Gedächtnis. Diese Gedächtnisinhalte sind mit weiteren Inhalten des deklarativen Gedächtnisses verbunden. Ihre Wirkungen entfalten sich vor allem auf der *psychodramatischen* Prozessebene.
> 3. Die Einflüsse aus dem sozialen Gefüge, in die der Mensch eingebettet und eingebunden ist. Diese Einflüsse werden auf der *soziometrischen* und der
> 4. *soziodramatischen* Prozessebene deutlich. Der *soziometrische Aspekt* betont die erlebten Beziehungen auf der Mikroebene der unmittelbar beteiligten Menschen. Der *soziodramatische* Aspekt bezieht sich hingegen auf die Einflüsse der sozialen Makroebene, d. h. der gesellschaftlichen Strukturen.
> 5. Die dabei transportierten Werte und Normen einer Kultur, bis hin zu spezifischen Narrationen, Metaphern und Ideenlehren, werden von Moreno durch die *axiologische* (wertbezogene) Prozessebene thematisiert.
> 6. Die letzte Prozessebene hebt eigentlich keine Einflussaspekte hervor, sondern betont die letztliche Unplanbarkeit, welche alles reale, lebendige Geschehen ausmacht.

Es sei nochmals betont, dass es sich bei diesen sechs Einflussaspekten nur um analytische Unterscheidungen eines ganzheitlich zu verstehenden (Erlebens-)Prozesses handelt. Alle diese (Teil-)Prozesse wirken gleichzeitig und in komplexer, dynamisch vernetzter Weise nicht-linear zusammen, um eine unfassbare, hyperkomplexe Welt der physikalischen Reize in die fassbare, reduzierte und damit sinnhaft geordnete Lebenswelt des Menschen zu transformieren. Denn der Mensch muss sich ständig, also im »Hier und Jetzt« (Moreno 2008), vor dem Hintergrund einer hinlänglich sinnhaft verstandenen Vergangenheit auf eine hinreichend sinnvolle Zukunft hin ausrichten.

Mit »Sinn« ist dabei weniger die Perspektive vom »Sinn des Lebens« gemeint. Vielmehr geht es um etwas viel Grundsätzlicheres und Fundamentaleres: Für gelingendes Alltagsleben wie auch für psychische Gesundheit, Krankheit und Therapie ist es bedeutsam, dass der Mensch seine Beziehungen zu sich selbst, zu seiner sozialkulturellen Mitwelt und zur gesamten Welt mit ihren erfahrbaren Wirkprinzipien als sinnvoll erleben kann. Klinisch-therapeutische Konzepte wie Resilienz, Kohärenz, erlernte Hilflosigkeit, Selbstwirksamkeit etc. verweisen auf diese Zusammenhänge.

Salopp formuliert könnte man die vorangegangen Absätze auch wie folgt zusammenfassen:

> Mit Morenos »Szene« wird die stets ganzheitliche Verflechtung von körperlichen, psychischen, interaktiv-mikrosozialen, makrosozialen und kulturellen Prozessaspekten betont. Diese wirken dynamisch in nicht-linearer Vernetzung zusammen und sind daher letztlich im Detail nicht vorhersagbar. Vielmehr bleiben kreative Momente, die im szenischen Spielen entfaltet und therapeutisch nutzbar gemacht werden können.

»Begegnung« und »Szene« scheinen mir deshalb für die gesamte HPT zentral zu sein, weil unsere Weise, die Welt (einschließlich uns selbst) wahrzunehmen und darauf (organismisch) zu reagieren bzw. (kognitiv-bewusst) zu handeln, in hohem Maße von »Szenen« aus dem biografischen Gedächtnis moderiert wird. Das gleiche gilt für den Einfluss auf die vermittelnden Prozesse zwischen Wahrnehmung und Verhalten bzw. Handeln – d. h. für Affekte und Emotionen, für den selektiven Zugriff auf Gedächtnisinhalte, für Denkvorgänge usw. Dabei ist es weniger wichtig, ob diese »Szenen« real so erlebt wurden (außer bei Intrusionen aus traumatisierenden Erfahrungen) oder durch die dynamische Organisation unseres Gedächtnisses bereits als szenenhafte Symbolisierungen anderer im Körper gespeicherter Erfahrungen anzusehen sind.

Unter der Perspektive von Problemen und Symptomen repräsentieren diese »Szenen« auch jene entwicklungsschädigenden Erfahrungen, in denen dem Menschen mit seinem »social brain« wesentliche Bedürfnisse nicht hinreichend vom »Du« der Bindungspersonen geboten wurden. Es sind Szenen, in denen Schutz, Raum, Unterstützung, Grenzen, Struktur, oder auch adäquates, kongruentes Sinnverstehen von Vorgängen in der Welt eben nicht hinreichend zur Verfügung gestellt wurden. Solche belastenden »Szenen« sind im Alltag meist nicht Teil des aktiven deklarativen Gedächtnisses (also »vorbewusst«) oder gar nur implizit im Organismus gespeichert, sie können aber gleichwohl ganz massiv auf die genannten vielfältigen (Er-)Lebensprozesse einwirken.

Mit ihren erlebensaktivierenden Vorgehensweisen bringt die HPT diese Szenen als Repräsentanzen innerer Wirkkräfte auf die »Bühnen des Bewusstseins« (Pesso und Perquin 2008, Kriz 2017a, Bachg und Sulz 2022), was im Psychodrama schon Holmes (2015) mit »Inner world outside« thematisiert hat. Das gilt unabhängig von den spezifischen psychodramatischen Arbeitsmethoden (▶ Kap. B5) und zieht sich von den körperpsychotherapeutischen (▶ Kap. B8) bis hin zu den existenzanalytischen Vorgehensweisen: An unser inneres Erleben – besonders wenn es in seinen Ursachen und seiner Dynamik unklar ist – können wir uns nur mühsam über szenische Bilder und einen zunächst nur vage wahrgenommenen »felt sense« (▶ Kap. B3) herantasten. Gerade diese nachsozialisierende Symbolisierung unverstandener, aber virulenter Erlebensdynamik ist ein Kern der HPT. Es ist nur zu verständlich, dass es für die Bereitschaft, sich diesem Abenteuer der Reinszenierung schmerzhafter Erfahrungen auszusetzen, einer besonderen therapeutischen Beziehung braucht (▶ Kap. A8), deren konzeptuelle und praktische Grundprinzipien ebenfalls zum Kern der HPT gehören.

# A7 Der Mensch als Subjekt in der Welt – Biosemiotik, Symboltheorie und die Bedeutsamkeit der Symbolisierung

## A7.1 Einführung

In den vorangegangenen Kapiteln wurde immer wieder herausgestellt, dass es essenziell für die gesamte HPT ist, den Menschen nicht nur über seine äußeren, diagnostisch erfassbaren Aspekte zu betrachten, sondern ihn auch als Subjekt zu sehen, zu verstehen und dies im therapeutischen Handeln zu berücksichtigen. Diese phänomenologische Haltung (▶ Kap. A1) ist keineswegs immer leicht zu realisieren. Nicht selten kommt es vor, dass wir in der Therapie einem Menschen gegenübersitzen und uns darüber wundern, dass dieser eine bestimmte Änderung (noch) nicht vollzieht, obwohl er doch scheinbar alle wichtigen Bedingungen und Aspekte dafür erarbeitet hat und alle Möglichkeiten zur Änderung nun klar vor ihm liegen. »Eigentlich« verfügt er über hinreichende Kompetenzen und Ressourcen, den anstehenden Wachstumsschritt nun endlich zu machen.

Tatsächlich ist unser Wundern nur ein Anzeichen dafür, dass wir seinen *inneren Bezugsrahmen* – die Lebenswelt, aus der heraus er sich und seine Welt sowie die Bedingungen seines Handelns und möglicher Veränderungen sieht – noch nicht hinreichend verstanden haben. Denn in den subjektiven (»inneren«) Lebenswelten der Patient:innen sind oft andere Aspekte von Bedeutung als in den fachlichen, objektiven (»äußeren«) Beschreibungen.

Beide Perspektiven sind in Psychotherapie und Medizin relevant, was anhand der Unterscheidung von intersubjektiven (sog. »objektiven«) »Befunden« der Diagnostik und subjektiven »Befindlichkeiten« leicht nachvollziehbar ist. Wie die Forschung belegt, hängen Befunde und Befindlichkeiten oft wenig miteinander zusammen. So zeigte sich beispielsweise in einer Studie mit schwer asthmatischen Jugendlichen, dass die medizinischen Parameter nahezu nicht mit den Befindlichkeiten der Jugendlichen korrelierten (Kriz 1994). Gleichwohl sind beide Perspektiven zum Verständnis klinischen Geschehens wichtig. Und sie lassen sich auch nicht gegeneinander ausspielen. Denn schlechte Befunde können auch bei guter Befindlichkeit darauf hinweisen, dass hier möglicherweise eine Entwicklung stattfindet, die bald auch die Befindlichkeiten verschlechtert, wenn man nicht reagiert. Umgekehrt kann es jedoch auch nicht befriedigen, wenn die Befunde zwar gut sind, die Befindlichkeiten aber miserabel. Eine Beschreibung der Kranken allein aufgrund ihrer medizinischen Parameter wäre daher genauso einseitig wie allein aufgrund ihrer Befindlichkeiten. Ebenso wäre es im Bereich der Psychotherapie einseitig, das psychische Geschehen allein aufgrund der »objektiv« beobachtbaren bzw. diagnostisch erhebbaren »Faktoren« verstehen oder modellieren zu wollen. Aber auch die vom Subjekt erlebte Befindlichkeit allein wäre zu einseitig.[12]

Wenn wir daher auf klinische und therapeutische Prozesse blicken und über Wirkungen und Bedingungen nachdenken, stellt sich somit stets die Frage, ob wir beispielsweise jene Bedingungen im Blick haben, wie sie Beobachter:innen (oder Wissenschaftler:innen, Therapeut:innen) beschreiben, oder aber jene Bedingungen, wie sie von den betroffenen Klient:innen selbst erlebt werden. Bei ersterer geht es nicht nur um die Perspektive einer normierten Diagnostik (u. a. ICD- oder DSM-Kategorien). Sondern auch die an den Patient:innen orientierten, ihre spezifischen sozialen und materiellen Lebensumstände berücksichtigenden Beschreibungen von Professionellen in Therapie, Beratung, Sozialarbeit usw. sind eben Beschreibungen von Beobachtern. Und davon können die – oft nur »inneren« – Beschreibungen der Patient:innen, d. h. ihre Lebenswelten als Subjekte (Kriz 2017), erheblich abweichen.

> Die »Welt«, wie sie beschrieben wird (»objektive«/intersubjektive Aspekte), und die »Welt«, wie sie erlebt wird (subjektive Aspekte), sind zwei komplementäre Perspektiven. Beide müssen in Klinischer Psychologie und Psychotherapie berücksichtigt werden.

Allerdings reicht diese Unterscheidung keineswegs aus. Denn wie wir nicht nur aus der Psychotherapie wissen, ist die subjektive Lebenswelt des Menschen keine adäquat bzw. kongruent symbolisierte Repräsentation seiner Bedürfnisse, Erfahrungen, inneren Vorgänge und äußeren Lebensumstände. Vielmehr sprechen wir alle in der Alltagswelt in einer objektivierenden, entfremdeten Sprache über uns selbst – voller Beschreibungen, Sätze und Bewertungen, die wir einfach als »Introjekte« im Laufe unserer Biografie übernommen haben. Und dies gilt noch weit mehr für die Patient:innen in der Psychotherapie im Kontext der belastenden Themen und symptomatischen Erlebnisse. Kurz: Auch im Reden und Denken über uns selbst verwenden wir mehr oder weniger vorgestanzte Phrasen, die oft wenig mit unseren organismischen Bedürfnissen in Resonanz stehen oder stimmig zu unserem Erleben sind. Dies wird deutlich, wenn wir einmal von der Sprachproduktion zurücktreten und achtsam auf das schauen, was uns innerlich bewegt, berührt und motiviert. Mit diesem achtsamen Fokus kommen für das (sprachlich dominierte) Bewusstsein implizite Aspekte innerer Prozesse zum Vorschein, die zunächst oft noch gar nicht einfach sprachlich gefasst werden können, sondern als »felt sense« (▶ Kap. B3.1) aktualisiert werden. Gleichwohl kann schon hier deutlich werden, dass beispielsweise eine anstehende Entscheidung – wie etwa der Umzug in ein neues Haus und

---

12 In der Medizin wurde entsprechend dieser Erkenntnis besonders durch Thure von Uexküll (1986) – dem Sohn von Jakob von Uexküll (▶ Kap. A7.2) – ein umfassendes Konzept von Psychosomatik entwickelt (Uexküll und Wesiack 1988), die in der AIM (Akademie für Integrierte Medizin) fortentwickelt wird (Uexküll 2002, Hontschik et al. 2013, Leiß 2020). Das grundsätzliche Anliegen und etliche Konzepte der integrierten Medizin stehen im Einklang mit der HPT.

damit eine entsprechende Änderung der Lebensumstände – trotz aller guter rationaler Argumente nicht wirklich »stimmig« wäre (z. B. den unbewussten Bedürfnissen nicht angemessen Rechnung tragen und somit ohne hinreichende innere Zu-Stimmung erfolgen würde).

Diese Förderung und Unterstützung eines achtsamen Fokus auf die organismischen Prozesse ist ein wesentlicher Aspekt aller Ansätze und unterschiedlichen Vorgehensweisen der HPT. Genauso wichtig und zentral ist auch der weitere Schritt: die Förderung und Unterstützung eines angemessenen »zur Sprache bringen« des »felt sense« – d. h. eine kongruente Symbolisierung dieser inneren Prozesse. Dies ermöglicht eine Sprache (und Denken), die in wichtigen persönlichen Belangen weniger inkongruente Phrasen benutzt und stattdessen authentisch den Bedürfnissen, Anliegen und Motiven Rechnung trägt.

Gleichwohl ist die Verwendung von Sprache immer ein notwendiger Griff in den kognitiven Werkzeugkasten der Kultur. Sprache ist – wie auch andere Symbolsysteme (Musik, Malerei usw.) – eine von der Sozialgemeinschaft über unzählige Generationen hinweg entwickelte Kulturleistung. Ihre Prinzipien zur Aneignung sind zwar evolutionär im »social brain« bereitgestellt (inklusive etlicher Präformierungen, wie z. B. die Suche des Babys nach Regeln in den Lautfolgen), ihre Inhalte und Strukturen selbst müssen jedoch im Laufe der Entwicklung des Individuums erworben werden. Die Bedeutsamkeit der Symbolisierung als Basis dessen, am »Du« zum »Ich« werden zu können, wurde im vorigen Kapitel ausführlich erläutert (▶ Kap. A6). Nur unter Anwendung des Kulturwerkzeugs der Sprache mit den darin enthaltenen Metaphern, Narrationen, Erklärungsprinzipien, Normen- und Wertvorgaben usw. vermag der Mensch seine Welt und sich selbst zu verstehen und zu erklären. In der HPT wird ein chronisches Misslingen bestimmter Symbolisierungen als krankmachende »Inkongruenz« bezeichnet (▶ Kap. A6). Während eine hohe Kongruenz, die im Sinne von Antonovsky (1993, 1997) als »Kohärenz« erlebbar ist, allgemein als Kern der gesund erhaltenden oder heilenden Salutogenese gesehen wird.

In den folgenden Abschnitten dieses Kapitels geht es um die Klärung und das Zusammenwirken von organismischen und kulturellen Prozessen der Strukturbildung bei unserer Erfahrung. In wissenschaftlicher Terminologie würde man von körperlich-subjektiven und kulturellen-intersubjektiven »Konzeptformen menschlicher Welterfahrung« sprechen (Kriz 2022). Diesen für die HPT grundlegenden Fragen sind bereits vor hundert Jahren Wissenschaftler nachgegangen, die zwar in unterschiedlichen Disziplinen beheimatet waren, aber in engem Austausch miteinander standen.

### Das personelle Beziehungsgeflecht der Grundideen

Der Philosoph Ernst Cassirer (1874–1945), der Biologe Jakob J. von Uexküll (1864–1944) und der Physiologe, Neurologe und Psychiater Kurt Goldstein (1878–1965) – dessen Beiträge zur Gestalttheorie (u. a. »Selbstaktulisierung«) bereits oben referiert wurden (▶ Kap. A4, ▶ Kap. A5), standen in enger Beziehung zueinander. Cassirer war nicht nur der Cousin von Goldstein, sondern auch

## A7 Biosemiotik, Symboltheorie und die Bedeutsamkeit der Symbolisierung

steter Diskussionspartner. Von Uexküll wiederum war Cassirers Kollege an der Universität Hamburg (wo Cassirer übrigens die Räumlichkeiten mit dem Psychologen William Stern teilte); beide waren befreundet. Die inhaltliche Verbundenheit lässt sich auch daran ersehen, dass auf der Berufungsliste für einen philosophischen Lehrstuhl an der Universität Wien sowohl Uexküll als auch Cassirer standen (Dahms 2018) – letztlich ging der Lehrstuhl dann an den Gestalt- und Sprachpsychologen Karl Bühler (dessen Frau Charlotte wiederum zu den zentralen Gründungspersonen der Gesellschaft für Humanistische Psychologie, 1962, in den USA gehörte). Diese Hinweise sind deshalb wichtig, weil meist nur Kurt Goldstein in der Literatur als ein wichtiger Konzeptgeber der HPT genannt wird, die wesentlichen gemeinsamen Querverbindungen zu Cassirer und v. Uexküll bei der Ausarbeitung ihrer jeweiligen Konzepte jedoch nur selten aufscheinen (Ausnahme: Andersch 2007, 2014, 2016).

Diese Grundideen, die wir in ▶ Kap. A7.2, ▶ Kap. A7.3 und ▶ Kap. A7.4 referieren, sind anspruchsvoll und (ähnlich wie die theoretische Konzeption des personzentrierten Ansatzes durch Carl Rogers) zwar wichtige Wurzeln für die Entwicklung der HPT, aber von Praktikern bislang wenig explizit rezipiert worden. Diese Abschnitte können daher auch in diesem Buch am ehesten überschlagen werden, sofern man an tieferen Zusammenhängen nicht interessiert ist. Der resümierende Abschnitt (▶ Kap. A7.5) sollte auch ohne diese Kapitel verständlich sein.

## A7.2 Biosemiotik: Die körperliche Seite menschlicher Welterfahrung

### Umgebung vs. Umwelt

Bemerkenswerterweise lässt sich die Besonderheit menschlicher Erfahrung gerade auf körperlicher Ebene gut verstehen, wenn man diese ins Verhältnis zur organismischen Erfahrung der Tiere setzt (ansatzweise war das bereits oben, ▶ Kap. A6, Thema, als die Besonderheiten des »social brain« referiert wurden). Wesentliche Aspekte zu diesem Verständnis hat Jakob von Uexküll geliefert, indem er die wichtige Unterscheidung zwischen »Umgebung« und »Umwelt« eingeführt hat. Diese lässt sich zunächst am besten für die Tierwelt am Beispiel einer »Sommerwiese« verdeutlichen (von Uexküll, 1909/14, 1920, 1980):

Wenn wir in üblicher Weise eine Sommerwiese betrachten, würden wir feststellen, dass dort viele Tiere in derselben *Umgebung* leben – beispielsweise Ameisen, Blattläuse, Bienen, Fledermäuse, Frösche usw. Damit beziehen wir uns (meist unbemerkt und »selbstverständlich«) auf die objektiven Gegebenheiten dieser Sommerwiese. Wenn wir hingegen danach fragen, was ein Lebewesen von diesen objektiven Gegebenheiten wahrnehmungsmäßig überhaupt mitbekommt und auf was es mit seinen Organen einwirken kann, wird klar, dass keines dieser Tiere diese Umgebung genauso wahrnimmt, wie ein Tier der jeweils anderen Art. Und jede Tierart wirkt auf recht unterschiedliche Weise auf diese Umgebung ein. Diese spezifische Merkwelt und Wirkwelt eines Tieres nannte Uexküll »Umwelt«. Alle Tiere auf der Sommerwiese leben somit in *derselben Umgebung*, aber jedes in seiner *spezifischen Umwelt*. Kategorien wie »Sommerwiese«, »Ameisen«, Fliegen« etc. entsprechen keiner Realität in den Lebensprozessen irgendeines Tieres auf der Wiese.

Ein Frosch nimmt somit keine (menschliche Lehrbuch-)»Fliege« wahr, sondern gibt bestimmten wahrgenommenen Reizaspekten eine, aufgrund seiner evolutionären Entwicklung, bestimme Bedeutung in seiner Merkwelt, so dass er entsprechend den Möglichkeiten seiner Wirkwelt zuschnappt. Diese Aspekte fungieren als »Zeichen«. Die Betonung, dass Lebewesen dem Geschehen in ihrer Welt mithilfe von Zeichen Bedeutung zuweisen, ist besonders eine Sichtweise der sog. »Biosemiotik« (von bio = Leben und Semiotik = Lehre von den Zeichen/-prozessen).

Dieser Funktionskreis aus Merk- und Wirkwelt ist, gerade bei sog. niederen Tieren, relativ eng evolutionär festgelegt. Auch wenn v. Uexküll (1909) bereits gezeigt hat, dass je nach innerer »Stimmung« aufgrund aktueller Triebe und Bedürfnisse ein und dasselbe Objekt in der Umgebung eine unterschiedliche »Bedeutungs-Tönung« in seiner Umwelt zugewiesen bekommt, die dann mit unterschiedlichen Verhaltensweisen verbunden ist.[13]

Während beim Funktionskreis einfachster Art noch Rezeptor und Effektor unmittelbar gekoppelt sind, zeichnen sich komplexer aufgebaute Organismen, bis hin zu den Säugetieren, dadurch aus, dass sich zwischen die sensorischen und motorischen Systeme immer umfangreichere und zunehmend ausdifferenzierte »innere Verarbeitungssysteme« in Form von komplexen Nervensystemen schieben. Der evolutionäre Vorteil ist, dass dadurch auch komplexer werdende Sachverhalte der Umgebung eines Organismus zu dessen lebensrelevanter Umwelt werden können. Dazu bedarf es freilich einer erheblichen Integrationsleistung der unmittelbaren Sinneserfahrung der Rezeptoren. So lässt sich beispielsweise für eine bestimme Schlangenart zeigen, dass sie eine Maus als Beutetier visuell ortet, dann olfaktorisch verfolgt und letztlich haptisch verschluckt. Da diese drei Sinnessysteme aber unabhängig voneinander arbeiten, hat sie faktisch drei Bedeutungen für »Maus«, die in drei Funktionskreisen verortet sind. Eine unabhängige Bedeutungserteilung durch die einzelnen Teilsysteme, wie bei dieser Schlange, wäre bei komplexeren Organismen mit Hunderten von Funktionskreisen kaum verwertbar und somit nutzlos. Stattdessen ist eine organismische Architektur des Gehirns notwendig, bei der Prozesse aus der Vielzahl von Sinnessystemen (und internen Prozessen) integriert werden.

---

13 So beschreibt v. Uexküll das symbiotische Verhältnis zwischen Einsiedlerkrebsen und Seeanemonen. Üblicherweise sitzen die Anemonen auf dem Rücken der Krebse und schützen ihn so vor Fressfeinden, während sie von den Resten seiner Mahlzeiten profitieren. In dieser »Stimmung« nimmt der Krebs die Anemone als »Schutz« wahr. Ist sein Hunger aber zu groß, wird sie für ihn zum »Futter«. Und falls er seine Muschel verloren hat, wird sie zum »Haus«: er versucht dann, in sie einzudringen.

## Übersinnliche Wahrnehmung und Kategorisierung

Wenn die Bedeutungszuweisungen immer weniger an einzelne Sinnesmodalitäten gebunden sind, heißt das, dass sie auch von separaten Sinneseindrücken quasi abstrahiert sind. D. h., die Bedeutungszuweisung wird somit in einer abstrakten Form von einem Integrationssystem geleistet: »Maus« ist dann für die Katze eine Bedeutungskategorie, die u. a. visuelle, olfaktorische und haptische Aspekte vereinigt. Die organismische Architektur komplexer Lebewesen – besonders ihrer Hirne und Nervensysteme – ist entsprechend darauf ausgelegt.

Die Abstraktion hat zusätzlich den evolutionären Vorteil, dass der sensorische »Input« der Merkwelt nicht unmittelbar in motorischen »Output« der Wirkwelt umgesetzt werden muss. Vielmehr werden die vielfältigen Zeichen der Merkwelt in etlichen internen Systemen (z. B. für Raumorientierung und Navigation, Nahrungssuche, Partnersuche, komplexes Sozialverhalten, Werkzeuggebrauch usw.) integriert, bevor eine motorische Reaktion ausgeführt wird. Die dabei durchgeführte Abstraktion der Information aus einzelnen Sinnesmodalitäten zugunsten ihrer Integration führt damit zu Bedeutungskategorien, die mit Mausfeld (2005b, S. 66) als »übersinnlich« bezeichnet werden dürfen. Denn für distale Objektkategorien wie »Nahrung«, »Feind«, »Paarungspartner« oder verborgene Attribute von Objekten wie »essbar«, »gefährlich« usw. gibt es natürlich keine sensorischen Rezeptoren bzw. Sinnesorgane.

Erst durch die Integration im Gehirn kann der Organismus somit Dinge und Attribute wahrnehmen, die seinem Sinnensystem verborgen sind. Und ebenso wichtig ist, dass viele dieser integrativen Leistungen nicht gelernt wurden, sondern in der evolutionären Architektur des Gehirns angelegt sind. »Wenn eine Maus lernen wollte, dass der Wahrnehmungskategorie ›Schlange‹ das Attribut ›gefährlich‹ zukommt, wäre ihr Leben so kurz, dass sie keine Möglichkeit mehr hätte, diese Einsicht auch zu nutzen«, resümiert Mausfeld (2005b, S. 52) treffend. Schon v. Uexküll (1909, 1920) bezeichnete die evolutionär erworbene Konstruktion von Umwelten, die nicht als direkte Reaktion im Zusammenhang mit Sinnesorganen steht, als »magisch«. Ein Beispiel dafür sind u. a. die angeborenen Flugstraßen und Wegmarken über Kontinente hinweg, welche Wandervögel nutzen, besonders auch Jungtiere, die noch nie diesen Weg geflogen sind.

Selbst so etwas wie »Gerechtigkeitssinn« ist offenbar in der Architektur unseres Gehirns angelegt – und dies bereits bei Primaten (de Waal 2017): In einem Experiment sitzen zwei Kapuzineräffchen in getrennten Käfigen, können sich aber gegenseitig sehen. In Lernaufgaben erhalten sie zur Belohnung zunächst jeweils Gurkenstücke. Wenn nun eines der Äffchen plötzlich stattdessen mit weit »beliebteren« Weintrauben belohnt wird, reagiert das andere Äffchen mit deutlichem Protest, der so weit geht, dass es die Gurkenstücke der Versuchsleiterin »voll Wut« ins Gesicht wirft.

Bedenkt man die große Leistungsfähigkeit solcher »übersinnlichen« evolutionären Kategorien im Tierreich, so ist es erstaunlich, dass wir lange Zeit den Menschen in diesem Zusammenhang für eine Art »Tabula rasa« gehalten haben. Da waren die Gestaltpsycholog:innen mit ihren Untersuchungen der strukturierenden Prinzipien bei kognitiven Prozessen (▶ Kap. A4) schon wesentlich näher an den heutigen Erkenntnissen. Allerdings ist das große Ausmaß evolutionär erworbener Bedeutungskategorien beim Menschen erst durch die Säuglingsforschung der letzten Jahrzehnte rasant gewachsen. Erst dann standen entsprechende technische Hilfsmittel bereit, um überhaupt bestimmten Fragen bezüglich der Wahrnehmungswelt von Säuglingen nachgehen zu können.

Mausfeld (2005b) führt u. a. Bedeutungskategorien wie »Gesicht«, »unbelebte Gegenstände«, »Belebtes«, »Meinesgleichen«, »Artefakte« (d. h. Gegenstände, die zu einem bestimmten Zweck hergestellt wurden, wie Stuhl, Hammer, Haus), »Körperteile«, »Früchte«, »Gemüse«, »Kausalität« und »Intentionalität« als solche an, die bereits in der Architektur des menschlichen Organismus angelegt sind. Besonders wichtig ist die Unterscheidung zwischen »belebten« und »unbelebten Objekten«. Dazu resümiert Mausfeld (2005a, S. 22 f.):

> »Die Säuglingsforschung hat eine Fülle von Befunden gewonnen, die belegen, dass Konzeptformen für ,belebte Objekte' und ›unbelebte Objekte‹ (›animate vs. inanimate‹) Teil der biologischen Grundausstattung des Wahrnehmungssystems des Säuglings sind. Säuglinge reagieren schon von der Geburt an unterschiedlich auf Personen und unbelebte Objekte (z. B. Bonatti, Frot, Zangl und Mehler 2002, Baillargeon, Wu, Yuan, Li und Luo 2009). Sobald sie ihre Aufmerksamkeit fokussieren können, trennen sie kategorial Objekte, die mit ihnen reziprok interagieren können, von solchen, die dies nicht können. Für eine ›mechanische Verursachung‹ zwischen ›physikalischen Objekten‹ haben Säuglinge implizite Erwartungen über die Gerichtetheit von kausalen Ereignissen (z. B. Leslie 1994, 1995); eine identische raum-zeitliche Inputstruktur kann als ›Kausalität‹ wahrgenommen werden, wenn die beteiligten Objekte als unbelebt klassifiziert werden, jedoch als ›Intentionalität‹, wenn die beteiligten Objekte als ›Meinesgleichen‹ klassifiziert werden (Spelke, Phillips und Woodward, 1995, Meltzoff 2005).«

Viele weitere Belege aus jüngerer Forschung zeigen, dass Säuglinge in erstaunlichem Ausmaß über Konzepte und Prinzipien der Alltagsphysik verfügen – etwa, dass Wasser durch ein Sieb fließt, Feststoffe aber nur dann, wenn sie relativ zum Sieb fein sind (wie Sand), aber dann nicht, wenn sie etwas größer sind (z. B. kleine Glaskügelchen) (Hespos und Ferry 2009). Ebenso können bereits Säuglinge mit Quantitäten umgehen – etwa »mehr als«- oder »weniger als«-Relationen bei Zahlen, Größe von Dingen und Dauer von Erscheinungen« (Lourenco und Longo 2010).

Solche Befunde aus der Baby- und Hirnforschung waren vor einhundert Jahren natürlich nicht bekannt. Auch dass in traumatisierenden Krisensituationen der bewusstseinsfähige Neocortex umgangen und die Reaktionen – Angreifen, Flüchten, Totstellen – vom sog. »Reptilienhirn« gesteuert werden, wusste man nicht. Ebenso wenig wusste man etwas über die schon in ▶ Kap. A6 angesprochene evolutionäre Architektur des Gehirns und dessen Leistungen, die unter dem Begriff »social brain« in jüngerer Zeit zahlreiche Aspekte und Forschungsbereiche im Zusammenhang mit interpersonellen Beziehungen thematisiert – Bindung, Sprache und Grammatik, Spiegelneurone, Kindchenschema oder Protokommunikation (Bateson 1975).

Während allerdings beim Rückgriff des Organismus auf das »Reptilienhirn« evolutionär alte Verarbeitungsmuster zum Tragen kommen, ist dies beim »social brain« wesentlich komplexer. Denn hier spielen evolutionäre Strukturierungsprinzipien mit biografischen Erfahrungen zusammen: Die Suche des Säuglings nach Strukturen im Lautstrom (Grammatik) oder nach Strukturen der Beschützung in Stresssituationen (Bindung) ist evolutionär vorgegeben. Was sich bei dieser Suche dann aber letztlich ergibt – also eine deutsche oder arabische Grammatik, bzw. ein »sicherer« oder »vermeidender« Bindungsstil – hängt von der Erfahrung des Säuglings mit seiner Umgebung ab. Linguisten verwenden in solchen Zusammenhängen den Begriff »Parametrisierung«, d. h. in einer grundsätzlich vorhandenen Struktur werden die spezifischen Parameter gesetzt – eine Begrifflichkeit und zugrundeliegende Modellvorstellung, die eigentlich auch für viele weitere solcher Entwicklungen konkreter Strukturierungsprinzipien gut passt.

Noch komplexer für den Menschen mit seinem »social brain« wird es mit dem, was (Tomasello 2010, 2014, 2020) geteilte Intentionalität nennt und als Unterscheidungslinie zwischen Primaten und Menschen ansetzt. Menschenaffen haben demnach eine »individuelle Intentionalität« – sie haben selbst Absichten und können die Absichten anderer recht gut erkennen (wofür als biologische Basis die o. a. »Spiegelneuronen« angeführt werden). Aber nur Menschen, so Tomasello, entwickeln darüber hinaus gemeinsam Absichten und Pläne. In der kindlichen Entwicklung wird dafür die Grundlage gelegt, indem bereits knapp einjährige Kinder nicht nur Zeigegesten von Bezugspersonen folgen, sondern auch selbst den Zeigefinger benutzen, um ihre Wahrnehmungen und Aufmerksamkeit (mit-)zuteilen und in einer »triadischen Beziehung« (das Kind selbst, die andere Person und das gemeinsam betrachtete Objekt bzw. die Szene) intersubjektive Bedeutungserteilung zu fördern.

Damit rückt nun die soziale Umgebung des Menschen zusätzlich in den Blickpunkt. Es stellt sich die Frage, wie das Verhältnis zwischen den vom Organismus integrierten sinnlichen Wahrnehmungen des Menschen als Subjekt und der bewusst erfahrenen Welt zu verstehen sei: Wie lebt und handelt der Mensch in einer Welt mit hochdifferenzierten sozialen Strukturen, Systemen wie Wissenschaft oder Gesellschaft, materiellen Veränderungen durch Erfindungen und Technologien, Denkräumen wie Dichtung, Musik oder bildnerische Künste usw.? Andersherum betrachtet ist damit die Frage verbunden, wie solche Pathologien zu verstehen sind, in denen diese menschlichen Leistungsfähigkeiten, komplexe Symbolsysteme zu nutzen, stark beeinträchtigt sind.

## A7.3 Die Theorie symbolischer Formen (Cassirer)

Frühe Antworten auf diese eben aufgeworfenen Fragen wurden bereits im 19. Jahrhundert erörtert. So publizierte der Arzt F. C. Finkelnburg (1870) Untersuchungen über aphasische Störungen und führte dabei den Begriff der »Asymbolie« ein. Damit meinte er den Mangel an Umgang mit abstrakten im Gegensatz zu konkreten Kategorien. Denn trotz einer enormen Vielfalt von Sprachstörungen, die oft aus Unfällen oder Schlaganfällen herrührten, war ein gemeinsames Merkmal, dass die Bedeutungen von konventionellen Zeichen im psychopathologischen Prozess verloren gehen (Andersch 2020). Finkelnburg berichtete von Aphasikern, die nicht imstande waren, Noten oder Münzen richtig zu erkennen, oder auf Anweisung hin das Zeichen des Kreuzes zu machen, auch wenn sie einen christlichen Lebenskontext hatten. Sie waren also nicht mehr in der Lage, den Charakter von Symbolen zu erfassen und sie sinngemäß zu verwenden.

Indem Finkelnburg bereits betonte, dass die Fähigkeit, solche Symbole überhaupt zu bilden, eine Eigentümlichkeit ist, die nur der menschlichen Psyche zukommt, nahm er einen Wechsel im Verständnis aphasischer Symptome vor: Von den klinischen Details kam er zu grundsätzlichen Strukturprinzipien des menschlichen Geistes und deren Zerfall in pathologischen Entwicklungen. Andersch (2016) schreibt, dass dieser Paradigmenwechsel in seiner Bedeutung damals völlig ignoriert wurde. Erst im Rahmen einer hochelaborierten Symboltheorie, die Ernst Cassirer vor allem in einem umfassenden, mehrbändigen Werk »Philosophie der symbolischen Formen« (Cassirer 1923/27/29) dargelegt hat, wurde diese Perspektive weiterverfolgt. Andersch (2014) betont, dass es dieser Ansatz ermöglicht, Psychopathologien als »Symbolpathologien« theoretisch in einer Tiefe zu betrachten, die weit über die an Symptomen orientierte DSM- und ICD-Diagnostik des gegenwärtigen psychiatrischen und psychotherapeutischen Mainstreams hinausweist. Es sei nochmals darauf hingewiesen, dass die Theorie symbolischer Formen vor allem Cassirer zugeschrieben wird, dieses Werk aber gleichwohl durch die enge Beziehung zu Goldstein und v. Uexküll mit beeinflusst wurde – und sich umgekehrt sowohl auf die Gestaltpsychologie (▶ Kap. A4) als auch auf Morenos Psychodrama (▶ Kap. A6, ▶ Kap. B5) ausgewirkt hat.

Die Relevanz des Symbolkonzeptes von Cassirer lässt sich ermessen, wenn man sich nochmals die oben referierten erstaunlichen Leistungen der komplexeren Hirne von Tieren vor Augen hält, durch Integration aus einzelnen Sinneserfahrungen zu »übersinnlichen« Kategorien zu gelangen. Nicht nur diese Tiere, sondern auch der Mensch mit seinem noch komplexeren Gehirn schafft durch Integration bereits auf rein organismischer Ebene jene Umwelten, die Mausfeld »übersinnlich« bzw. v. Uexküll »magisch« nannte: die Wahrnehmung von Objektkategorien und Eigenschaften, die einzelnen Sinneskanälen verborgen bleiben würden.

Für den Menschen kommt nun eine entscheidende Erweiterung in der »übersinnlichen« Abstraktionsleistung hinzu: Er ist mit seiner jeweiligen Umwelt nicht nur im Sinne der oben angeführten Biosemiotik über natürliche Zeichen, sondern zusätzlich und vor allem über ein Netzwerk aus Symbolen kommunikativ verbunden. Diese Symbole sind kulturell geschaffen und den einzelnen Menschen intersubjektiv vorgegeben.[14] Damit erhalten menschliche Umwelten einen völlig anderen Charakter, der es auch angemessen erscheinen lässt, einen spezifischen Begriff einzuführen und mit Husserl statt von Umwelt von »Lebenswelt«[15] zu sprechen.

---

14 Bereits an anderer Stelle (Kriz 2017a) habe ich angemerkt, dass das Verständnis und der Gebrauch des Wortes »Symbol« sehr unterschiedlich sind: Autoren wie Goethe, Saussure, Peirce, Morris oder Cassirer haben teilweise eine gegensätzliche Definition verwendet. Das gilt auch für die einzelnen Disziplinen: Psychotherapie (sehr unterschiedlich: Freud, Jung, Lacan, Lorenzer), Philosophie, Psychologie (u. a. Piaget), Literatur, Sprachwissenschaft, Kunst- oder Religionswissenschaft haben ein je eigenes Verständnis entwickelt.

15 In der Tat verwendete Husserl (1913/2009) zunächst mit Bezug auf v. Uexküll ebenfalls »Umwelt«, führte in Bezug auf den ihn interessierenden Menschen in seinem Spätwerk aber den Begriff »Lebenswelt« ein.

## A7 Biosemiotik, Symboltheorie und die Bedeutsamkeit der Symbolisierung

Wenn wir nochmals die obige Szene mit der Sommerwiese bemühen wollen, so wird die Problematik der Unterscheidung zwischen Umgebung und Umwelt zunächst nicht wesentlich anders, wenn nun auch Menschen die Wiese betreten: So ergötzt sich z. B. ein kleines Mädchen an den schönen Blumen. Ihr Vater, Botaniker, hält Ausschau nach seltenen Pflanzen, die es in dieser Gegend gibt. Ihr Onkel, Hobbykoch, lässt seinen suchenden Blick mit der Intention schweifen, den Kräutervorrat für seine Küche zu ergänzen. Der diese Familie begleitende Wiesenbesitzer prüft das Grundstück mit den Überlegungen, ob die Wiese sich für einen Verkauf an einen Bauinvestor eignet. Alle sind in derselben *Umgebung* – die wir als »Wiese« bezeichnen. Wobei in Lexika und Nachschlagewerken beschrieben steht, was darunter zu verstehen ist. Und doch ist jede dieser Personen auch in ihrer eigenen *Umwelt*. Denn für niemanden spielt die lexikalische Bestimmung der »Wiese« eine Rolle. Es geht um einzelne Aspekte, die jede Person in den Blick nimmt und die für jeden unterschiedlich bedeutsam sind. Für jeden in dieser Gruppe bedeutet daher »Wiese« etwas anderes. Jeder macht aus der gemeinsamen *Umgebung* seine spezifische (aktuell hier und jetzt erfahrbare) subjektive *Umwelt*.

Andererseits besitzen alle *auch* ein grobes Konzept davon, was »eine Sommerwiese« ist. Denn obwohl sie mit keinem ihrer Sinne eine »Wiese«, eine »Fliege« oder einen »Frosch« erfahren können – so wie diese in einem Biologiebuch beschrieben werden –, haben sie dennoch ein grobes Konzept über das Wahrgenommene, welches weit darüber hinausgeht, was ihre Gehirne allein auf der Basis evolutionärer Strukturen an sinnlicher Integration bereitstellen. Kurz: Wirklich erfahren können wir nur einzelne Aspekte dessen, was mit den begrifflichen Abstraktionen »Wiese«, »Fliege« usw. gemeint ist. Doch durch die Sprache und die mit ihr zusammenhängenden intersubjektiven Diskurse entsteht etwas, was ebenfalls die *Lebenswelt* der Subjekte ausmacht. Wir können gar nicht anders, als die Welt komplementär zu den Präformierungen unseres Gehirns auch durch die Filter intersubjektiv vereinbarter Kategorien zu erfahren. Unser Erleben ist immer schon mit Sinn und Bedeutung erfüllt, welche aus vielfältigen, multigenerationalen und *kulturellen Bedeutungsgebungsprozessen* stammen. Und als kulturelle Symbolsysteme formen sie komplementär zu den *körperlichen Bedeutungsgebungsprozessen* unsere Welterfahrung.

Auch wenn die Architektur unseres »social brain« sehr umfangreiche und spezifische soziale Beziehungen sowie unsere Reaktionen darauf ins Zentrum körperlicher Erfahrungen stellt: Empfindungen, Wahrnehmungen und Bewertungen von Objekten und Situationen auf organismischer Ebene funktionieren also beim Menschen prinzipiell ähnlich wie bei Tieren. Um aber zu verstehen, welche Empfindungen wir haben, und uns selbst (und ggf. anderen) den Kontext zu erklären, warum wir diese haben, benötigen wir Sprache (als wichtigen Teil kultureller Symbolsysteme). Dazu wurde an mehreren Stellen in diesem Buch betont, dass es bei der »Sprache« keineswegs nur um die grammatische Abfolge von Sprachlauten oder um die semantische Bedeutung von Wörtern geht. Vielmehr sind mit der Sprache unweigerlich Bedeutungsbilder, Prinzipien, Regeln, Verstehensweisen, Lebens- und Handlungsanweisungen usw. verbunden. Sprache ist somit ein wichtiges Kulturwerkzeug.

A Grundlagen

> Der bewusstseinsmäßige Zugriff auf die »Welt«, wie sie erlebt wird (subjektive Aspekte), ist immer schon sozio-kulturell vermittelt, indem Erfahrung symbolisiert wird. Um diesen wesentlichen Aspekt ist der o. a. Merksatz der Komplementarität von »objektiver« und »subjektiver« Perspektive zu erweitern: *Um sich in seinem unmittelbaren Erleben selbst zu verstehen, müssen die Kulturwerkzeuge (auf sich selbst) angewendet werden.*

Dies ist die tiefere Bedeutung, wenn wir in der HPT von »Symbolisierung« sprechen. Und genau das (zumindest hinreichende) Gelingen dieser Symbolisierung ist es, was für die gesunde menschliche Entwicklung, besonders in der Kindheit, wichtig ist und was ggf. in der Psychotherapie gefördert werden muss. Dazu gibt es seitens der unterschiedlichen Ansätze in der HPT viele konkrete Vorgehensweisen, das Erleben anzuregen und zu fördern. Und da die unverstandenen, nicht symbolisierbaren Aspekte der körperlichen Vorgänge (einschließlich der Wahrnehmung und des selbst beobachteten Verhaltens) typischerweise mit Angst verbunden sind, bedarf es aus Sicht der HPT einer haltenden, sicheren, verständnisvoll-empathischen, zugewandten Beziehung eines kongruenten »Du«, damit Patient:innen überhaupt das notwendige Vertrauen aufbringen, sich in eine solche herausfordernde Begegnung mit neuen Erfahrungen und ihren Symbolisierungen zu begeben.

## A7.4 Zur umfassenden Konzeption von Symbolsystemen

Sprache ist zweifellos ein wichtiges Symbolsystem. Damit lassen sich beispielsweise auch solche Inhalte gut vermitteln, die nicht unbedingt mit einer darauffolgenden Handlung verknüpft sind (»propositionale Aussagen«). Aussagen können sich zudem auf Sachverhalte beziehen, die außerhalb der konkreten Wirklichkeit liegen (z. B.: »Nächstes Jahr werde ich nicht in die USA reisen« oder gar die Formelsprache der Mathematik).

Nach Cassirer sind neben Sprache vor allem Magie, Mythos, Religion, Recht, Politik, Kunst und Wissenschaft solche symbolischen Formen geistiger Gestaltung. Sie strukturieren Wahrnehmungen, belegen sie mit Bedeutungen und verleihen »der Welt« somit Sinn. Die durch sie erzeugten Realitäten sind keineswegs deckungsgleich, sondern zeichnen sich sogar durch Spannungsfelder unterschiedlicher »Weltzugänge« aus. Dabei nimmt zwar der Grad an Abstraktion beispielsweise von Magie über Mythos und Kunst zu Wissenschaft beträchtlich zu. Aber nach Cassirer sind sie als gleichwertig anzusehen: »Der Wahrheits- und Wirklichkeitsbegriff der Wissenschaft ist ein anderer, als es der Religion oder Kunst ist (Cassirer 1922, S. 22).

Mit den symbolischen Formen kann der Mensch, so betont Cassirer, nicht nur ein faktisches, sondern auch ein ideales, rein im Denken bestehendes Bild seiner Welt entwerfen. Während die Umwelten der Tiere vergleichsweise wenige und eher feste Wahrnehmungs- und Verhaltens-Zuordnungen enthalten, vermag der Mensch deren biologische Welt der Zeichen in geradezu ungeheurem Ausmaß durch Verwendung von Symbolen zu erweitern. Wegen dieser besonderen Fähigkeit des Menschen, eine unendliche Welt aus Symbolen erschaffen zu können und in hohem Maße auch erschaffen zu haben, bezeichnete Cassirer den Menschen auch als »Animal Symbolicum« – als Tier, das in der Lage ist, Symbole zu verwenden.

Indem den symbolischen Formen für die »Realität« des Menschen eine zentrale Bedeutung zugesprochen wird, stellt sich die Frage danach, was geschieht, wenn diese Strukturen zusammenbrechen. Dies knüpft an die obigen Ausführungen über »Asymbolie« an – und führt damit unmittelbar zu theoretisch fundierten Überlegungen zur Psychopathologie. Bei der Ausarbeitung solcher Konzepte konnte Cassirer auf die umfangreichen Erfahrungen und Studien von Goldstein zurückgreifen, der als Psychiater und Neurologe mit zahlreichen Hirnverletzten aus dem I. Weltkrieg gearbeitet hatte. Auch Goldstein selbst versuchte, besonders nach seiner Emigration in die USA, sein Konzept der »Asymbolie« (s. o.) zu einem allgemeinen Grundmodell psychischer Störungen – und damit auch der Schizophrenie – zu machen, was allerdings angesichts der Theorieabstinenz der amerikanischen Mainstreampsychiatrie wenig Erfolg hatte, weshalb er sich wieder stärker anderen Themen widmete.

Diese interessanten Folgerungen aus v. Uexkülls, Goldsteins und Cassirers Blick auf die Psychopathologie sind in Andersch (2014, 2016) diskutiert. Es muss hier genügen, anhand weniger Hinweise die Relevanz deutlich zu machen:

Im Kern geht es darum, bestimmte Symptomatiken als (selbstorganisierte) Ausgleichsreaktionen bzw. Selbstheilungsversuche bei Hirnschädigungen zu verstehen (▶ Kap. A5.1, in dem von Goldsteins experimentell nachgewiesenen »Selbstheilungen« in der Laufbewegung von teilamputierten Sechsfüßlern berichtet wurde). Wenn das komplexe Symbolgefüge »normaler« Erwachsener zusammenbricht, versucht der Mensch die nicht mehr möglichen symbolischen Abstraktionen durch Rückgriff auf einfacheres und früheres – d. h. vor allem konkreteres – Sinnverstehen zu kompensieren. Von diesem Rückfall in den Konkretismus hatte auch Finkelnburg (▶ Kap. A7.3) bei seiner Konzeption von »Asymbolie« berichtet.

So ist beispielsweise bekannt, dass manche Autisten das Bild einer überflogenen oder fotografierten Stadtlandschaft bis ins Detail nachzuzeichnen vermögen, aber der Mangel an symbolischer Integrationsfähigkeit daran deutlich wird, dass sie vieles wortwörtlich verstehen, weil ihnen die abstraktere Bedeutung nicht zugänglich ist, oder »bei der simpelsten Aufgabe versagen, einer solchen Unmenge an Eindrücken eine reduzierende kategoriale Ordnung zu unterlegen (z. B. Straßen von Gebäuden zu unterscheiden)« (Andersch und Barfi 2008, 221). Unter Verweis auf das Vorwort von Oliver Sacks (1995) zu Goldsteins zentralem Werk »The Organism« betont daher auch Andersch, dass die Aufgabe des Therapeuten demnach nicht wäre, »die Funktionsweise im alten Zusammenhang wiederherzustellen, sondern den Patienten zu ermutigen, in radikaler Änderung ein neues, ihm selbst angemessenes Equilibrium zu finden.« Eine solche Sicht ist, wie auch Andersch (2016) konzediert, konträr zum Verständnis von »Defekten« im Rahmen eines »lokalen Schädigungsmodells«.

Allerdings wird der Verlust in der Kompetenz zu abstrakter Organisation der Lebenswelt im Zuge einer schizophrenen Pathogenese von vielen Autoren berichtet. Und es erhebt sich die Frage, ob die übliche Beschreibungskategorie »formale Denkstörung« angemessen ist.

Auch bei eigenen Untersuchungen (Kriz, Kessler und Runde 1992) zeigte sich, dass schizophrene Patient:innen im Gegensatz zu Gesunden nicht in der Lage waren, in den Items von diagnostischen Beschreibungskategorien, wie sie die Skalen des FPI (Fahrenberg und Selg 1984) darstellen, eine Struktur zu erkennen und stattdessen recht idiosynkratrische, sehr konkrete Beschreibungen erfanden (»der fährt einen roten Sportwagen«, »der schlägt seine Frau«).

Wir müssen es im Rahmen dieses Buches mit diesen wenigen Hinweisen auf diesen spannenden, jedoch theoretisch vergleichsweise anspruchsvollen Ansatz der Symboltheorie für das Verständnis von Psychopathologie bewenden lassen. Auch wenn in 150 Jahren – von Finkelnburgs (1870) Arbeit zur »Asymbolie« aphasischer Störungen, über Cassirers und Goldsteins Werk bis hin zu Kurt Lewin, Hanscarl Leuner und einigen aktuellen Klinikern (s. Andersch 2016) – immer wieder dieses Verständnis von Symbolverlust als zentrales Moment von psychisch-pathologischen Symptomen aufgegriffen wurde: Diese Konzepte spielen zumindest explizit weder in der Mainstreampsychiatrie noch in der Psychotherapie eine Rolle – und auch nicht in der HPT. Ob zumindest die HPT sich dieser bedeutenden Leistungen ihrer frühen Begründer erinnert und diese, vielleicht zusammen mit anderen, gegenüber einer simplifizierenden, symptomatischen ICD und DSM-Diagnostik weiterentwickeln wird und kann, muss sich noch erweisen.

## A7.5 Zur Relevanz biosemiotischer und symboltheoretischer Aspekte für die HPT

In allen Ansätzen der HPT ist ein für den Menschen typisches Spannungsfeld von besonderer Bedeutung:

Einerseits sind wir als Organismen in dieser Welt, die im Laufe der Evolution durch die spezifische Architektur unseres Gehirns (»social brain«) ganz besonders auf soziale Beziehungsmuster ausgerichtet sind. Einiges davon teilen wir auch mit der Tierwelt – besonders mit bestimmten Primaten (bis hin zur »Empörung« über »ungerechtes« Verhalten, ▶ Kap. A7.2). Diese organismischen Strukturierungsprinzipien sind wesentlich für unsere Wahrnehmung und unser Verhalten – und damit für die Art, wie wir »in der Welt« sind.

Andererseits sind wir ebenso als Mitglieder von sozialen Gemeinschaften in der Welt. Von der o. a. »geteilten Intentionalität«, über Werkzeuge, Sprache, interpersonelle Regeln, bis hin zu gemeinsamen Werten, Erzählungen, Erklärungsprinzipien etc. sind wir in die kulturellen Prozesse eingebettet. Die dabei verwendeten

Symbolsysteme sind ebenfalls wesentliche Strukturierungsprinzipien unserer Welt-Wahrnehmung.[16]

Beide Weisen »in der Welt zu sein« müssen in jedem Moment unseres Lebens zusammengebracht werden. Es geht eben nicht nur darum, dass wir wie die Tiere als Organismen recht erfolgreich dabei sind, die Gegebenheiten unserer Lebenswelt hinreichend situationsgerecht wahrzunehmen, organismisch zu »bewerten« und entsprechend aktiv zu sein. Sondern wir müssen auch aufgrund unserer sozial-kulturellen Eingebundenheit das Geschehen verstehen, darüber und miteinander reden, erklären, diskutieren – und dabei die Kulturwerkzeuge (vom Hammer bis zu Computern und Medien) einsetzen. Indem beide Weisen »in der Welt zu sein« keineswegs immer kongruent und stimmig miteinander sind, ergibt sich ein erhebliches Spannungsfeld in unseren Lebensszenen.

Wenn wir unsere organismischen Prozesse und das damit verbundene »implizite Wissen« nicht »zur Sprache« bringen, d. h. die Kulturwerkzeuge nicht (auch) auf uns selbst anwenden, können wir uns selbst nicht verstehen geschweige denn uns anderen erklären. Wie auch Stern (2011) betont, werden körperliche Affekte und Emotionen erst im Prozess der reflexiven Symbolisierung zu benennbaren Gefühlen. Andererseits, wenn wir nur in »abgehobenen Sprechblasen« über die Welt und unser (vermeintliches) Befinden reden, sind wir von unserer eigentlichen Lebensbasis entfremdet. Unsere Bedürfnisse, Emotionen und unser »leibhaftiger« Kontakt zur Welt werden dann nicht einmal von uns selbst achtsam registriert. Stattdessen stülpen wir unseren Körperprozessen fremde Erklärungen, Beschreibungen und Bedeutungen über. Mit dieser mangelnden Stimmigkeit (bzw. Inkongruenz) tun wir unserem Organismus Gewalt an und missachten unsere Bedürfnisse und Empfindungen. Kein Wunder, wenn wir dann als Gesamtsystem »Mensch« mit unserem Körper und/oder Geist ggf. längerfristig nicht gut in die Welt passen und/oder uns unpassend in der Welt fühlen – also das entwickeln, was als »Symptome« beschrieben wird.

Unter dem Gesichtspunkt, dass durch die Entwicklung unseres reflexiven Bewusstseins in der Evolution die selbstverständliche Ganzheitlichkeit eines animalischen Daseins in der Welt in diese beiden menschlichen Daseinsaspekte zerbrochen ist, kann man Psychotherapie (sowie z. B. die o. a. »Integrierte Medizin«) als Prozess der Heilung bezeichnen: Es geht darum, die Stimmigkeit und Kongruenz zu erhöhen, um so diese Basis für Symptome zu schwächen (auch wenn einerseits Eigendynamiken auf unterschiedlichen Prozessebenen, andererseits viele Möglichkeiten äußerer Belastungen und Traumatisierungen die konkrete Realität weit komplexer machen).

Die Vorgehensweisen der HPT arbeiten seit jeher aus unterschiedlichen Blickwinkeln daran, beide Seiten unseres »in der Welt sein« zusammenzuführen – oder zumindest besser aufeinander abzustimmen. Es geht somit darum, organismisches Erleben konkret zu spüren und kongruent-stimmig zu symbolisieren, d. h. zur Sprache zu bringen (mit Verstehen, Erklärungen, Narrationen usw.) Dabei setzen

---

16 Wobei, wie Cassirer betonte, unterschiedliche Symbolsysteme hier weitere Unterschiede generieren: dieselben »Tatsachen« sind mit dem System »Wissenschaft« andere als im System »Kunst« und noch andere im System »Mythologie«.

körperpsychotherapeutische Vorgehensweise (▶ Kap. B8) ebenso wie Focusing (▶ Kap. B3.1), Psychodrama (▶ Kap. B5) wie auch die Arbeit nach Pesso oder Feeling-Seen (▶ Kap. B9.2) mit dem Fokus auf dem sog. »impliziten Wissen« und entsprechenden Körperprozessen an, um die Achtsamkeit für diese Prozesse und deren Symbolisierung zu fördern und zu begleiten. Gestalttherapie (▶ Kap. B4), Personzentrierte Therapie (▶ Kap. B2), sowie emotionsfokussierte Psychotherapie (▶ Kap. B3.2) unterstützen das emotionale Erleben und Fühlen, geben aber auch dem Ergebnis der Symbolisierung einen etwas größeren Raum unter der Frage nach dem Kontext der Inkongruenz(en). Transaktionsanalyse (▶ Kap. B6) und Existenzanalyse/Logotherapie (▶ Kap. B7) widmen sich dem subjektiven Erleben in ihrer phänomenologischen Haltung stärker von dem symbolischen Narrativ des Daseins in dieser Welt her. Wichtig sind hier auch die damit verbundenen Beziehungen zur Welt (besonders auch zu sich selbst und zu anderen) und der Möglichkeit, zu stimmigen Entscheidungen und Verhaltensweisen zu kommen.

Wie in allen psychotherapeutischen Grundorientierungen wurde auch in der HPT im Rahmen der jeweiligen Ansätze ein großes und unterschiedlich zentriertes Spektrum an konkreten Vorgehensweisen entwickelt. Unter der in diesem Kapitel gewählten Perspektive, die organismischen und symbolischen Weisen »in der Welt zu sein« besser in Kongruenz zu bringen, ist dieses Spektrum an Arbeitsweisen zumindest konzeptionell weit ähnlicher, als es gewöhnlich thematisiert wird. Und daher sind die Vorgehensweisen auch noch besser miteinander zu verbinden, als es in der Vergangenheit geschehen ist. Berücksichtigt man den internationalen Forschungsstand zu neurobiologischen Befunden (»social brain«), Traumatologie (▶ Kap. B1) und vor allem zu »kontextuellen Wirkfaktoren« (▶ Kap. A4.1, ▶ Kap. A8.3, ▶ Kap. C5), so ist der Fokus der HPT auf therapeutische Kompetenzen (statt auf einzelne, operationalisierte Interventionstechniken) sehr adäquat und zukunftsträchtig.

In unserer westlichen Welt finden wir gewöhnlich eine Überbetonung symbolischer Formen (die gleichwohl in der Alltagswelt wenig verstanden und daher eher unbewusst wirken). Diese ist verbunden mit einer Achtlosigkeit für die Prozesse und das implizite Wissen unseres Körpers. Daher ist klar, dass in der HPT vor allem der Achtsamkeit für unsere Bedürfnisse, deren Stimmigkeit und dem Symbolisierungsprozess (statt pseudo-erklärender Sprechhülsen) zentrale Aufmerksamkeit geschenkt werden muss. Die phänomenologische Grundhaltung der HPT mit dem Fokus auf dem Menschen als Subjekt – und mit dem kritischen Vorbehalt gegenüber einer objektivierenden Diagnostik als einzigem Zugang – erleichtert es, diesen wichtigen Aspekt psychotherapeutischen Arbeitens in der HPT nicht aus dem Auge zu verlieren.

# A8 Die therapeutische Beziehung in der Humanistischen Psychotherapie (HPT)

## A8.1 Die therapeutische Beziehung in der HPT nach Rogers

Historisch gesehen wurde die therapeutische Beziehung im humanistischen Ansatz am intensivsten von Carl Rogers (1957, 1961, 2007) erforscht und zum zentralen Bestandteil des theoretischen Rahmens seiner Personzentrierten Psychotherapie gemacht. Da diese Konzepte in expliziter Form am stärksten in die akademischen Diskurse eingedrungen sind, sollen zunächst die sechs Bedingungen referiert werden, die Rogers (1957) als »notwendig und hinreichend« für konstruktive Persönlichkeitsveränderungen im Rahmen von Psychotherapie gekennzeichnet hat (Formulierung und Kommentar nach Eckert und Kriz 2012):

> **Essentials einer hilfreichen Beziehung nach Rogers (Rogers 1957; nach Eckert und Kriz 2012)**
>
> 1. Zwei Menschen – ein:e Therapeut:in und ein:e Klient:in – befinden sich in einem psychologischen Kontakt. Sie beginnen, eine Beziehung zueinander aufzunehmen: Sie nehmen sich gegenseitig wahr, reagieren aufeinander, bedeuten einander etwas. Das, was wahrgenommen, worauf reagiert wird und was der eine dem anderen bedeutet, muss nicht voll bewusst bzw. klar erfassbar sein. Die Beziehung muss aber vorhanden sein.[17]
> 2. Die Klient:in befindet sich in einem Zustand von Inkongruenz. Sie ist mit sich selbst uneins, verletzlich, ängstlich. Sie erlebt, fühlt, erleidet usw. etwas, das sie nicht erleben will bzw. das sie als nicht zu sich selbst gehörend erlebt.
> 3. Die Therapeut:in hingegen ist *kongruent*: Sie erlebt und fühlt im Kontakt mit der Klient:in nichts, was sie als nicht zu sich selbst gehörend ansehen kann oder ihrem Bewusstsein fernhalten müsste.

---

[17] Diese Bedingung ist z. B. dann nicht gegeben, wenn eine Klient:in akut psychotisch ist und in der Therapeut:in die Agent:in einer fremden Macht sieht. Es sei aber nochmals auf die Korrespondenz dieser Bedingung zur ▶ Abb. A4.2 im Rahmen der Gestaltpsychologie hingewiesen. Dies wird besonders deutlich, wenn Rogers in seinen Ausführungen zu dieser Bedingung schreibt: »All that is intended by this first condition is to specify that the two people are to some degree in contact, that each *makes some perceived difference in the experiential field of the other.*« (Rogers 1957, 96, Hervorhebung J.K.).

> 4. Die Therapeut:in erlebt sich der Klient:in gegenüber als unbedingt zugewandt; sie kann sie *wertschätzend akzeptieren,* und ihre Wertschätzung ist nicht an bestimmte Bedingungen gebunden, die die Klient:in erfüllt. (Diese Bedingung wird auch *bedingungsfreie Anerkennung* genannt.)
> 5. Es gelingt der Therapeut:in, sich in die Klient:in und ihr Erleben – sowie in die Art, wie die Klient:in sich und ihr Erleben bewertet – einzufühlen. Und die Therapeut:in teilt der Klient:in mit, was sie auf dem Wege der *Empathie* vom Erleben der Klient:in verstanden hat.
> 6. Die Klient:in erreicht zumindest in Ansätzen die Mitteilung der Therapeut:in, dass sie sie versteht und was sie versteht, und es erreicht sie die Mitteilung der Therapeut:in, dass sie sie unbedingt wertschätzt. (Heute wird diese Bedingung als Ansprechbarkeit des Klienten für das therapeutische Beziehungsangebot bezeichnet.)

Die drei »Basisvariablen des Therapeutenverhaltens«, auf welche diese Bedingungen in der Literatur häufig reduziert werden, beziehen sich auf Nr. 3, 4 und 5 in der obigen Liste. Auch wenn man diese herauslöst, beschreiben sie eine Grundhaltung, bei der es gerade nicht um Verhaltensvariablen (etwa im Sinne der Verhaltenstherapie), auch nicht um eine Technik oder Behandlungsmethode geht. Eine solche Sicht würde zu Recht Zweifel aufwerfen, ob die (so missverstandenen) »Bedingungen« denn nun »wirklich« notwendig und hilfreich sind oder Therapeuten nicht vielmehr weitere Kenntnisse, Fertigkeiten und Vorgehensweisen berücksichtigen müssen.

> »Beziehung« ist im humanistischen Ansatz nicht operational, sondern konzeptionell definiert.

Wie aus ▶ Abb. A8.1 deutlich wird, hat Rogers die therapeutische Beziehung insgesamt wie auch das Beziehungsangebot der Therapeut:innen (die o. a. Bedingungen 3 bis 5) auf einer hohen Abstraktionsebene beschrieben. Die therapeutische Beziehung ist zwar – als *eine* Art menschlicher Beziehung (Ebene I) – durch die übergreifenden Aspekte (Ebene II) beschrieben. Jedoch ist das konkrete, situationsspezifische Handeln und Verhalten von Therapeut:innn zwei Abstraktionsebenen tiefer einzuordnen (Ebene IV) – womit deutlich wird, dass ein sehr großes Spektrum an Möglichkeiten besteht, das therapeutische Beziehungsangebot jeweils zu realisieren. Ähnlich ließe sich in einer *anderen* Art menschlicher Beziehung, der Mutter-Kind-Beziehung, einer der übergreifenden Aspekte, Fürsorge, eben auf viele Weisen konkretisieren (vgl. ▶ Abb. A8.1).

Aus Sicht der Verhaltenstherapie würde man geneigt sein, am personzentrierten Ansatz diese Abstraktion unter dem Gesichtspunkt der Frage »Was genau sind die vorzunehmenden Handlungsanweisungen?« als »unklar« zu kritisieren. Aus Sicht des humanistischen Ansatzes jedoch ist dies theoriekonform, da man hier ja gerade konkret-manualisierte Verhaltensvorschriften nicht formulieren will und kann. Vielmehr soll und muss die therapeutische Beziehung im jeweils konkreten Fall

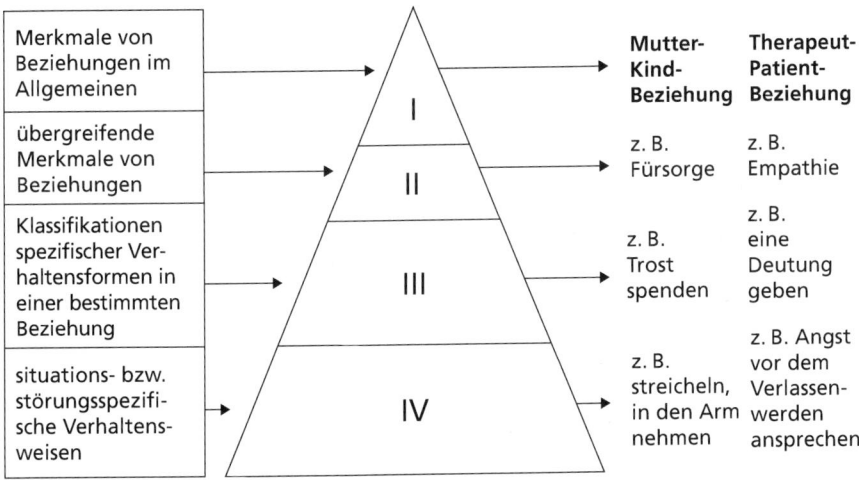

**Abb. A8.1:** Vier Abstraktionsebenen zur Beschreibung von Beziehung (beschrieben bei Höger 2000, S. 9, Darstellung nach Eckert und Kriz 2012, S. 261, Abdruck mit freundlicher Genehmigung von Springer: Praxis der Psychotherapie, hrsg. von Senf und Broda © 2012)

einer Klient:in entsprechend ihrer komplexen und spezifischen Lebens- und Leidensprozesse ebenso spezifisch ausgestaltet werden. Dazu gehört auch, dass das konkret realisierte Beziehungsangebot der Therapeut:in mit dem abgestimmt wird, was die Klient:innen ihrerseits an Beziehung anbieten (können) – d. h. insbesondere auch mit deren »Symptomen«. Eine therapeutische Beziehung entsteht in ihrer spezifischen Form und Dynamik eben erst in der Interaktion von Therapeut:in und Klient:in.

Die Frage, ob die o. a. Bedingungen »wirklich« notwendig und hinreichend sind, ist daher der Frage vergleichbar, ob »Auftrieb« wirklich für ein Flugzeug notwendig und hinreichend ist. Auch ein »ja!« sagt noch nichts über die genaue Konstruktion von Flügeln, die verwendeten Materialen etc. aus. Und es wird auch nicht behauptet, dass diese Aspekte irrelevant wären oder eine Vermittlung bestimmter Kenntnisse und Fertigkeiten nutzlos wäre. Allerdings reicht es andersherum auch nicht aus, wenn man ein noch so »flugfähiges« Material verbaut oder wenn das »Flugzeug« für einen Nichtfachmann fast genauso *aussieht* wie ein flugfähiges: Falls wegen scheinbar geringer Detailunterschiede eben kein oder wenig Auftrieb erzeugt werden kann, wird es schlecht oder vielleicht gar nicht fliegen. Berechnete »Effektstärken« über das Flugverhalten würden dann auch wenig über die Effizienz »des Auftriebs« aussagen können.

Es gilt also zu bedenken, dass die folgenden Beschreibungen der drei zentralen Aspekte 3 bis 5 des o. a. Beziehungsangebotes nicht nur in unterschiedlichen therapeutischen Situationen, sondern auch von den jeweiligen Ansätzen der HPT recht unterschiedlich umgesetzt werden. Zudem soll betont werden, dass es sich um drei Aspekte *einer* Begegnungs*haltung* handelt – wofür auch die empirischen Befunde sprechen: Immerhin ist der statistische Zusammenhang der drei Aspekte – wenn man sie als »Verhaltens«-»Variable« auffasst, operationalisiert und misst – in empirischen Studien sehr hoch (Tausch 1973, S. 121).

## A8.2 Die drei Aspekte des therapeutischen Beziehungsangebotes

Bevor im Folgenden die drei Aspekte des therapeutischen Beziehungsangebotes etwas ausführlicher beschrieben werden, sei nochmals betont: *Eine therapeutische Beziehung entsteht in ihrer spezifischen Form und Dynamik erst in der Interaktion von Therapeut:in und Klient:in.* Gleichwohl liegt der Fokus in der folgenden Darstellung auf der Haltung der Therapeut:in.

### Bedingungsfreie positive Anerkennung

Dieser komplexe Aspekt der Begegnungshaltung, den Rogers als »unconditional positive regard« bezeichnet hat, lässt sich mit deutschen Begriffen schwer ausdrücken. Man sprach lange von »positiver Wertschätzung und emotionaler Wärme« und umschrieb diese durch weitere Begriffe wie »Akzeptanz«, »Achtung« oder »Respekt«. Gerade in der heutigen Gesellschaft, mit dem antrainierten »Freundlichkeits-Verhalten« von Managern bzw. der Pseudo-Interessiertheit von Verkäufer:innen an Haustüren oder von Call Centern, muss betont werden, dass keineswegs unechte, trainierte oder kontrollierte »Positivität« gemeint ist. Es geht vielmehr um die Fähigkeit und die Bereitschaft des Therapeuten, den Klienten als Mitmenschen zu erleben und sich auf eine existenzielle Begegnung mit ihm einzulassen, ohne ihn dabei (!) in Wert- und Nutzen-Kategorien aufgrund seiner Handlungen, Eigenschaften und Worte einzuordnen.

Bedingungsfreie Anerkennung bedeutet nicht, dass alle ehemaligen, aktuellen oder künftigen Handlungen der Klient:innen gebilligt oder ihre Einstellungen geteilt werden müssen. Vielmehr ist gemeint, jenseits dieser Oberflächenstrukturen von Handlungen und Einstellungen eine tiefe Achtung vor menschlichem Leben und seiner Vielfalt empfinden zu können, wie sie sich im individuellen So-Sein des Klienten manifestiert. Es scheint mehr als zweifelhaft, dass solche Empfindungen »gelehrt« bzw. »gelernt« und »trainiert« werden können (im üblichen Sinn dieser Worte). Sondern es bedarf auch hier förderlicher Bedingungen, unter denen sich eine solche Haltung aktualisieren kann und alle neurotischen Hindernisse, die dieser Haltung entgegenstehen, überwunden werden können. Damit ist eine Eigentherapie und regelmäßige Supervision ein wichtiger Teil von Ausbildung.

> »Bedingungsfrei« heißt nicht »freundlich«, sondern »unabhängig von Bedingungen«.

Die Wichtigkeit des Aspektes der bedingungsfreien Anerkennung hängt mit der oben bereits erwähnten (und gleich noch näher erläuterten) »Inkongruenz« zusammen, die durch chronisch unterbliebene oder nur bedingt erfolgte Anerkennung entsteht: In der frühkindlichen Entwicklung müssen die Prinzipien, der Welt zu begegnen und sich in ihr angemessen zu verhalten, überhaupt erst erworben werden. Wenn dabei Zuwendung und Verständnis nur unter ganz bestimmten Bedingungen erfolgt oder Affekte nicht bzw. falsch verstanden werden, können sich keine solchen kognitiven Strukturen bilden, mit denen sich alle Erfahrungen angemessen symbolisieren und kongruent im Selbst repräsentieren lassen. Der Mensch versteht sich und sein Erleben dann teilweise selbst nicht (die klassische Beschreibung einer »neurotischen Störung«).

Bedingungsfreie Anerkennung soll somit einen Erfahrungsraum für den Klienten sichern, in dem dieser zu seinem eigenen Erleben und zu seinen eigenen Bewertungen in Kontakt kommen und sich mit ihnen auseinandersetzen kann. Zusätzlich wird ein Klient, der vom Therapeuten diese positive bedingungsfreie Wertschätzung erfahren kann, zunehmend ähnliche Gefühle auch gegenüber seinem eigenen Selbst und seinen Erfahrungen entwickeln und sich selbst gegenüber ebenfalls mehr Achtung und Akzeptanz entgegenbringen.

Durch den Aspekt des »unconditional positive regard« wird oft das »conditional regard« der Klient:innen deutlich: Geradezu erstaunt nehmen sie wahr, wie sehr sie einmal gelernt haben, sich an die Bedingungen zu aktualisieren, unter denen sie Beachtung und Zuwendung erfahren haben. Beispiel: Dem »Burn-out« liegen nicht selten Entwicklungsbedingungen zugrunde, unter denen es wichtig war, die Bedürfnisse anderer (Eltern, Bindungspersonen, nahe Angehörige) sensibel wahrzunehmen, aber die eigenen zu vernachlässigen. Dies führt leicht zu einer chronischen Überforderung, wenn dieser (nun ggf. erwachsene) Mensch mit der Leid(t)-Idee »ich muss mich für andere fast grenzenlos einsetzen« sein Berufs- oder Alltagsleben gestaltet – und dabei ständig über seine eigenen Grenzen geht, weil er diese nicht, zu spät oder falsch wahrnimmt.

## Kongruenz

Auch für diesen zweiten Aspekt der Begegnungshaltung gibt es eine Reihe weiterer Begriffe wie »Echtheit«, »Selbstaufrichtigkeit«, »ohne-Fassade-sein« oder »Selbstintegration«. Es geht daher auch hier nicht um eine antrainierbare Technik oder um ein über angelernte Selbstkontrolle reguliertes Ausdrucksverhalten. Vielmehr geht es darum, dass Therapeut:innen sich nicht hinter Fassaden, Floskeln oder Rollen verstecken und keine neurotisch-ängstlichen Abwehrhaltungen ihren eigenen Gefühlen und Wahrnehmungen gegenüber haben. Sie sollten bereit und in der Lage sein, akzeptierend zu erleben, was in ihnen selbst im Kontext der therapeutischen Beziehung vorgeht, und dies in die Situation einbringen. Dies meint nicht, ggf. aufkommende Wut, Interessenlosigkeit, Betroffenheit etc. einfach auszudrücken oder gar auszuleben. Vielmehr geht es darum, diese wahrzunehmen, möglichst im interaktiven Zusammenhang zu verstehen und auf dieser Basis zu reagieren. Beispiel: »Ich merke, wie ich gerade ganz schläfrig werde und frage mich, ob das meine ganz persönliche Müdigkeit ist, oder ob das gerade mit unserer Arbeit zusammenhängt. Ich fände es interessant, wenn wir dieser Frage genauer nachgehen könnten. Wie ging es Ihnen denn gerade?«

Es geht hier also um »Ganzheit« (im Sinne Humanistischer Psychologie) und Wahrhaftigkeit des Therapeuten in der Beziehung: Das, was er erfährt, ist in seinem Bewusstsein gegenwärtig und kommt authentisch in der Kommunikation zum Ausdruck. Auf der konkreten Verhaltensebene äußert sich Kongruenz zumindest dadurch, dass z. B. die Inhalte einer Äußerung mit Tonfall, Mimik, Gestik etc. übereinstimmen und von einem großen Reaktionsspektrum spontan Gebrauch gemacht werden kann. Die Kongruenz des Therapeuten ermöglicht Vertrauen auf Seiten des Klienten, da der Therapeut transparent wird und der Klient das auch nonverbal/analog erfahren kann, was er verbal/digital an Mitteilungen hört. Nur ein solches Vertrauen in den Therapeuten ermöglicht es, sich zu öffnen und sich seiner eigenen Person selbsterforschend zuzuwenden, statt voller Vorsicht das Gegenüber zu beobachten.

## Empathie

Ein weiterer Begriff für diesen Begegnungsaspekt ist »einfühlendes Verstehen«. Unter einer interventions-technischen Perspektive wird hierbei von einer »Therapeuten-Variable« gesprochen, bei der es um die »Verbalisierung emotionaler Erlebnisinhalte (VEE)« geht, für deren Beobachtung und Messung im personzentrierten Ansatz sogar Skalen entwickelt wurden (Tausch et al. 1969, Carkhuff 1969). Zu Recht gelten solche Operationalisierungen wegen ihrer Enge heute als überholt; sie wurden auch nicht von den anderen Ansätzen der HPT übernommen. Gemeint ist vielmehr das, was insgesamt in der HPT geteilt wird: nämlich ein achtsames, vorurteilsfreies und umfassenderes Verständnis der Therapeut:innen für das, was die Klient:innen von ihrem eigenen Erleben wahrnehmen (einschließlich der damit verbundenen Bewertungen).

Die Gesamtheit der Affekte, gedanklichen Repräsentationen und Bewertungen, die im Zusammenhang mit einer unmittelbaren Erfahrung von Klient:innen erlebt werden, wird als deren innerer Bezugsrahmen bezeichnet. Dieser stellt auch den Rahmen für das Verstehen der Therapeut:innen dar – ohne dass diese das Erleben der Klient:innen mit ihrem eigenen verwechseln oder gleichsetzen (dann wäre es eine unerwünschte Identifizierung). Zu beachten sind auch die Forschungen, welche darauf hinweisen, dass affektiver Ausdruck nicht unbedingt innere Befindlichkeiten widerspiegelt (Benecke 2000, Krause 2003a, b), sondern – eben als evolutionäres Kommunikationsprogramm – kommunikationssteuernd (unbewusst) eingesetzt werden kann (▶ Kap. A3.2, Abschnitt Animalische Perspektive).

Auch dieser Aspekt wird oft missverstanden. So weisen z. B. Davison und Neale (1998), von einer verhaltenstherapeutischen Sicht ausgehend, auf das vermeintlich »wissenschaftslogische Problem« hin, »wie ein Therapeut auf interne Prozesse schließen soll, die dem Klienten anscheinend nicht bewusst sind«. »Empathie« meint aber nicht statisch-diagnostischen Durchblick, sondern einen dynamischen Prozess auf der Grundlage eines Beziehungsangebotes, bei dem sowohl den Klient:innen als auch den Therapeut:innen anfangs sehr viele »interne Prozesse« der Klient:innen unbekannt sind. Es geht aus Sicht der HPT also nicht um die therapeutische Kompetenz, »richtige Schlüsse über innere Zustände des Klienten« zu treffen. Sondern es geht um die therapeutische Kompetenz, die Prozesse der inneren Klärungen in Bezug auf die Affekte und deren Symbolisierung so zu fördern, dass diese inneren Zustände mehr und mehr ins Gewahrsein rücken können (dies wird »Selbstexploration« genannt). Das Bemühen um einfühlendes Verstehen, das sich immer mehr entfaltet und vertieft, das Angebot der gemeinsamen Arbeit und die Erfahrung des (teilweisen) Verstandenwerdens geben den Klient:innen den Mut, ihre »internen Prozesse« nach und nach in einem langen Prozess unter Begleitung der Therapeut:innen selbst zu erforschen.

> Zur Empathie bedarf es keiner hellseherischen, sondern mitfühlender Fähigkeiten.

Es sei abschließend angemerkt, dass besonders in der älteren Literatur zum personzentrierten Ansatz (weil dieser an Universitäten intensiv beforscht wurde) eine Reihe »nicht klassischer Therapeutenvariablen« als weitere wichtige Aspekte einer hilfreichen Beziehung diskutiert wurden (Übersicht in: Rieger und Schmidt-Hieber, 1979). Die Fülle an Aspekten der therapeutischen Beziehung selbst innerhalb eines einzigen Ansatzes der Humanistischen Psychotherapie ist nicht zuletzt ein Indiz dafür, wie vielfältig die Möglichkeiten sind, Rogers komplex-abstrakte Konstrukte auf der konkreten Ebene zu entfalten. Spezifische Ergänzungen und Differenzierungen dazu, wie die unterschiedlichen Ansätze der HPT in ihrer konkreten Arbeit die hier referierten Aspekte der therapeutischen Beziehung gestalten, finden sich in den jeweiligen Lehrbüchern und Publikationen zu diesen Ansätzen.

## A8.3 Einige ergänzende Aspekte zur therapeutischen Beziehung in der HPT

Bei den obigen Ausführungen – und in den vorangegangenen Kapiteln – sollte deutlich geworden sein, dass die Förderung der Beziehungsfähigkeit des Menschen ein zentraler Kern ist, um den es in der HPT geht. Damit ist die Frage angesprochen, wie gut (d. h. wie wenig leidvoll für sich und andere) der Mensch Beziehungen zur »Welt« aufnehmen kann – wobei mit »Welt« seine Umgebung mit ihren »Dingen«, seine Mitmenschen und auch er selbst in seinem inneren Erleben, seinen Bedürfnissen, Wahrnehmungen, Gefühlen, Gedanken und Handlungen gemeint ist. Wichtig ist dabei, dass diese Beziehung nicht strukturell starr und eng nach immer den gleichen Schemata verläuft – was in vielen Situationen eher inadäquat sein dürfte –, sondern entsprechend den ständigen Veränderungen in den Erfordernissen des Lebens dynamisch gestaltet wird.

Dazu bedarf es der Achtsamkeit des symbolisierenden Bewusstseins für die organismischen Prozesse (soweit diese bewusstseinsfähig sind). Und es müssen auch ständig zwei Perspektiven miteinander in Einklang gebracht werden: Einerseits geht es darum, als Subjekt kreativ, einmalig, spontan und den inneren Bedürfnissen folgend handeln zu können. Andererseits geht es ebenso darum, sich als Mitglied einer Sozialgemeinschaft den sozialen und kulturellen Regeln zu stellen (wenn nicht gar: zu unterwerfen), was als intersubjektive Alltagsrealität bezeichnet wird. Im Austarieren dieser beiden oft gegensätzlichen Ausrichtungen muss der Mensch als wesentlichen Aspekt psychischer Gesundheit eine kohärente Sinnzuschreibung seines Seins in dieser »Welt« einschließlich seiner eigenen Biografie leisten. Bereits in ▶ Kap. A7 wurde auf das allgemein akzeptierte Modell der Salutogenese von Antonovsky (1993, 1997) verwiesen. Dieses betont das Kohärenzgefühl (»sense of coherence«) als einen entscheidenden Faktor gegen Stress und andere krankmachende Überforderungen des Menschen. Die HPT, die nicht nur Prozesse von Krankheit, sondern vor allem auch von Gesundheit im Fokus hat, steht damit im Unterschied zu Modellen, die sich primär mit Pathogenese beschäftigen.

Neben der Handhabbarkeit (»manageability«) beschreiben die beiden Teilkonzepte des Kohärenzsinns ebenfalls die unterschiedlichen Ausrichtungen des Menschen in Beziehung zu den Anforderungen der Welt: Sinnhaftigkeit bzw. Bedeutsamkeit (»meaningfulness«) bezieht sich auf die kognitiven, emotionalen und motivationalen Aspekte des Individuums, während Verstehbarkeit (»comprehensibility«) sich auf eine vom Menschen wahrgenommene rationale, verstehbare, strukturierte, konsistente und vorhersagbare soziale Welt bezieht (vgl. Leiß 2020).

In der HPT wird dies oft mit dem Satz zusammengefasst, dass sich der Mensch vor dem Hintergrund einer hinreichend verstandenen Biografie im »Hier und Jetzt« auf eine sinnvolle Zukunft hin entwerfen muss, um fest im Leben mit seinen inneren und äußeren Anforderungen stehen zu können. Mit dem »Verstehen der Biografie« ist nicht gemeint, dass diese hinsichtlich ihrer objektiv-historischen Faktizität »wahr« ist und logisch korrekt erklärt werden kann, sondern dass die erinnerten Abläufe in einen subjektiven Sinnzusammenhang gestellt werden können. Dazu kann auch gehören, dass einem vieles in der Welt unverständlich, nicht nachvollziehbar, ja sinnlos erscheinen mag; aber auch diese Einsicht in die Grenzen des eigenen Verstehens und noch mehr der eigenen Einwirkungsmöglichkeiten schafft Sinn. Aus existenzanalytischer Sicht geht es um das zustimmende »Ja!« des Menschen zu seinem Leben und zu seinen Entscheidungen. Dies wiederum steht in engem Zusammenhang mit der Erlangung (bzw. Bewahrung) einer »existenziellen Freiheit«, die darin besteht, trotz aller Widrigkeiten selbst definieren zu können (und zu müssen), wer man sein will (▶ Kap. B7).

Wie in ▶ Kap. A6 bereits referiert, sind die evolutionären Bedingungen, um diese Beziehungsfähigkeit erlangen zu können, in der Architektur unseres Organismus vorhanden. Aber sie müssen in der Biografie (besonders der frühkindlichen) auf entsprechende Bedingungen, vor allem seitens der Bezugspersonen, stoßen, damit sich die Beziehungsfähigkeit auch entfalten kann. Um Psychotherapie suchen nun meistens Menschen nach, die diese Bedingungen nicht hatten – oder, seltener, wo durch aktuelle Traumatisierungen die bereits ausdifferenzierte Beziehungsfähigkeit wieder geschädigt wird (etwa im Sinne des Symbolverlusts in ▶ Kap. A7.4). Daher ist für die Psychotherapie eine Arbeitsbeziehung wichtig, bei der im Sinne einer (sehr weit zu verstehenden) »Nachsozialisation« diese Bedingungen wieder bereitgestellt werden, um so die Beziehungsfähigkeit zu fördern.

Die Relevanz der therapeutischen Beziehung für eine wirksame Psychotherapie ist heute über die vier Grundorientierungen hinweg unstrittig. So resümiert Strauß (2019, S. 6) im *Psychotherapeutenjournal*, u. a. unter Bezugnahme auf umfassende Metastudien von Wampold und Imel (2015), dass die ansatzspezifischen »therapeutischen Techniken einen vergleichsweise geringen Einfluss« auf das Therapieergebnis haben, im Vergleich zu den »kontextuellen Faktoren« (▶ Kap. A4.1, ▶ Kap. A7.5, ▶ Kap. C5). In den meisten aktuellen Lehrbüchern der drei anderen Grundorientierungen (VT, Psychodynamische und Systemische Therapie) wird inzwischen berichtet, dass die Konzepte der HPT bezüglich einer konstruktiven therapeutischen Beziehung und deren Realisierung ebenfalls als zentral gesehen werden (oft speziell mit Verweis auf Rogers »Personzentrierte Psychotherapie«, weil diese stärker als die anderen Ansätze der HPT in die akademischen Diskurse eingedrungen ist).

Doch trotz der Übernahme zentraler Konzepte der therapeutischen Beziehung seitens der drei anderen Grundorientierungen gibt es einen wesentlichen Unterschied: Dort wird nämlich die therapeutische Beziehung als *Grundlage* für die *Anwendung* und Wirksamkeit der jeweils spezifischen Interventionen verstanden.[18] In der HPT ist die therapeutische Beziehung (in ihrer konkreten Ausgestaltung) das Agens selbst, auf welches die Wirkung zurückgeht (Biermann-Ratjen und Eckert 2017). Das bedeutet, dass in der HPT die durchaus unterschiedlichen und recht differenzierten Vorgehensweisen situations-, patienten-, entwicklungs- und problemspezifische *Entfaltungen* dieser Beziehung darstellen.

Wenn also die von Rogers beschriebenen Aspekte – »Wertschätzung«, »Empathie« (Einfühlung) und »Kongruenz« (Echtheit), s. u. – als sog. »Basisvariablen« von anderen Ansätzen übernommen werden, ist zu bezweifeln, dass mit diesen Begriffen auch hinreichend Ähnliches wie in der HPT gemeint ist. Denn, dies sei zum Abschluss nochmals betont, bei Rogers geht es keineswegs um »Basisvariable«. Vielmehr wird mit diesen Begriffen eine Haltung der Psychotherapeut:innen beschrieben. Sofern im Rahmen klassischer Forschungsdesigns eine Operationalisierung erfolgt, zeigt sich die hohe Wirksamkeit dieser Haltung in den situationsspezifischen Umsetzungen – auch wenn die unterschiedlichen Ansätze der HPT in ihrer Arbeit dann spezifische Fokusse haben.

### Merkmale der Therapeutischen Beziehung in der HPT

Zusammengefasst ist die therapeutische Beziehung entsprechend dem Menschenbild in der HPT neben den o. a. von Rogers explizit formulierten »Essentials« gekennzeichnet durch:

---

18 Auch wenn laut ▶ Tab. C5.1 deren Effekte als vergleichsweise gering anzusehen sind.

- eine phänomenologische Haltung, die Lebensprozesse eines Menschen (Wahrnehmen, Fühlen, Denken, Handeln, Verhalten etc.) vor allem als sinnvolle Antworten auf Situationen sieht, welche für das Subjekt Sinn haben (▶ Kap. A1),
- die Beachtung der Selbstorganisation in organismischen, psychischen und sozialen Prozessen (die sich essenziell von der Intervention durch Vorgabe äußerer Ordnungsstrukturen unterscheidet – besonders wenn dies als *einziges* Prinzip gesehen wird) (▶ Kap. A4),
- die Beachtung der phänomenalen Welt(en) – und deren Unterschiede bei den beteiligten Subjekten (z. B. Patient:innen und Therapeut:innen) – als dynamische Gestalten, die stets ganzheitlich in komplexen und nicht-linearen bottom-up- und top-down-Dynamiken das Geschehen strukturieren (▶ Kap. A4),
- die Beachtung der Aktualisierungstendenz, die im Organismus, in der Psyche (»Selbst-Aktualisierung«) und in sozialen Beziehungen unterschiedliche Erfahrungs- und Bedürfnis- und Anforderungsstrukturen selbstorganisiert zusammenbringen muss. Therapeutisch geht es darum, dabei zu helfen, bestehende Inkongruenzen möglichst zu verringern (▶ Kap. A5),
- die Beachtung, dass Psychotherapie vor allen eine »Begegnung« (i.S. Morenos und Bubers) ist, in der szenisches Erinnern und Aktualisieren auf den »Bühnen des Bewusstseins« die Verbindungen zwischen organismischen Erfahrungen und deren Symbolisierungen ermöglicht. Es geht um eine Stimmigkeit bzw. Kongruenz zwischen den Prozessen, »die Welt« zu erleben und den Prozessen, »die Welt« zu beschreiben (▶ Kap. A6),
- die Beachtung, dass der salutogenetisch wichtige Kohärenzsinn stets eine Vermittlung von biosemiotisch-organismischen sowie von gesellschaftlich-symbolhaften Sinn- und Bedeutungsprozessen ist. Therapeutisch ist die Achtsamkeit für das innere Geschehen genauso ins Auge zu fassen, wie die Beschreibungs- und Erklärungsprinzipien mit ihren (u. a.) kulturellen und familiären Verankerungen (▶ Kap. A7).

In dieser »geballten« Form sind die Essentials der Arbeitsbeziehung in der HPT natürlich nicht in den einzelnen Ansätzen zu finden – schon gar nicht explizit formuliert. Dennoch, so die Behauptung hier, sind diese Essentials wesentliche Grundlage der Beziehungsgestaltung in der HPT. In der Literatur wird vowiegend auf die o. a. Bedingungen einer konstruktiven Beziehung Bezug genommen, wie sie von Rogers (1957) formuliert wurden. Diese sind m. E. voll kompatibel mit den eben zusammengestellten wesentlichen Merkmalen (auch wenn bei Rogers z. B. die symbolischen Formen der Kultur kaum explizit berücksichtigt sind).

# B Die Ansätze der Humanistischen Psychotherapie

# B1 Einheit und Vielfalt der unterschiedlichen Ansätze der Humanistischen Psychotherapie

Der erste Teil dieses Buches (A) war den gemeinsamen Wurzeln und Kernkonzepten der HPT gewidmet. In diesem zweiten Teil (B) werden nun die zentralen Ansätze der HPT dargestellt – so wie sie vor allem in Deutschland vertreten sind. Die meisten dieser Ansätze sind seit 2010 auch institutionell durch Verbände in der Arbeitsgemeinschaft Humanistische Psychotherapie (AGHPT) repräsentiert.

Obwohl die unterschiedlichen Ansätze der HPT in diesem kompakten Buch jeweils nur recht kurz und prägnant referieren werden können, ist es wichtig, das Wesentliche so auszuwählen und darzustellen, dass damit auch die eigene Sicht der Psychotherapeut:innen auf ihr jeweiliges Verfahren angemessen wiedergegeben wird.[19] Damit werden auch die unterschiedlichen Schwerpunkte in den Konzepten und Arbeitsweisen deutlich. Daneben wird in jedem Kapitel nochmals in aller Kürze auf konzeptionelle und faktische Gemeinsamkeiten hingewiesen und weitere Literatur jeweils zur Vertiefung angeführt. Neben der Würdigung der Eigenständigkeit der einzelnen HPT-Ansätze sollen somit auch deren Gemeinsamkeiten für die Aus- und Weiterbildung in HPT damit explizit unterstützt werden.

Für alle vier Grundorientierungen – psychodynamisch, verhaltenstherapeutisch, systemisch und humanistisch – lässt sich feststellen, dass sie über ein breites Cluster unterschiedlicher Ansätze und Methoden verfügen (vgl. Kriz 2023). Je nach Perspektive und Fragestellung kann entweder die Einheit oder die Vielfalt in allen der vier Grundorientierungen in den Fokus gerückt werden. Das zeigen auch die internationalen Diskurse über Psychotherapie, die Lehrbücher sowie die Forschung mit den Metaanalysen (für die HPT ▶ Kap. C5).

> **Empfehlenswerte, vertiefende Literatur zur HPT und ihren einzelnen Ansätzen**
>
> Für einen guten Einstieg und Überblick über die wichtigen Ansätze und praktischen Vorgehensweisen der HPT in nur einem einzigen Band sei auf das ausgezeichnete Werk von Eberwein (2009) hingewiesen; für die Grundkonzepte im Spektrum auch der anderen drei psychotherapeutischen Grundorientierungen auf Kriz (2023). Kürzere Übersichten in Form von Lehrbuchkapiteln finden sich in Butollo et al. (2017), Gaab et al. (2020) oder Strauß et al. (2021). In den Bänden Eberwein und Thielen (2014) und Thielen und Eberwein (2019), die auf ge-

---

19 Diese wurden von je mindestens einem Mitglied der AGHPT-Verbände gegengelesen (▶ Kap. Vorwort).

meinsame Kongresse der Verbände in der AGHPT zurückgehen, finden sich viele Beiträge zur HPT.

Darüber hinaus gibt es zu jedem hier angeführten Ansatz reichhaltig Fachliteratur im Kontext und aus Sicht der einzelnen Ansätze selbst. Am Ende jedes der folgenden Kapitel im Teil B sind einige Hinweise auf weiterführende Literatur angegeben (die der subjektiven Selektion das Autors unterliegen).

Verwiesen sei darüber hinaus auf eine Reihe von je rund einstündigen Video-Interviews, die Werner Eberwein mit Vertretern der humanistischen Ansätze geführt hat, und die von der AGHPT (Arbeitsgemeinschaft Humanistische Psychotherapie) ins Internet gestellt wurden, wo sie kostenlos angesehen werden können (https://aghpt.de/interviews/).

In diesem Buch wird auf Fallbeispiele verzichtet. Da es in Teil A um gemeinsame Grundkonzepte geht und in Teil B die Ansätze nur extrem kurz dargestellt sind, waren diese nicht angebracht. Kurze Fallvignetten erläutern in der Regel nur sehr spezifische Aspekte und nicht therapeutische Arbeitsweisen. Aussagekräftige Falldarstellungen benötigen erheblich Raum – und sind selbst dann nicht gegen voreiliges Überstülpen der je eigenen Verständniskategorien und unzulässige Generalisierungen gefeit (Motto: »Ach, so arbeiten die...«).

Um gleichwohl dem Wunsch vieler Leser:innen nachzukommen, seien im Folgenden zumindest einige Hinweise gegeben, wo solche Falldarstellungen zu finden sind. Die Auswahl ist noch weniger repräsentativ und umfassend als die o. a. Lehrbücher.

### Hinweise zu Fallbeispielen

Ein gemeinsamer Band von Autor:innen aus den HPT-Ansätzen über »Humanistische Traumatherapie in der Praxis«, der sehr viele Fallbeispiele enthält, wurde von Gahleitner et al. (2022) vorgelegt. Zwei prototypische humanistisch-therapeutische Behandlungen einer (a) mittelgradig depressiven Episode und (b) Panikstörung finden sich im AGHPT-Kongressband von Thielen und Eberwein (2019, S. 209–221). Eine gemeinsame Falldiskussion zu einer Depressions-Symptomatik zwischen (bzw. übergreifend zu) den einzelnen Ansätzen der HPT, die am 1. AGHPT-Kongress 2014 stattfand, findet sich als Video auf www.youtube.com/watch?v=R9-x1m3u85Q (Zugriff 06.05.2022).

In den vier Bänden zu HPT-Ansätzen der Kohlhammer-Reihe »Psychotherapie kompakt« finden sich jeweils ein ausführliches Fallbeispiel: zur Gesprächspsychotherapie (Biermann-Ratjen und Eckert 2017), zur Gestalttherapie (Maragkos 2017), zur Psychodramatherapie (Kunz Mehlstaub und Stadler 2018) sowie zur Existenzanalyse und Logotherapie (Längle 2021). Eckert et al. (1997) haben einen Band mit störungsbezogenen Falldarstellungen herausgegeben (weitgehend unter einer personzentrierten Perspektive).

Hingewiesen sei auch auf Fallbeispiele zur Emotionsfokussierten Therapie: Greenberg (2005), zum Psychodrama: Karp (2000), zur gestalttheoretischen

Psychotherapie: Agstner (2008), Sommer (2015), zur Logotherapie: Suchla (1997), zur Existenzanalyse: Freitag (1997), Jarosik (2012), zur Körperpsychotherapie: Thielen (2002), May (2006), zur Pesso-Therapie: Schrenker (2010), zur personzentrierten Arbeit mit Kindern und Jugendlichen: Boeck-Singelmann et al. (2003).

Öfter erscheinen Fallbeispiele zum personzentrierten Ansatz auch in der Zeitschrift PERSON – z. B. Murafi (2004), Jessinghaus (2009), Steffen (2015), Galliker (2015), Finke (2015).

Historisch-klassische Fallbeispiele sind im »Online-Material« von Kriz (2023) zu finden (zu allen vier Grundorientierungen), aber für die HPT: Gesprächspsychotherapie: Fall mit Zwangssymptomen, Transaktionsanalyse: ein Fall mit Angstsymptomen, Existenzanalyse: ein Fall mit schwerer Depression, ein anderer mit schizoaffektiver Psychose, Körperpsychotherapie: ein Fall mit Schizophrenie-Diagnose, Psychodrama: ein Fall mit Suizid-Problemen.

# B2 Personzentrierte Psychotherapie (Gesprächspsychotherapie)

## B2.1 Abriss der Grundkonzeption

Bereits in den 1940er Jahren wurde dieser Ansatz von Carl R. Rogers (1902–1987) aus systematischen Aufzeichnungen und Auswertungen von Therapiesitzungen entwickelt. Aufgrund dieser Arbeit formulierte er sechs Bedingungen für eine konstruktiv-hilfreiche Beziehung (▶ Kap. A8). Drei davon beschreiben das spezifische Beziehungsangebot personzentrierter Psychotherapeut:innen, das durch *empathisches Verstehen*, *Kongruenz* (= Übereinstimmung zwischen den intrapsychischen Prozessen und dem Selbstkonzept, als Basis für *Echtheit* im Verhalten) und *unbedingte Wertschätzung* (auch als bedingungsfreie Anerkennung bezeichnet) gekennzeichnet ist. Da diese Bedingungen inzwischen auch von anderen therapeutischen (und beraterischen) Verfahren übernommen wurden, und sie damit von zentraler Bedeutung für die gesamte Psychotherapie sind, wurden sie ausführlicher in einem eigenen Kapitel referiert (▶ Kap. A8). Es sei hier nochmals betont, dass auch die anderen drei Bedingungen wesentlich sind – es somit nicht um Eigenschaften oder Angebote von Therapeut:innen, sondern um die Bedingungen eines dialogischen Prozesses geht.

Während diese Essentials der therapeutischen Beziehung sich auf die *Haltung und die praktischen Handlungsweisen* beziehen, stellt die »Aktualisierungstendenz« (▶ Kap. A6) den *theoretischen Kern* des personzentrierten Ansatzes dar.

> Die personzentrierte therapeutische Beziehung gibt Antwort auf die Frage »Wie kann ich als Therapeut:in handeln?«; die »Aktualisierungstendenz« gibt Antwort auf die Frage »Wie kann die Wirkung verstanden werden?«

### Selbstbild und Selbststruktur

Auch Rogers macht die wesentliche Unterscheidung zwischen (a) der Entwicklung bzw. Aktualisierung des Menschen als Organismus – was wir mit Pflanzen und Tieren teilen, auch wenn unsere Anlagen und Entwicklungsbedingungen andere sind – und (b) der Aktualisierung eines (reflexiven) Bewusstseins von uns selbst – das für die menschliche Entwicklung typisch ist. Der Organismus reagiert somit nicht nur auf etwas, dem er Bedeutung – z. B. »Blume« – zuweist (▶ Kap. A.7), sondern der Mensch kann sich auch selbst als jemanden wahrnehmen, der diese Erfahrung macht: »Ich bin jemand, der diese Blume sieht«. In der inneren phänomenalen Welt entsteht aus solchen Erfahrungen ein Selbstbild, ein wahrnehmbares, objekthaftes »ich« im eigenen Erfahrungsfeld. Als Synonyme für »Selbstbild« werden auch »Selbstkonzept« oder einfach »Selbst« verwendet. Das Selbstbild ist das, was einem zu Bewusstsein auf die Frage kommt, »wer bin ich eigentlich selbst?«. Von außen betrachtet, besonders im Kontext von Theorien, wird das Selbst als »Selbststruktur« bezeichnet. Es sei beachtet, dass die entwicklungsbedingte Aktualisierung eines »Selbst« typisch menschlicher Teil der organismischen (Gesamt-)Aktualisierung ist.

## Inkongruenz – zentral für das Verständnis von »Störungen«

Damit sich ein Selbst aktualisieren kann, bedarf es, besonders in früher Kindheit, eines Gegenübers – eines »Du« –, das die inneren und äußeren Prozesse versteht und kommentiert. Denn Bewusstsein und Selbst, die in hohem Maße mit Sprache (und deren Sinn- und Symbolwelten) verbunden sind (▶ Kap. A7), sind ja nicht angeboren. Erst in der Beziehung zu den engen »Bindungspersonen« und aus deren Rückmeldungen entwickelt sich die Selbststruktur. Wenn daher z. B. Affekte und emotionales Erleben von diesen Bezugspersonen nicht beachtet oder falsch verstanden werden, können diese auch nicht (oder nicht adäquat) ins Selbst integriert werden. Im Extremfall können wir eine »Alexithymie« beobachten – ein emotionales Analphabetentum. Oft wird auch das Selbstbild und das eigene Verständnis der Befindlichkeiten durch das bestimmt, was die Mitmenschen, insbesondere nahe Bezugspersonen, erwarten und für richtig halten. Die Art und Weise, wie sich das Selbst aktualisiert, repräsentiert dann weniger die organismischen Bedürfnisse und Prozesse des Menschen, sondern eher die Erwartungen und Interpretationen der anderen.

Unter solchen Entwicklungsbedingungen kommt es zur *Inkongruenz* zwischen den Erfahrungsprozessen des Organismus (z. B. Affekte, Bedürfnis nach Zuwendung), und dem, was davon im Selbst repräsentiert werden kann. Der Mensch hat dann Erfahrungen (Wahrnehmungen, Gefühle, Gedanken, oder ertappt sich bei Handlungen), die er selbst nicht verstehen kann. Dies wird als Grundlage für viele psychische Störungsbilder gesehen, die sich dann auch sozial auswirken können (vgl. Stumm und Keil 2018).

## Symbolisieren als Zur-Sprache-Bringen innerer Prozesse

Man spricht von »Symbolisierung« als wichtigen Prozess, organismische Erfahrung im Selbst repräsentieren zu können und sie damit bewusstseinsfähig zu machen. Ein wichtiger Aspekt Personzentrierter Psychotherapie ist daher, durch empathisches Einfühlen in das Erleben des Patienten und in Folge über Rückmeldung des Verstandenen (insbesondere der emotionalen Bewertungsprozesse und des Erlebens), dieses symbolisierbar und damit für das Selbst integrierbar zu machen. Neben einer »klassischen« Vorgehensweise, die hauptsächlich darauf fokussiert, das Erleben und seine Bewertungen sehr sorgfältig und genau »zur Sprache zu bringen«, sind in jüngerer Zeit auch unterschiedliche Vorgehensweisen entwickelt worden, welche aktiv bestimmte Erlebnisvorgänge unterstützen oder gar provozieren. Hier würde man den Patienten beispielsweise auffordern, eine bestimmte Haltung des Körpers einzunehmen oder eine Bewegung zu vollziehen, die das ausdrückt, was er gerade sprachlich formuliert hat. Man spricht hier von *experientiellem* (also erfahrungszentrierten), bzw. *emotionsfokussiertem* Vorgehen (▶ Kap. B3).

Das Ergebnis einer gelungenen Personzentrierten Psychotherapie wird daher in der Verringerung dieser Inkongruenz gesehen: »Eine Gesprächspsychotherapie ist dann beendet, wenn der Patient zu sich selbst die Beziehung aufnehmen kann, die der Therapeut ihm anbietet: Er hat nun Zugang zu seinen Erfahrungen und weiß, was diese für ihn bedeuten (Selbstempathie); sein Selbstbild ist mit seinen Erfahrungen in Übereinstimmung (Kongruenz) und er kann sich als Person und das mit seinen Erfahrungen einhergehende Erleben bedingungsfrei positiv beachten« (Eckert 2012, S. 135).

## B2.2 Zentrale Beziehungen der Personzentrierten Psychotherapie zur HPT insgesamt

Sowohl in den USA als auch besonders in Deutschland ist die Personzentrierte Psychotherapie (bzw. »Gesprächspsychotherapie«) durch ihre Etablierung an Universitäten (1970 bis Ende 1990) quasi zum »akademischen Flaggschiff« der HPT geworden – der sich institutionell die anderen Ansätze der HPT aber nicht als Armada zugesellen mochten, weil sie wohl um ihre Eigenständigkeit fürchteten (was erst mit Gründung der AGHPT 2010 überwunden wurde). In ▶ Kap. A2 wurde bereits berichtet, dass bis zum Psychotherapeutengesetz 1999 die meisten deutschen psychologischen Institute Lehr-, Ausbildungs- und Forschungsprogramme in Gesprächspsychotherapie hatten (Frohburg 2007, S. 77). Während die anderen Ansätze überwiegend jenseits der Universitäten in Privatinstituten und Verbänden Ausbildungen durchführten. Trotz der dadurch begrenzten Ressourcen war aber auch deren Forschung durchaus umfangreich mit vielen wertvollen Ergebnissen. Diese jedoch waren stark auf spezifische Fragen der Praxis zugeschnitten.

Dieser Kontext der Verankerung im universitären Lehr- und Forschungsbetrieb gibt der »Gesprächspsychotherapie« de facto eine Sonderstellung im Rahmen der HPT. Wenn man sich auf die Perspektive von Wirksamkeitsbeweisstudien nach der RCT-Logik beschränkt und universitäre Präsenz als zentralen Maßstab anlegt, wirken die anderen Ansätze der HPT weniger etabliert. Geht man allerdings von den inhaltlichen psychotherapeutischen Konzepten und ihrer praktischen Umsetzung aus, so wird deutlich, dass die »Gesprächspsychotherapie« aufs engste mit den anderen Ansätzen der HPT verwoben ist. Die Bedeutsamkeit der therapeutischen Beziehung, wie sie Rogers beschrieben hat, sowie die Beachtung der Inkongruenz zwischen organismischem Erleben und Selbstkonzept und die damit verbundene Relevanz einer adäquaten Symbolisierung und Selbstempathie wird von allen Ansätzen geteilt (wenn auch mit unterschiedlicher Gewichtung, Terminologie und Zentrierung in der konkreten Arbeit). Andersherum hat die »Gesprächspsychotherapie« zunehmend Konzepte und Vorgehensweisen aus anderen humanistischen Ansätzen aufgenommen – teilweise mit eigenständigen Namen, wie z. B. »Focusing« und »Emotionsfokussierte Therapie« (▶ Kap. B3). Da es ja vor allem um Integration von nicht symbolisierten, inkongruenten Erfahrungen ins Selbstkonzept geht, liegt es ohnedies auf der Hand, je nach Indikation das Beziehungsangebot in der konkreten Arbeit auch so zu gestalten, dass dies – von außen gesehen – auch als »Körperarbeit«, »psychodramatischer Rollentausch« oder »Gestaltarbeit« beschrieben werden kann.

## B2.3 Empfehlenswerte, weiterführende Literatur

Biermann-Ratjen, E.-M., Eckert, J. (2017). *Gesprächspsychotherapie. Ursprung – Vorgehen – Wirksamkeit*. Stuttgart: Kohlhammer
Biermann-Ratjen, E.-M., Eckert, J., Schwartz, H.-J. (2016). *Gesprächspsychotherapie. Verändern durch Verstehen. 10. Auflage*. Stuttgart: Kohlhammer
Kriz, J., Slunecko, T. (Hrsg.) (2011). *Gesprächspsychotherapie: Die therapeutische Vielfalt des personzentrierten Ansatzes*. Wien: Facultas/wuv
Rogers, C.R. (2020/1959). *Eine Theorie der Psychotherapie, der Persönlichkeit und der zwischenmenschlichen Beziehungen*. München: Reinhardt
Rogers, C.R. (2018/1961). *Entwicklung der Persönlichkeit: Psychotherapie aus der Sicht eines Therapeuten. 14. Auflage*. Stuttgart: Klett-Cotta, S. 53–72

# B3 Focusing und Emotionsfokussierte Therapie (EFT)

Wenn in diesem Kapitel zwei Ansätze referiert werden, die organisatorisch *nicht* als Verbände in der AGHPT organisiert sind, so zeigt dies einmal mehr die »Merkwürdigkeiten« der deutschen formalen Strukturen der Psychotherapie: Focusing und EFT sind nicht nur international, sondern auch in Deutschland durch Verbände vertreten (DFG – Deutsche Focusing Gesellschaft; DeGEFT – Deutsche Gesellschaft für Emotionsfokussierte Therapie). Ganz überwiegend gehören Therapeut:innen, welche diese Ansätze schwerpunktmäßig vertreten, ohnedies zu den personzentrierten und den Gestalttherapeut:innen; allerdings werden z. B. Weiterbildungen in EFT auch von Verhaltens- und Systemischen Therapeut:innen durchgeführt (die ja ohnehin recht viel aus der HPT importiert haben). Die formell-administrative Zuordnung von Focusing und EFT ist somit in Deutschland nicht klar. Inhaltlich gehören aber beide fraglos zur HPT, und viele humanistische Psychotherapeut:innen haben sich zumindest in einem dieser Ansätze zusätzlich weiterbilden lassen.

## B3.1 Abriss der Grundkonzeption des Focusing

Eugen T. Gendlin (1926–2017), der Begründer des Focusing, war viele Jahre enger Mitarbeiter und Kollege von Carl Rogers. Sie leiteten gemeinsam viele Projekte und der Einfluss im Denken ist gegenseitig zu sehen, wobei Gendlin kein »Kliniker« (im engeren Sinne), sondern Philosoph war, der sich intensiv mit der Phänomenologie beschäftigte. Bereits seine 1958 verfasste Dissertation über »The Function of Experiencing in Symbolization« verweist auf die für die HPT so wichtige Komplementarität von (organismischem) Erfahren und dessen Symbolisierung (▶ Kap. A7), die ja auch für Rogers Ansatz wesentlich ist. Bei Rogers steht aber die *Verringerung* der Inkongruenz, die zwischen Erfahren und Selbst aufgrund mangelnder Symbolisierung besteht, im Zentrum. Eine größere Kongruenz entwickelt sich im Zuge konstruktiver Veränderung der Persönlichkeit im Kontext der spezifischen therapeutischen Dialog-Beziehung des personzentrierten Ansatzes. Gendlin hingegen geht mit seinem Focusing-Ansatz – den er übrigens zunächst »Experiencing« nannte – direkt den Prozess der kongruenten Symbolisierung an.

Dazu werden Patient:innen angeleitet, ihre Aufmerksamkeit und Achtsamkeit ganz auf die inneren – und damit zunächst sprachlosen, weitgehend unsymbolisierten, unklaren – körperlichen Empfindungen und Erfahrungen zu richten. Da (auch) der menschliche Organismus stets in Beziehung »zur Welt« steht, sind diese natürlich von der Gesamtsituation, besonders den gerade aktualisierten Problemen bzw. Symptomen, beeinflusst. Für diese Gefühle haben wir in der Regel längst verbale Beschreibungen, Erklärungen und Deutungen zur Hand – besonders wenn es um typische und wiederkehrende Probleme oder Fragen geht. Doch diese längst bekannten Versprachlichungen sind meist keine stimmigen Symbolisierungen, sondern kennzeichnen das, was Gendlin mit »strukturgebundenem Erleben« meint – abgegriffene Sprachphrasen statt wirklichem Erleben. Und gerade um diese geht es natürlich nicht.

Aufgabe in der Therapie ist es daher, die Klient:innen eine Zeit auf dieser unklaren, vorsymbolischen Erfahrungsebene zu halten (im doppelten Sinne: der haltenden und tragenden Funktion der Sicherheit gebenden therapeutischen Beziehung kommt hier ein großer Stellenwert zu), um dem »felt sense« – dem im Organismus gefühlten Sinn – vorsichtig tastend und korrigierend eine möglichst adäquate Symbolisierung geben zu können (was ein Begriff, sprachliches Bild, etc. sein kann). Sofern eine Stimmigkeit zwischen dem felt sense und dessen Symbolisierung erreicht ist, d. h. eine kreativ-neue Sicht erlebt wird, wird dieser »felt shift« als Entspannung wahrgenommen.

Für die therapeutische Vorgehensweise beim Focusing haben sich flankierend einige Methoden bzw. eine Abfolge von Schritten entwickelt, mit denen beispielsweise Freiraum für die Arbeit mit dem felt sense gefördert und der Focusing-Prozess gut begleitet werden kann (Wiltschko 2002, 2010).

## B3.2 Abriss der Grundkonzeption der Emotionsfokussierten Psychotherapie (EFT)

Auch die EFT fokussiert auf die Mikroprozesse des Erlebens, allerdings – wie der Name sagt – besonders auf jene, die mit Emotionen verbunden sind. Dieser Ansatz geht zurück auf eine Forscher- und Therapeutengruppe um die Rogers-Schülerin Laura Rice in Toronto, die in enger Kooperation mit namhaften Vertreter:innen des personzentrierten Ansatzes in anderen Ländern steht – so Thomas Elliott (Schottland) oder Richard van Balen (Belgien). Als federführend in der EFT gilt heute Leslie S. Greenberg (*1954), der auch viele RCT-Studien zur EFT durchführte (s. u.).

Die EFT geht davon aus, dass Erfahrung in emotionalen Schemata organisiert wird – dies sind strukturierte, zusammenhängende, affektive und multimodale Aspekte früheren Erlebens (z. B. episodische Erinnerungen an Gerüche, Bilder, Körperempfindungen), welche die Bewertung einer Situation deutlich machen, eine entsprechende Handlungstendenz entstehen lassen und Hinweise darauf liefern, welche Bedürfnisse wir haben und was wir brauchen.

> **Die vier Emotionstypen der Emotionsfokussierten Psychotherapie (EFT)**
>
> In der EFT wird zwischen vier Emotionstypen unterschieden, was vor allem für die praktische Arbeit wichtig ist (Bischkopf 2015)
> *Primär adaptive Prozesse* haben die Funktion, komplexe situative Informationen schnell und weitgehend automatisch zu verarbeiten, um adäquat zu handeln. So ist z. B. Wut eine adaptive Emotion angesichts von Bedrohung; und Selbstverteidigung wäre eine adäquate Reaktion.
> *Primär maladaptive Prozesse* beruhen auf Erfahrungen in frustrierenden oder traumatischen Situationen. Es sind unmittelbare Reaktionen, die früher vielleicht funktional waren und die sich daher als »alte« Muster »vertraut« anfühlen, die aber inzwischen maladaptiv sind, weil sie nicht mehr der Erfüllung zentraler Bedürfnisse dienen können. Beispielsweise kann aufgrund von frühem Missbrauch in einer aktuellen Situation von Zuwendung das frühe Missbrauch-Schema mit Angst vor Verletzung oder Ablehnung generiert werden, aus der heraus dann misstrauisch, ängstlich und abwehrend reagiert wird. Maladaptive Emotionen können ggf. so generalisieren, dass sie unter vielen Umständen immer wieder auftreten und so zu einem destruktiven Teil der Persönlichkeit werden.
> *Sekundär reaktive Emotionen* maskieren primäre adaptive Funktionen. Beispielsweise kann das Gefühl der Verletzung bei Verlust durch Wut oder auch Angst durch Ärger verdeckt werden. Es geht also um eine Reaktion auf eine tieferliegende primäre Emotion, die damit geschützt wird. Hier gilt es in der Therapie, die primäre Emotion zu finden. Mehrere Emotionen können sich auch so überlagern, dass keine richtig wahrnehmbar wird.
> *Instrumentelle Emotionen* treten vor allem wegen ihrer Wirkung auf. Sie können als – in der Regel unbewusste – Inszenierungen verstanden werden, um andere zu beeinflussen. Hier ist in der Therapie mit behutsamer Konfrontation zu reagieren und an den interpersonalen Motiven zu arbeiten.

## Intervention in der EFT

Ein zentraler Kern der EFT ist die Integration emotionaler Schemata und unterschiedlicher Verarbeitungsstufen (sensomotorische, Erinnerungs- und Symbolisierungs-Prozesse). Dazu gilt es, sekundäres und funktionelles emotionales Erleben zu identifizieren und die zugrunde liegenden primären Emotionen zu aktivieren. Die Aufmerksamkeit wird dann auf jene Erfahrungsanteile gelenkt, die emotional adaptiv und wachstumsbezogen sind. Es geht dabei um eine Synthese von Erfahrungsfragmenten, die als Stimmen verstanden werden können, welche in ständigem Dialog miteinander stehen. So werden beispielsweise selbstkritische, abwertende und feindselige Anteile in den Patientenerzählungen als »innerer Kritiker« konzeptualisiert. Dies wird u. a. mit der »Zwei-Stuhl-Technik« der Gestalttherapie bearbeitet.

Greenberg (2016) sieht die EFT als Integration des personzentrierten Ansatzes (▶ Kap. B2) mit dessen Fokus auf der therapeutischen Beziehung sowie der Symbolisierung von organismischer Erfahrung und der Gestalttherapie (▶ Kap. B4), die stärker konfrontativ arbeitet und dafür zahlreiche »Techniken« verwendet. Damit eignet sich die EFT auch für eine störungsspezifische Manualisierung – z. B. für die Behandlung von Depression (Greenberg, Rice und Elliott 2003) – entsprechender RCT-Studien. In den USA ist die EFT seitens der APA als »evidenzbasiert« anerkannt.

## B3.3  Zentrale Beziehungen von Focusing und EFT zur HPT insgesamt

Beide Ansätze richten sich sehr detailliert, kleinschrittig und sorgfältig an dem inneren Erleben der Klient:innen aus und sind somit typische Umsetzungen der phänomenologischen Haltung im psychotherapeutischen Prozess.

Obwohl dem Focusing eine umfangreiche und auch anspruchsvolle Theorie über den Symbolisierungsprozess zugrunde liegt (Gendlin 2016), welche auch die Entstehung und konstruktive Veränderung »pathogenetischer« Aspekte beinhaltet, ist die Vorgehensweise in jedem der humanistischen Ansätze einsetzbar, wenn es um die entsprechende Vertiefung in der Exploration inneren Erlebens und dessen »zur Sprache bringen« geht.

EFT hingegen kann man sinnvollerweise nur einsetzen, wenn man auch die Unterscheidungen der vier emotionalen Prozesstypen zugrunde legt. Zweifellos ist dieses Konzept für das Verständnis von und den Umgang mit emotionalen Prozessen hilfreich und vermag die therapeutische Wahrnehmung zu schärfen, auch wenn man andere Schwerpunkte in der konkreten Arbeit legt. Für jene, die Manuale als besonders hilfreich empfinden oder Wert auf einen »evidenzbasierten« Ansatz legen, bietet EFT als Methode bei entsprechender Indikation eine Vorgehensweise, die auch die akademisch-normative Anerkennung über viele RCT-Studien besitzt.

## B3.4  Empfehlenswerte, weiterführende Literatur

Zum Focusing:
Wiltschko, J. (Hrsg.) (2008). Focusing und Philosophie. Eugene T. Gendlin über die Praxis körperbezogenen Philosophierens. Wien: Facultas.
Gendlin, E.T., Wiltschko, J. (2016$^6$). Focusing in der Praxis. Eine schulenübergreifende Methode für Psychotherapie und Alltag. Stuttgart: Klett-Cotta.
Gendlin, E.T. (2016$^2$). Ein Prozess-Modell. Freiburg: Karl Alber.

Zur EFT:
Greenberg, L. S. (2016). *Emotionsfokussierte Therapie*. München: Ernst Reinhardt.
Herrmann, I., Auszra, L. (2021). *Emotionsfokussierte Therapie*. Göttingen: Hogrefe
Auszra, L., Herrmann, I. (2016). *Emotionsfokussierte Therapie: Ein Praxismanual*. Göttingen: Hogrefe
Sutter, M., Greenberg, L. S. (2021). *Praxis der Emotionsfokussierten Therapie: Ein transdiagnostischer Leitfaden*. München: Ernst Reinhardt

# B4 Gestalttherapie

## B4.1 Abriss der Grundkonzeption

Die Gestalttherapie wurde von Frederick (»Fritz«) Perls und seiner Frau Lore (*amer.:* Laura) entwickelt (zu ihren weiteren Begründern zählt u. a. Paul Goodman). Bis zu ihrer Flucht aus Deutschland, 1933, waren beide eng in gestaltpsychologische, psychoanalytische und philosophische Diskurse eingebunden und integrierten diese Konzepte mit körperpsychotherapeutischen sowie psychodramatischen Aspekten. Zum Namen »Gestalttherapie« kam es durch F. Perls Assistententätigkeit beim Gestaltpsychologen Kurt Goldstein und durch seine Frau Lore, die eine promovierte Gestaltpsychologin war. Im Gegensatz zur »Gestalttheoretischen Psychotherapie« (s. u.) gab und gibt es in der Gestalttherapie kaum differenzierte Bezugnahmen auf die Gestalttheorie. Die oft zitierte Leitidee von F. Perls Arbeit »I and Thou, Here and Now!« lässt sich auf die Konzepte der »Begegnung« und der »Situation« von Moreno (▶ Kap. A5, ▶ Kap. B5) zurückführen, bei dem Perls Vorlesungen besucht hatte.

Ein zentraler Begriff der Gestalttherapie ist »*Kontakt*«. Konzeptionell wird damit zunächst betont, dass die Strukturen des »Selbst« des Menschen erst im Kontakt zwischen Organismus und Umwelt deutlich werden. Wesentlich ist allerdings nicht der Kontakt, so wie ihn externe Beobachter beschreiben würden (»gehemmt«, »reduziert«, »aggressiv« etc.), obwohl auch diese Perspektive wichtige Aspekte zum Verständnis eines Menschen enthalten kann. Es geht stattdessen um den Kontakt im Erleben des Subjekts: Angelehnt an das Figur-Hintergrund-Verhältnis der Gestaltpsychologie wird beschrieben, wie z. B. sich Bedürfnisse aus dem Hintergrund des Erlebens in den Vordergrund der Aufmerksamkeit schieben. Wenn jemand, der hungrig ist, sich so verschluckt, dass er fast erstickt, ist der Hunger aktuell weg. Die Person hat nicht einmal beide Gefühle gleichzeitig, nämlich dass sie hungrig ist und starke Atemnot hat. Andererseits wird ein Hungergefühl durch Essen zum Verschwinden gebracht. Je nach Bedürfnislage tritt eine Figur (z. B. ein Bedürfnis, eine kognitive Erkenntnis, eine Emotion, eine Wahrnehmung) aus dem Hintergrund und drängt im gestaltpsychologischen Sinne nach Schließung. Ist eine entsprechende Kontaktaufnahme zur Umwelt geglückt, wird die Gestalt geschlossen, sinkt in den Hintergrund zurück und macht einer neuen Figur Platz. Dies wird im sog. Kontaktzyklus beschrieben.

> **Kontaktzyklus der Gestalttherapie**
>
> Der Kontaktzyklus der Gestalttherapie verläuft jeweils in vier Schritten:
>
> 1. *Vorkontakt:* Aus dem Organismus oder der Umwelt taucht ein Verlangen bzw. ein Reiz auf, der zur Figur wird (aus der Sicht des Selbst wird der übrige Körper bzw. die übrige Umwelt zum Hintergrund). Die Wahl des hervortretenden Elementes wird dabei durch viele Faktoren bestimmt, die man grob unter dem Begriff »Interesse« zusammenfassen könnte.
> 2. *Kontaktnahme:* Das Verlangen wird zum Hintergrund und als Figur tritt ein »Suchbild« für die Möglichkeiten zur Befriedigung; das »ad-greddi« (s. o.) rückt in den Vordergrund, Möglichkeiten werden differenziert und ausgewählt – hier ist die Funktion des Ichs entscheidend.
> 3. *Kontaktvollzug:* Im Kontakt selbst sind Körper und Umwelt Hintergrund, die Figur und der Kontakt selbst werden intensiv erlebt. Die Intention des Ichs wird in die Spontaneität des Selbst transformiert, d. h., die ganze Person ist nun vom Erleben (Wahrnehmen, Fühlen) erfasst.
> 4. *Nachkontakt:* Der Kontaktprozess ist zu Ende, das Selbst verblasst, die Figur tritt in den Hintergrund zurück. In der Begegnung mit dem »Nicht-Selbst« vollzog sich im optimalen Fall ein Wachstums- und Reifeschritt. Der Organismus ist nun bereit für den nächsten Kontaktzyklus.

Die organismische Selbstregulation, d. h. die permanente Aufeinanderfolge solcher Kontaktzyklen mit flexiblen und intakten Gestaltbildungsprozessen, ist nach Perls die Grundlage für lebenslanges Wachsen und Reifen. Bei einer Person ohne jede Störung findet dieser Prozess zudem in einem »awareness continuum« statt – in einem Strom von »Gewahrsein« und »Bewusstheit«. Die Figur, die jeweils im Vordergrund steht (sei es im Körperinnern oder in der Umwelt), wird erkannt und bewusst erfahren.

Doch es gelingt im Leben oft nicht, dass Bedürfnisse zur Figur und Situationen im Strom der Bewusstheit erfahren werden. Stattdessen sind mehr oder weniger Störungen im Kontakt zu sich selbst und/oder zur Umwelt vorhanden. Wird aber eine Kontaktaufnahme unterbunden (z.B. auf Stufe 2 oder 3 im obigen Zyklus), entsteht eine unvollendete Gestalt bzw. Situation, die nach ihrer Schließung drängt. Solche nicht geschlossene Gestalten – z. B. unerwünschte Gefühle, vermiedene äußere Konflikte – treten immer wieder ins Bewusstsein. »Die Vermeidung äußerer Konflikte [...] hat [...] die Schaffung innerer Konflikte zur Folge« (Perls 1978, S. 179). Dies lenkt den Blick auf die Formen der Blockierung bzw. der Kontaktvermeidung, für die eine differenzierte Taxonomie der »Unterbrechungen des Kontaktes« vorliegt (Blankertz und Doubrawa 2017).

Gewahrsein und Achtsamkeit sind daher weitere zentrale Begriffe in der Gestalttherapie – sie beziehen sich sowohl auf die therapeutische Arbeit als auch auf den Umgang des Menschen im Kontakt mit sich und der Welt. Um diese Kontaktfähigkeit zu fördern, gibt es in der Gestalttherapie eine große Anzahl von

»Techniken«. So beispielsweise der sog. »Gestalt-Dialog«, bei dem der Patient für eine Bezugsperson oder einen physisch/psychisch/kognitiven Teil von sich selbst einen symbolischen Gegenstand (z. B. ein Stofftier) wählt, den er auf einen leeren Stuhl ihm gegenüber setzt. Nun wird der Patient gebeten, zum Gegenüber Kontakt aufzunehmen und sich mit seinen Vorwürfen oder Anliegen an dieses zu wenden. Dann wechselt er die Stühle und führt wieder einen Dialog im Rollentausch durch. D. h. er spricht nun quasi als das Gegenüber zu sich selbst. Durch weitere Hilfestellungen wird so das Erleben aktiviert, z. B. durch Konzentration auf das »Hier und Jetzt«, durch Achtsamkeit auf Haltung, Tonfall, Gesten etc.

Im Grunde aber, sagt Perls, würden sogar die folgenden fünf Fragen »als Ausrüstung für den Therapeuten ausreichen«: Was tust Du? – Was fühlst Du? – Was möchtest Du? – Was vermeidest Du? – Was erwartest Du? Damit ist natürlich nicht gemeint, dass diese Fragen so an die Klienten gerichtet werden sollen, sondern diese Fragen kennzeichnen eher Leitlinien für die therapeutische Arbeit. Bei dieser Arbeit wird auch der Konfrontation und Frustration des Klienten eine große Bedeutung beigemessen – allerdings nur auf der Basis einer tragfähigen Therapeut-Klient-Beziehung, die gleichzeitig durch Unterstützung gekennzeichnet ist. Das Wechselspiel zwischen Unterstützung (»support«) und Frustration (»skillful frustration«) ist ein wichtiges Kennzeichen des gestalttherapeutischen Interventionsstils.

In der Gestaltung der therapeutischen Beziehung wird auf Martin Bubers (1923) Unterscheidung zwischen dem begegnungsfähigen »Ich-und-Du«-Modus – der wesentlich mit dem Beziehungsangebot des personzentrierten Ansatzes von Rogers übereinstimmt – und einem affektneutralen, beobachtenden »Ich-Es«-Modus Wert gelegt. Im Letzteren geht es um das Erkennen von nicht zuträglicher Andersartigkeit, Abwehrmechanismen (i.S. der Psychoanalyse) und aktualisierter Konfliktfelder, die durchaus in einem recht konfrontativen Arbeitsstil mit erlebnis-, ressourcen- sowie lösungsorientierten Bewusstwerdungsangeboten bearbeitet werden.

> **Die acht Schrittfolgen des Krisen- bzw. Wandlungsmodells**
>
> Als »übliche Schrittfolgen im Krisen-/Wandlungsmodell« führt Hartmann-Kottek (2014, S. 22) an:
>
> 1. Achtsame Wahrnehmung des Entfremdeten
> 2. Auslotende Identifizierung
> 3. Kontaktaufnahme mit dem konflikthaften ausgrenzenden Aspekt
> 4. Dialogische Auseinandersetzung mit Rollenwechsel
> 5. Gegebenenfalls Entdämonisierung des Verzerrten, Sinnsuche im Entfremdeten
> 6. Bewusste Reintegration der Kernsubstanz
> 7. Erprobung der neuen Identität, Nachbewertung
> 8. Ruhephase (Dank)

## B4.2 Zentrale Beziehungen der Gestalttherapie zur HPT insgesamt

Die Gestalttherapie ist seit jeher aufs engste mit den anderen Ansätzen der HPT verflochten. Mit ihrer phänomenologischen Grundhaltung integriert sie körperpsychotherapeutische und psychodramatische Konzepte in ihre Arbeitsweise, wobei sie direkten Bezug auf das dialogische Beziehungsangebot nimmt, wie es von Rogers, Moreno und Buber als essenzielle Grundlage formuliert wurde. Zugleich leistet sie mit zahlreichen Vorgehensweisen (z. B. »Stuhltechnik« und »Rollentausch«) einen »Export« in andere psychotherapeutische Ansätze.

Allerdings gibt es Unterschiede: Laura Perls besuchte bei Max Wertheimer, Kurt Goldstein und Adhémar Gelb (bei dem sie promovierte) sowie bei Edmund Husserl, Paul Tillich und Martin Buber Veranstaltungen. Zudem lernte sie bei Elsa Grindler, der Begründerin der Bewegungstherapie (→→ B9.3) Körper- und Bewegungsarbeit. Mit dieser Grundlage repräsentiert sie stark die Idee der Humanistischen Psychotherapie. Ihre Arbeit an der Ostküste ist entsprechend von Zugewandtheit, kleinschrittiger Vorgehensweise und einem relationalen Persönlichkeitskonzept gekennzeichnet. Ihr (recht narzisstischer) Mann, Fritz, hat Lauras großen Einfluss auf die Entwicklung der Konzepte wenig erwähnt und ist nicht zuletzt auch deshalb in weiten Kreisen bekannter als sie. Der konfrontative und »spektakuläre« Stil, den Fritz an der Westküste entwickelte, kann als eher direktiv und oft grenzüberschreitend bezeichnet werden. Stemberger (2018b) vermutet, dass dies mit seinem stärker monopersonalen Personenkonzept zusammenhängen könnte. Damit ist gemeint, dass die Psyche und das Verhalten des Menschen sowie seine Beziehung zur »Welt« mit dem Fokus auf dessen innere Prozesse gesehen und bearbeitet wird, auch wenn konzeptuell die Betonung auf Kontakt und der »Ich-Du«-Beziehung liegt. Freilich zieht sich der Unterschied zwischen relationalem und monopersonalem Persönlichkeitskonzept nicht nur auch durch andere Ansätze der HPT, sondern ebenfalls durch die verhaltenstherapeutischen und psychodynamischen.

Obwohl die Gestalttherapie eher metaphorische Bezüge zur Gestaltpsychologie hat (und daher klar von der gestalttheoretischen Psychotherapie zu unterscheiden ist, ▶ Kap. B9.1), teilt sie fraglos die »Kennzeichen für die Arbeit am Lebendigen« (▶ Kap. A4.4) und steht auf dem gemeinsamen Fundament der HPT. Ebenso ist sie mit vielen konkreten Vorgehensweisen (Körperarbeit, Psychodrama) mit den anderen Ansätzen vernetzt.

## B4.3 Empfehlenswerte, weiterführende Literatur

Boeckh, A. (2015). *Gestalttherapie – eine praxisbezogene Einführung.* Gießen: Psychosozial-Verlag
Hartmann-Kottek, L. (2012). *Gestalttherapie. 3. Auflage.* Berlin: Springer
Maragkos, M. (2017). *Gestalttherapie.* Stuttgart: Kohlhammer

Staemmler, F.-M. (2009). *Was ist eigentlich Gestalttherapie? Eine Einführung für Neugierige.* Bergisch Gladbach: EHP-Verlag,
Strümpfel, U. (2006). *Therapie der Gefühle. Forschungsbefunde zur Gestalttherapie.* Köln: EHP-Verlag
Perls, F., Hefferline, R.F., Goodman, P. (2019). *Gestalttherapie. 10. Auflage.* Stuttgart: Klett-Cotta
Blankerts, S., Doubrova, E. (2017). *Lexikon der Gestalttherapie.* Köln/Kassel: gikPRESS

# B5 Psychodrama

## B5.1 Abriss der Grundkonzeption

Wie bereits in ▶ Kap. A5 herausgearbeitet, gehört das Psychodrama von Jakob L. Moreno (1889–1974) zu den zentralen Wurzeln der HPT. Auch wenn dies oft nicht genügend explizit aufscheint, wurden grundlegende Konzepte und Arbeitsweisen des Psychodramas von vielen anderen Therapieansätzen (ggf. mehr oder weniger modifiziert) übernommen – auch von außerhalb der HPT, wie z. B. die Arbeit mit Gruppen in der Verhaltenstherapie). Bevor er 1925 in die USA emigrierte, hatte Moreno in Wien bereits ab 1915 mit seiner Schrift »Einladung zu einer Begegnung« ein zentrales Konzept humanistischer Psychologie und ihrer existenzialistischen Philosophie entwickelt. Neben der »*Begegnung*« thematisierte Moreno auch erstmals »Empathie« als therapeutisch bedeutsames Agens – ebenso wie er die Bedeutung des »Hier und Jetzt« für das Erleben der Klient:innen und die therapeutische Arbeit hervorhob. Wesentliche Aspekte der heutigen Gruppentherapie und der interaktionellen, systemischen Therapie wurden bereits Jahrzehnte zuvor von Moreno vorweggenommen. Fritz Perls (Gestalttherapie) und Eric Berne (Transaktionsanalyse) nahmen z. B. an Morenos Vorlesungen teil. *Rollenspiel*, *Rollentausch* und *leerer Stuhl* sind z. B. Elemente, die Perls für seine Gestalttherapie von Moreno übernahm.

Die zentrale und umfassende Bedeutung des Konzepts der »Szene« bei Moreno wurde ebenfalls bereits in ▶ Kap. A5 hervorgehoben. »Szene« bezieht sich auf eine ganzheitliche, dynamische Interaktion von Einflüssen aus unterschiedlichen Bereichen auf den Prozess menschlicher Bedeutungsgestaltung. Wobei die kleinste soziale Einheit in den Szenen nicht einzelne Menschen, sondern diese zusammen mit ihren sozialen Umfeldern sind. Es geht hier um Einflüsse aus der persönlichen Biografie, die sowohl im autobiografischen Gedächtnis wie im Körper repräsentiert sind; ferner um solche, die in sozialen Beziehungen und Interaktionen begründet sind; und letztlich um Einflüsse von kulturellen Strukturen, Werten und Normen. Befriedigende und erfolgreiche soziale Beziehungen setzen die Fähigkeit zur Empathie – ein weiterer Kernbegriff – voraus, die aber durch destruktive Bedingungen in der Entwicklung nicht zur Entfaltung kommen bzw. wieder verschüttet werden können.

### Essentials der psychodramatischen Arbeit

Im interpersonellen Fokus auf die menschliche Begegnungsfähigkeit stehen sich zwei antagonistische Kräfte gegenüber: Einerseits die spontanen und kreativen

Aspekte, andererseits das notwendige Sich-Einfügen in die Strukturen sozialer Rollen. In bestimmten Situationen kann das Handeln dann blockiert sein. Daher kommt der psychotherapeutischen Arbeit besonders die Aufgabe zu, diesen Antagonismus konstruktiv zu lösen und erstarrtes Rollenverhalten situationsgerecht wieder in flexibles, spontanes und kreatives Handeln zu transformieren.

Die Konzeption des *Psychodramas* als Gruppenverfahren verwendet szenische Darstellungen von wichtigen Lebens- und Problemsituationen der Patient:innen. In dieser psychodramatischen Auseinandersetzung mit Szenen der aktuellen Lebenssituation können bisherige Sichtweisen verändert und neue Lösungen gefunden werden. Dabei sei beachtet, dass »aktuelle Lebenssituation« als Aktualisierung von Dynamiken aus Biografie, Rollenmustern, Erwartungsstrukturen usw. zu verstehen ist – also stets auch Vergangenes, Gegenwärtiges und Zukünftiges in der Lebenswelt umfasst.

> **Die typischen sechs Bestandteile (»Konstituenten«) der psychodramatischen Vorgehensweise im Gruppensetting**
>
> Auf einer *Bühne* – ein abgegrenzter Teil des Gruppenraumes – setzt ein Mitglied der Gruppe als *Protagonist* spontan das in Szene, was seine Probleme und Konflikte, oder allgemein seine Fragestellung betrifft. Mit Hilfe des *Spielleiters* (Therapeut:in) und der Mitspieler:innen, durch Aufstellung und Handlung (Einsatz von Sprache, Mimik, Gestik, Bewegung usw.), soll ein möglichst hoher affektiver Realitätsgehalt erreicht werden (vgl. auch die Arbeit von Pesso, siehe ▶ Kap. A6.3 und ▶ Kap. B9.2). Dabei dienen die Mitspieler:innen dem Protagonisten bei der Realisierung seines Spieles, indem sie reale oder phantasierte Personen, Symbolfiguren usw. darstellen – z. B. »Mutter«, »Vater«, »Chef«, »(Phantasie-) Kontrolleur«, »Ehrgeiz«, »Heimat« etc. Die *(übrigen) Teilnehmer:innen* der Gruppe halten als Zuschauer:innen die äußere Realität der Gruppe und können mit den gezeigten Szenen in Resonanz gehen. *Psychodrama-Techniken*, wie z. B. Doppeln, Spiegeln, Rollenwechsel oder Rollentausch dienen dem Leiter als Mittel, dem Protagonisten und der Gruppe Prozesse, Fragen, Probleme, Beziehungen usw. deutlich werden zu lassen.
>
> Diese hier für die Anwendung des Psychodramas im Gruppensetting beschriebenen Elemente werden analog genauso auch im Einzelsetting umgesetzt (s. Kern und Hintermeier 2018, Stadler 2020).

Das Psychodrama wird dabei in seinem Ablauf in drei Phasen untergliedert:

1. eine Initialphase (»Warm-Up«-, Problemfindungsphase),
2. eine Handlungsphase (Aktions-, Spiel-, Problembearbeitungsphase) und
3. eine Abschlussphase (»Sum-Up«-, Gesprächs-, Integrations-, Nachbereitungsphase).

Jeder Phase lassen sich spezifische Techniken zuordnen, von denen einige auch in der Gestalttherapie eingesetzt werden – z. B. der Szenenaufbau, das Spiegeln, der

»leere Stuhl«, der Rollenwechsel mit einem realen, gespielten oder imaginierten Konfliktpartner ermöglicht, in den sich der Protagonist hineinversetzen soll, um so die die Wirkung seines Verhaltens im Gegenüber zu spüren. Beim »Doppeln« tritt eine Person hinter bzw. neben den Protagonisten und wiederholt Äußerungen, macht Gesten mit, vertieft das Ausgedrückte emotional (besonders in der Spielphase) und unterstützt die Mentalisierungsprozesse des Protagonisten. Wie sich Psychodramatherapie unter den Bedingungen einer störungsspezifischen Betrachtungsweise durchführen lässt, haben sehr umfangreich Krüger (2021), Bender und Stadler (2015) sowie Schacht (2009) gezeigt.

## B5.2 Zentrale Beziehungen des Psychodramas zur HPT insgesamt

Die enge Verflochtenheit des Psychodramas sowohl in seinen Konzepten (Szene, Begegnung, Ich-Du, Empathie, Verantwortung) als auch in seinen Arbeitsweisen (Gruppenprozesse, Rollenübernahme und -tausch, »leerer Stuhl«, usw.) mit vielen Ansätzen der HPT – und darüber hinaus z. B. mit der Skulptur- und Aufstellungsarbeit in der Systemischen Therapie (Stadler und Kress 2020) oder der Gruppenarbeit in der Verhaltenstherapie – wurde bereits an vielen Stellen erwähnt.

So resümiert auch Fangauf (2014): »Morenos psychodramatische Praxis, sein zutiefst optimistisches Menschenbild, seine ‚Einladung zu einer Begegnung', seine Rollen- und Kreativitätstheorie sind im Kreise der anderen humanistischen Verfahren gut aufgehoben. So unterschiedlich manchmal die Methoden wirken – die humanistischen Grundlagen haben alle gemeinsam.« Und später: »Verknüpfende Anwendungen verschiedener humanistischer Verfahren sind bereits jetzt verbreitet. Ein Therapeut kann ohne weiteres mit Gesprächspsychotherapie beginnen und an einem bestimmten Punkt zur psychodramatischen Darstellung übergehen; in einer psychodramatischen Szene kann auch leicht eine körperpsychotherapeutische Vertiefung eingefügt werden, vorausgesetzt, dies ist indiziert und der Therapeut beherrscht alle verwendeten Methoden.« Fangauf betont auch, dass psychodramatische Arbeit ein leiterzentriertes, manipulatives und dirigistisches Vorgehen ablehnt, wie dies etwa in der »Aufstellungsarbeit nach Hellinger« typisch ist (s. Stadler und Kress 2020).

## B5.3   Empfehlenswerte, weiterführende Literatur

Aichinger, A., Holl, W. (2010). *Gruppentherapie mit Kindern. Kinderpsychodrama.* Band 1. Wiesbaden: VS
Ameln, von, F., Kramer, J. (2014). *Psychodrama. 3. Auflage.* Berlin: Springer
Fürst, J., Ottomeyer, K., Pruckner, H. (Hrsg.) (2004). *Psychodrama-Therapie. Ein Handbuch.* Wien: Facultas
Hutter, C., Schwehm, H. (2012). Morenos *Werk in Schlüsselbegriffen.* Berlin: Springer
Krüger, R.T. (2021). *Störungsspezifisch Psychodramatherapie. Theorie und Praxis.* Göttingen: Vandenhoeck & Ruprecht.
Kunz Mehlstaub, S., Stadler, C. (2018). *Psychodramatherapie.* Stuttgart: Kohlhammer
Moreno, J. L. (2008). *Gruppenpsychotherapie und Psychodrama.* Stuttgart: Thieme

# B6 Transaktionsanalyse

## B6.1 Abriss der Grundkonzeption

Die Transaktionsanalyse wurde von Eric Berne (1910–1970) in den USA in den 1950er Jahren entwickelt. Besonders interessant ist dieser Ansatz deshalb, weil er individuelle und interaktive Aspekte miteinander verbindet. Die Konzepte werden zudem so anschaulich vermittelt, dass auch Nicht-Fachleute ihre erlebte Wirklichkeit reflektieren, analysieren und bei Bedarf verändern können. Daher eignet sich dieser Ansatz besonders auch für psychoedukative Erfordernisse in der HPT (sowie im Bereich der Kinder- und Jugendpsychotherapie). So lassen sich beispielsweise die Grundannahmen nicht nur anwenden, sondern auch kognitiv gut vermitteln.

> **Die Grundlagen bzw. Grundannahmen der Transaktionsanalyse (Schuldt 2014)**
>
> - Der Mensch ist von Geburt an okay.
> - Er strebt nach Wachstum und Autonomie im Spannungsfeld zur Endlichkeit.
> - Er ist existenziell angewiesen auf die Befriedigung seiner Grundbedürfnisse nach Anerkennung/Achtung, Stimulation, Struktur.
> - Er war und ist fähig zu Entscheidungen und Veränderungen.
> - Beziehung/Bindung ist existenziell.
> - Die Vergangenheit beeinflusst die Gegenwart.

Auf der individuellen Ebene werden in der Transaktionsanalyse zunächst – ähnlich wie im psychodynamischen Ansatz – drei Ich-Zustände unterschieden, die sich in den ersten sechs Lebensjahren entwickeln und damit die Grundlage von Transaktionen eines Menschen in seinen Interaktionen darstellen. Früher wurden der Entwicklung der Ich-Zustände bestimmte Lebensjahre zugeordnet. Heute geht man davon aus, dass sie sich kontinuierlich von Geburt an in Korrespondenz mit äußeren Einflüssen (Beziehungserleben) ausformen. Veranschaulicht werden die Ich-Zustände durch drei übereinanderliegende Kreise (▶ Abb. B6.1).

Die Kind-Ich-Zustände (unterer Kreis) repräsentieren die in der frühen Biografie erworbenen Muster im Denken, Fühlen und Handeln. So steht beispielsweise bei einer Zwangssymptomatik »das Bedürfnis nach Sicherheit/Kontrolle […] im Vordergrund, bestimmt das Verhalten und reguliert die Beziehungsgestaltung. Ein Zugang zu anderen Persönlichkeitsseiten des inneren Kindes – etwa dem Bedürfnis

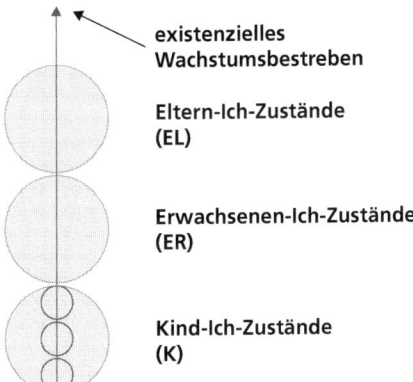

**Abb. B6.1:** Grundmodell der Transaktionsanalyse

nach Unbefangenheit – wird aus Angst vor Chaos und Bestrafung ausgeblendet« (Schuldt 2014, S. 24). Die Eltern-Ich-Zustände (oberster Kreis) repräsentieren die von den Eltern (die ja wiederum die Normen und Werte der Gesellschaft weitergeben) und wichtigen Bezugspersonen übernommenen Handlungs- und Bewertungsmodelle, die sich strukturell auf das innerpsychische Erleben auswirken. Die Erwachsenen-Ich-Zustände (mittlerer Kreis) repräsentieren die aus diesen unterschiedlichen Erfahrungen und Anforderungen selbst entwickelten und selbst entschiedenen Aspekte der Persönlichkeit, welche in den jeweils aktuellen bio-psycho-sozialen Prozessen wirksam werden.

In der Transaktionsanalyse wird zwischen Strukturanalyse, Kommunikations- bzw. Transaktionsanalyse (im engeren Sinn), Skriptanalyse und Spiel- bzw. Racketanalyse unterschieden, die je nach zu bearbeitender Problematik den Fokus in der Arbeit bilden.

## Strukturanalyse

In der sog. *Strukturanalyse* geht es darum, auf welcher der strukturellen Ebenen (s. obiges Grundmodell) ein Mensch in bestimmten Situationen sein Handeln entfaltet. Dabei wird auf die *klaren Grenzen zwischen diesen Einheiten* geachtet, die für Gesundheit der Persönlichkeit wichtig sind: Bei zu großer Durchlässigkeit kann es zu sog. »Trübungen« kommen: Das Erwachsenen-Ich wird dann durch das Eltern-Ich und/oder das Kind-Ich überlagert. Das zeigt sich z. B. darin, dass der Erwachsene andere z. B. übermäßig belehrend und normativ behandelt und »glaubt«, dies sei in der aktuellen Situation eine erwachsene Haltung. Sind die Grenzen zu starr, kommt es zu sog. »Abspaltungen«. Der Mensch handelt nicht mehr als integrierte Ganzheit, sondern sein »Kind-Ich« – mit seinen spontanen, kreativen, spielerischen und bedürftigen Seiten – kommt nicht mehr zum Vorschein (obwohl es dennoch strukturell vorhanden ist).

Beide Fehlentwicklungen entstehen in der frühen Kindheit aufgrund der versagten Befriedigung eines oder mehrerer Grundbedürfnisse und der Notwendigkeit, diese auf andere Weise zu befriedigen – so führt übermäßige Ausweitung eines Ich-Zustands zur Trübung der anderen, die Unterdrückung zur Abspaltung. Zentralstes Grundbedürfnis ist das nach Zuwendung.

## Kommunikationsanalyse

Im *Kommunikationsmodell* (bzw. Funktionsmodell) der Transaktionsanalyse wird der Austausch von Botschaften zwischen den verschiedenen Ich- Zuständen zweier Partner auf der Handlungsebene betrachtet und dabei zwischen parallelen, überkreuzten und verdeckten Transaktionen unterschieden.

## Skriptanalyse

Typische, immer wiederkehrende Transaktionsmuster werden als Ausdruck von eingelernten Rollen-»Spielen« verstanden, denen ein bestimmtes Lebensdrehbuch (eben das »Skript« – in Ähnlichkeit zur Individualpsychologie von A. Adler) zugrunde liegt. So könnte etwa das Muster »ich ziehe mich lieber von Kontakten zurück, als mich der Gefahr auszusetzen, mich für geäußerte Wünsche schämen zu müssen« als ein früh gebildetes Teil-Skript verstanden werden, um den bedrohten Selbstwert zu schützen.

## Spielanalyse

Sehr typische, meist mit verdeckten Transaktionen operierende Spielabläufe, die zudem eher dysfunktional und sozial wenig konstruktiv sind, wurden durch Berne (2002) anhand von 36 verschiedenen Hauptspielen beschrieben. Diese Kategorisierungen werden heute aber kritisch gesehen, weil dabei zu sehr pathologische und zu wenig Überlebensstrategien im Fokus stehen. Berne unterscheidet dabei zwischen »Operationen« und »Manövern«: Eine »Operation« ist zwar auch eine starre Folge von Transaktionen, doch wird daraus ein »Manöver« – d.h. ein »Schachzug« in einem Spiel –, wenn dies zum Nachteil dessen eingesetzt wird, der auf die Operation eingegangen ist.

Die Transaktionsanalyse wird weltweit (Europäische und internationale Gesellschaften für Transaktionsanalyse) mit einheitlichen Standards und Prüfungsverfahren wissenschaftlich evaluiert. Ihre Konzepte werden aufgrund der Praxistauglichkeit von anderen Therapieformen herangezogen oder abgewandelt; sie dienen ebenfalls der Vermittlung von Grundkompetenzen zur Wahrnehmung zwischenmenschlichen Handelns.

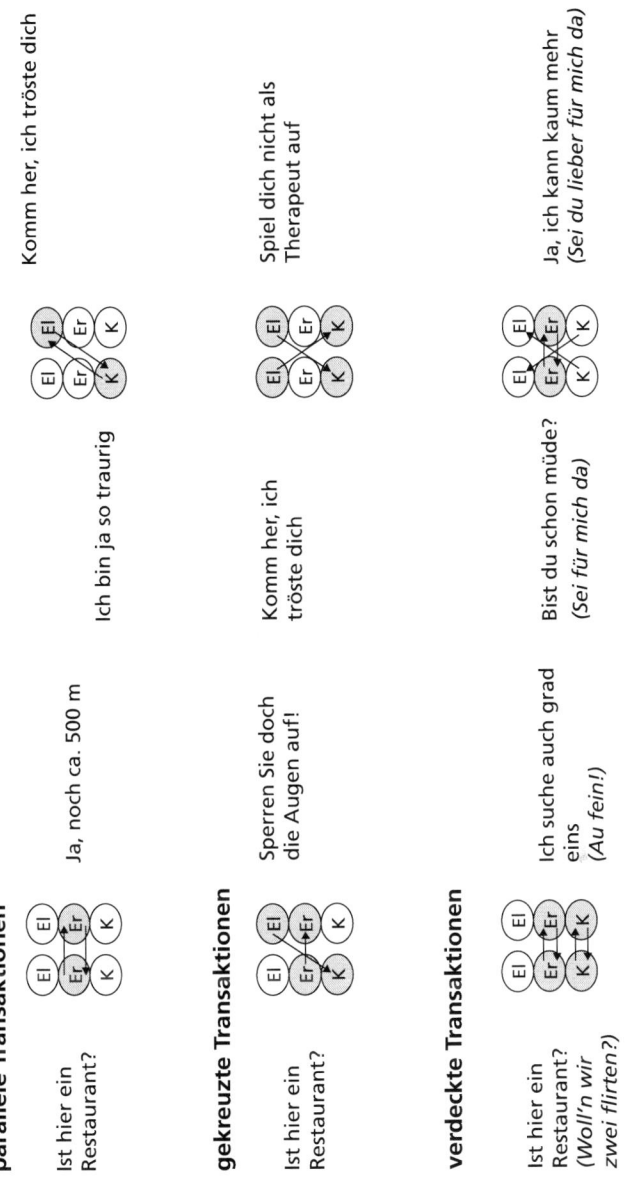

**Abb. B6.2:** Typische Transaktionen (nach Kriz 2023, S. 103)

## B6.2 Zentrale Beziehungen der Transaktionsanalyse zur HPT insgesamt

Obwohl das direkte Konfrontieren der Patient:innen mit ihren aufgedeckten Mustern für die Transaktionsanalyse typisch ist, geschieht dies in der typischen auf Gleichwertigkeit beruhenden Grundhaltung der HPT: Es handelt sich somit um ein verstehendes Aufdecken im Prozess des Erspürens und Spüren-Lassen des Erlebens im Hier und Jetzt und nicht um distanzierendes Deuten durch die Therapeut:innen. Wegen des o. a. Grundmodells (▶ Abb. B6.1) wurde die Transaktionsanalyse früher oft der psychodynamischen Grundorientierung zugeordnet. Zumindest in Deutschland hat sich die überwiegende Mehrheit ihrer Anwender inzwischen jedoch für die humanistische Grundorientierung ausgesprochen – auch durch die formale Anbindung der Deutschen Gesellschaft für Transaktionsanalyse (DGTA mit rd. 2000 Mitgliedern) an die AGHPT.

Daher werden in der Arbeitsweise der Transaktionsanalytiker mit ihren erlebnisorientierten Rollenspielen, Inszenierungen alter Skriptmuster, dem verstehenden Konfrontieren dysfunktionaler Erlebensmuster, der Arbeit mit Metaphern usw. auch Vorgehensweisen der HPT aus den anderen Ansätzen mit eingesetzt. Umgekehrt ist der Blick auf die Verbindung zwischen inneren Konflikten in Verbindungen mit dem Strukturmodell und deren äußeren (oft problematischen) Umsetzungen in Form von typischen Transaktionen auch für die anderen humanistischen Ansätze interessant. Hierzu trägt bei, mit dem leicht verständlichen Grundmodellmodell und der Veranschaulichung von problematischen Transaktionen (▶ Abb. B6.1, ▶ Abb. B6.2) psychoedukativen Verstehens- und Erklärungsbedürfnissen nachkommen und so ein ressourcenorientiertes Vorgehen unterstützen zu können (Kessel et al. 2021, Sejkora und Schulze 2021).

## B6.3 Empfehlenswerte, weiterführende Literatur

Hagehülsmann, H. (Hrsg.) (2011). Beratung zur Lebensbewältigung: Die Kunst transaktionsanalytischer Beratung. Vielfalt in Theorie und Praxis. 2 Bände. Paderborn: Junfermann

Hagehülsmann, U. (2006). Transaktionsanalyse – Wie geht denn das? Transaktionsanalyse in Aktion. Paderborn: Junfermann

Hennig, G., Pelz, G. (2022). Transaktionsanalyse. Lehrbuch für Therapie und Beratung. Paderborn: Junfermann.

Jecht, G., Kauka, E. (Hrsg.) (2017). Spielerisch arbeiten. Transaktionsanalytische Therapie mit Kindern und Jugendlichen. Paderborn: Junfermann 2017

Jecht, G., Perlz, G. et al. (2022). Transaktionsanalyse. Weinheim: Beltz

# B7 Existenzanalyse und Logotherapie

## B7.1 Abriss der Grundkonzeption

Statt von »Existenzanalyse und Logotherapie« – wie dieses Kapitel lautet – wurde in früheren Zeiten vorwiegend von »Logotherapie und Existenzanalyse« gesprochen (die Reihenfolge der beiden Begriffe also umgekehrt). Auch die deutschsprachigen Verbände verwenden (noch) »Logotherapie und Existenzanalyse«. Inzwischen ist der existenzanalytische Aspekt aber weit umfassender und differenzierter ausgearbeitet worden als die spezifischere und eher historisch bedeutsame Logotherapie. Letztere geht auf Viktor Frankl zurück und stellt die »Selbstbestimmung des Menschen aufgrund seiner Verantwortlichkeit und vor dem Hintergrund der Sinn- und Wertewelt« (Frankl 1990, S. 230) ins Zentrum der Betrachtung. Den Begriff »Logos« verwendete Frankl, wie in der Philosophie üblich, zur Beschreibung von »Sinn« (Heidegger z. B. spricht von der »Logoshaftigkeit« der Existenz). Als theoretischen Hintergrund und anthropologische Basis für die Logotherapie verwendete Frankl jedoch bereits gelegentlich den Begriff »Existenzanalyse«.

### »Noogene Neurose« als Leiden an der Sinnlosigkeit

Eines der Hauptprobleme, denen sich Frankl in der Logotherapie widmet, ist die »noogene Neurose« – das Leiden am sinnlosen Leben (so der Titel von Frankl 1978). Dabei geht es nicht nur um Entwicklungs- und Lebenskrisen, sondern auch um Phobien, Depressionen, Zwänge, Süchte usw., sofern ihnen ein solches »existenzielles Vakuum« zugrunde liegt. In Bezug auf anders begründete Neurosen stimmte Frankl eher mit der klassischen psychiatrischen Sicht überein. Frankl betonte aber, dass nicht nur physische und psychische Motive (also Grundbedürfnisse und Wohlbefinden sowie Spannungsfreiheit) den Menschen in seinem Erleben und Handeln leiten, sondern auch geistige Motive, wie das existenzielle Streben nach Sinn, Werten, Glaube, Liebe, Freiheit, Verantwortung etc. Die Logotherapie gibt dem Leben der Patient:innen keinen Sinn; vielmehr wird der Prozess bei den Klient:innen unterstützt, diesen selbst zu finden. Wichtig ist zu entdecken, dass sich der persönliche Einsatz für bestimmte Inhalte lohnt. Denn selbst unter schlechten Bedingungen (sozial, ökonomisch oder körperlich) kann ein Sinn im Leben gefunden werden – und sei es nur, im Extremfall, das Schicksal mit Würde zu ertragen und Leid zu bewältigen.

## Erweiterung durch Längle zur »Personalen Existenzanalyse«

Seit den 1980er Jahren wurde die Perspektive der Logotherapie durch Alfried Längle auf eine wesentlich breitere Basis gestellt, was die Behandlung eines weiten Spektrums psychopathologischer Störungen ermöglicht. Mit seiner »Personalen Existenzanalyse – (PEA)« verschob und erweiterte Längle (1993, 2021) den Fokus von der Sinnfrage auf personale Prozesse, mit denen der Mensch sein Sein im dialogischen Austausch mit der Welt vollzieht: Mit den drei prozessualen Kernaspekten der Person – *Eindruck*, *Stellungnahme* und *Ausdruck* – werden Offenheit, Selektivität und Interaktivität der menschlichen Existenz verwirklicht. Kolbe (2014, S. 31) beschreibt dies als Dreischritt der ressourcenorientierten Arbeit:

> **Die drei prozessualen Kernaspekte der Person**
>
> *Eindruck:* Nach einer Phase der Deskription, in der der Sachverhalt erhoben wird, geht es zunächst darum, den eigentlichen phänomenalen Gehalt einer Situation zu bergen, der oftmals hinter unmittelbaren Gefühlen und spontanen Impulsen verborgen liegt: Worum geht es mir eigentlich? Was macht mich betroffen?
>
> *Stellungnahme:* In einem nächsten Schritt geht es um die persönliche Positionierung angesichts der vielfältigen Gesichtspunkte, die es vor sich selbst und vor anderen abzuwägen und zu integrieren gilt: Das ist mir angesichts aller Aspekte wichtig. Dafür entscheide ich mich.
>
> *Ausdruck:* Im dritten Schritt geht es um das verantwortete Handeln, das die Situation im Blick hat und die Konsequenzen trägt: Dafür trete ich ein. Ich bin bereit, die Folgen zu tragen.

Diesen drei Aspekten entsprechen in der (kommunikativen) Außenperspektive *Ansprechbarkeit*, *Verstehen-Können* und *Antwort*. Auf diese Weise werden in der Existenzanalyse sowohl die von Frankl wenig einbezogenen Emotionen und Affekte grundlegend für die Arbeit als auch die lebensgeschichtlichen Zusammenhänge der Patient:innen und ihres Leidens betont.

Konzeptionell liegt der Arbeitsweise in der Existenzanalyse ein Strukturmodell mit vier Grundmotivationen zugrunde, die als Grunddimensionen menschlicher Existenz zu verstehen sind (Längle 2021).

> **Die vier Grundmotivationen bzw. Grunddimensionen der Existenzanalyse**
>
> 1. *Weltbezug:* Es geht um die Kernfrage: »Kann ich überhaupt in der Welt sein?«. Dazu muss Schutz, Raum und Halt geboten werden, ohne die kein Grundvertrauen als Basis für ein Dasein entwickelt werden kann. Man muss sich angenommen fühlen, um auch die Bedingungen eines eigenen Lebens so mitgestalten zu können, dass man »Ja zur Welt« sagen kann.

2. *Lebensbezug:* Hier geht es um die Kernfrage: »Mag ich leben?« über ein bloßes Vorhandensein hinaus. Dazu bedarf es Beziehung und Nähe zu anderen – sowie Zeit, um emotionales Berührtsein zu erfahren. Auf dieser Basis kann der Mensch Zuwendung geben und erhalten, woraus ein Wahrnehmen des Wertes erwächst, den die Situation und letztlich das Leben hat.
3. *Selbstbezug:* Hier geht es um die Frage: »Darf ich so sein, wie ich bin?« – d. h. um Selbstwahrnehmung und Abgrenzung, Ausbildung des Eigenen und Individualität, sowie um Wertschätzung von sich und anderen. Dazu bedarf es der Erfahrung von Respekt, Anerkennung und Wertschätzung durch andere, was ein »Ja zum Personsein« ermöglicht und als Basis für die eigene Stellungnahme und eine ethische Auseinandersetzung mit der Gemeinschaft darstellt.
4. *Sinnbezug:* Hier geht es darum, wo man sich in seinem Leben als gefragt erlebt: »Wofür soll und will ich leben?« Um Sinn zu finden, ist der Kontext des Handelns so zu gestalten, dass man selbst »Ja« dazu sagen, sein Tätigkeitsfeld darin ausfindig machen und sich auf einen Wert ausrichten kann, der durch einen selbst nun »werden« soll. Dieses Sich-Abstimmen mit den inneren und äußeren Anfragen ist die Basis für ein Grundgefühl von »Eingebettet-Sein«, das dem Dasein einen existenziellen Sinn gibt.

## Vorgehensweise

Schon in der klassischen *Logotherapie* von Frankl – die aus heutiger Sicht stark auf Problematiken und Symptome im Zusammenhang mit der 4. Grundmotivation fokussiert – wurde ein breites Spektrum an Vorgehensweisen eingesetzt.

So dienen z. B. in »Sinnfindungsgesprächen« (vgl. Längle 1988) oder im »sokratischen Dialog« geschickte Fragen dazu, bestimmte Positionen der Patient:innen zu hinterfragen. Die Technik der »Dereflexion« wird bei »Hyperreflexion« eingesetzt, bei der bestimmten Phänomenen, besonders im Zusammenhang mit psychosomatischen Funktionsstörungen und Ängsten, übermäßige Aufmerksamkeit geschenkt wird. Es geht dabei darum, die Symptome zu ignorieren. Hingegen wird dort, wo die Erwartungsangst erst das Symptom, vor dem sich der Patient fürchtet, hervorruft, die Technik der »Paradoxen Intention« eingesetzt: Dabei sollen die befürchteten Symptome quasi »herbeigewünscht« werden. Vieles davon hat die Verhaltenstherapie inzwischen übernommen – allerdings eher als Tools, während Frankl betonte, dass gute Therapeut:innen auf der Basis dieser Prinzipien situationsgerecht improvisieren.

Die heutige Existenzanalyse, die sich einem umfassenderen Störungsspektrum widmet, arbeitet sowohl problem- und trauma- als auch ressourcenorientiert. Für den o. a. Dreischritt in der Arbeit wurde ein umfangreiches Spektrum spezifischer Themen und Fragen entwickelt. So ist z. B. für die existenzanalytische Gesprächsführung und Prozesssteuerung die Abfolge von sechs Klärungsbereichen typisch, die sich mit folgenden Leitfragen charakterisieren lassen (Kolbe und Dorra 2020):

> **Die sechs Klärungsbereiche der existenzanalytischen Gesprächsführung und Prozesssteuerung**
>
> 1. *Sachverhalt:* Was ist los? Worum geht es?
> 2. *Erleben zum Sachverhalt:* Wie geht es Dir damit? Wie ist das für Dich?
> 3. *Phänomenaler Gehalt:* Was ist es, was Dich so bewegt? Worum geht es Dir im Grunde?
> 4. *Primäre Position:* Was ist Deine Meinung bezogen auf diesen Dir wesentlichen Aspekt?
> 5. *Integrierte Position:* Welche Meinung hast Du, wenn Du diesen Aspekt bezogen auf alle wesentlichen Aspekte insgesamt bedenkst?
> 6. *Handlung:* Was willst Du tun? Was brauchst Du dazu?

Im Kern geht es darum, in der psychotherapeutischen Arbeit die Lebensumstände des Menschen gemeinsam mit ihm auf lebenswerte Möglichkeiten hin zu erkunden. Das, was als »Hindernisse« oder »Defizite« gesehen wird, lässt sich anhand des Strukturmodells so bearbeiten, dass eine innere Zustimmung zum eigenen Handeln (Längle 2021) erreicht werden kann. Darin wird eine wesentliche Realisierung der »existenziellen Freiheit« gesehen.

# B7.2 Zentrale Beziehungen der Existenzanalyse und Logotherapie zur HPT insgesamt

Im Menschenbild der HPT spielen existenzielle Aspekte und Fragen eine zentrale Rolle. Sowohl die von Frankl schon in den 1940er Jahren eingebrachte Sinn-Frage als auch die o. a. vier Grunddimensionen bzw. -motivationen menschlicher Existenz haben daher – freilich nicht in dieser expliziten und systematischen Form – in der Ausdifferenzierung der unterschiedlichen Ansätze der HPT als gemeinsame Basis gedient. Seit dem starken (auch formellen) Zusammenwachsen dieser Ansätze im Rahmen der AGHPT und dem gegenseitigen Austausch – u. a. durch gemeinsame Kongresse und Falldiskussionen – wird auch auf die explizite Formulierung der Grunddimensionen stärker Bezug genommen.

Die Sinnorientierung in der psychotherapeutischen Arbeit, d. h. die Unterstützung von Veränderungsprozessen dahingehend, dass ein sinnvolles, in Freiheit und Verantwortung gestaltetes Leben geführt werden kann, ist ein Wesensmerkmal aller Ansätze der HPT. Als phänomenologisch orientierter Ansatz, für den eine empathische, kongruente und wertschätzende therapeutische Beziehung zentral ist, bildet die Existenzanalyse fraglos einen der Pfeiler der HPT.

## B7.3 Empfehlenswerte, weiterführende Literatur

Frankl, V.E. (1987). *Logotherapie und Existenzanalyse. Texte aus fünf Jahrzehnten.* München: Piper
Kolbe, C., Dorra, H. (2020). *Selbstsein und Mitsein. Existenzanalytische Grundlagen für Psychotherapie und Beratung.* Gießen: Psychosozial-Verlag
Längle, A. (2013). *Lehrbuch zur Existenzanalyse – Grundlagen.* Wien: facultas
Längle, A. (2021). *Existenzanalyse und Logotherapie.* Stuttgart: Kohlhammer
Längle, A. (Hrsg.) (2000). *Praxis der Personalen Existenzanalyse.* Wien: facultas

# B8 Körperpsychotherapie

## B8.1 Abriss der Grundkonzeption

Die große Bedeutung unseres körperlichen Geschehens nicht nur für somatische, sondern auch für psychische und interpersonelle Prozesse ist in den letzten Jahrzehnten zunehmend durch die Säuglingsforschung, Entwicklungspsychologie sowie Neurowissenschaften und Hirnforschung bestätigt worden. Daher spielen körperpsychotherapeutische Aspekte in allen psychotherapeutischen Grundorientierungen eine beachtliche Rolle. Historisch wird der Freud-Schüler Wilhelm Reich (1897–1957) als ein wichtiger Begründer gesehen, da seine »Vegetotherapie« mit dem Fokus auf die vegetative Lebendigkeit des Menschen eine neue Qualität gegenüber der Psychoanalyse Freuds darstellt. Reich beschrieb den Zusammenhang zwischen psychischen Abwehrstrukturen im Sinne der Psychoanalyse – sog. »*Charakterpanzer*« – und typischen muskulären Verspannungen, die zu charakteristischen Erstarrungen in Haltung und Ausdruck führen – sog. »*muskuläre Panzer*«. Letztere enthalten die »erstarrte Lebensgeschichte« eines Menschen, »die funktionelle Summe aller vergangenen Erlebnisse.« Reich ging somit von der Verschränkung psychischer und körperlicher Prozesse aus, wobei die Lockerung oder Lösung von muskulären und vegetativen Blockaden psychosomatisch zu sehen ist und die bisher abgespaltenen und verdrängten Gefühle freisetzt. Grundkonflikte in frühkindlichen Entwicklungsphasen, besonders die Abwehr starker Wunschimpulse, manifestieren sich dabei so, dass die Panzerung vor allzu starken Affekten und Gefühlen schützt.

Diese körperbetonte aber ganzheitliche Sichtweise auf menschliche Lebensprozesse, die Reich bereits zu einem Vorläufer der HPT macht (vgl. Thielen 2014a), ist in etlichen Ansätzen konzeptionell und praktisch weiterentwickelt und modifiziert worden. So entwickelte Reichs Schüler Alexander Lowen die *Bioenergetik*, wobei er Reichs Typologie von Charakterstrukturen erweiterte und ein breites Spektrum fruchtbarer Übungen und Anweisungen für die konkrete therapeutische Arbeit hinzufügte. Weitere »neoreichianische« Richtungen sind u. a. *Biodynamik* (Gerda Boyesen) oder *Biosynthese* (David Boadella).

Zwei weitere spezifisch körperpsychotherapeutische Wurzeln gehen auf die Körperarbeit von Elsa Gindler (1885–1961) und Marianne Fuchs (1908–2010) zurück. Bei der sog. *Gindler-Arbeit* stehen bewegungs- und gymnastik-therapeutische Aspekte im Rahmen eines leibpädagogischen Ansatzes im Zentrum. Es geht um Selbsterfahrung des eigenen Körpers, bei der vor allem die Achtsamkeit für natürliche Bewegungsabläufe gefördert werden. Auf Fuchs geht die »*Funktionelle Entspannung*« zurück, in welcher der Arbeit am Atem besonderes Augenmerk geschenkt wird. Beide Ansätze sind als Bestandteil körperpsychotherapeutischer Arbeit in der deutschen stationären Psychotherapie gut vertreten. Thielen (2014a, S. 114) führt insgesamt ein Dutzend (Unter-)Richtungen auf, die er in »neoreichianische« und »wahrnehmungsbezogene« teilt.

Übergreifend liegt der Körperpsychotherapie der Fokus zugrunde, dass jeder Stress, sei er psychischer oder physischer Art (wobei diese Trennung eher willkürlich ist), im Körper Anspannungen verursacht. Nach Beseitigung des Stresses verschwinden diese allerdings normalerweise wieder. Bei lang andauerndem Stress jedoch – z. B. bei ungelösten emotionalen Konflikten, ständiger Frustration wichtiger Bedürfnisse usw. – werden diese Anspannungen chronisch. Sie schlagen sich als Muskelverspannungen bzw. vegetative Blockaden und Störungen im Körper nieder und sind ebenso typisch wie funktional im Hinblick auf bestimmte abzuwehrende Bedrohungen: So kann schon das kleine Kind über eine flache Atmung und Einschränkung des Ausatmens allzu heftige Gefühle von Trauer, Verzweiflung oder Wut abwehren. Muss es dies dauernd tun, wird die entsprechende Muskulatur chronisch verspannt.

Verspannungen stammen also aus jeweils spezifischen emotionalen Konflikten oder anderen, länger währenden Belastungen, die im Laufe des Lebens erfahren wurden. Da das Muskelsystem gleichzeitig die Körperhaltung bestimmt, führen solche charakteristischen Verspannungen somit zu typischen »Charakterhaltungen«, aus denen wiederum ein bestimmtes Erleben und Verhalten resultiert. So verhindert beispielsweise der entsprechende Muskelpanzer eine tiefere Atmung und damit das Erleben intensiver Gefühle von Traurigkeit.

Charakterstrukturen sind daher »eingefleischte« (durchaus auch wörtlich zu verstehen) kognitive und verhaltensmäßige Gewohnheiten. Diese sind weitgehend unbewusst, werden reflexartig täglich wiederholt und charakterisieren die körperliche wie geistige Stellung des Menschen zu sich, zu seiner Umwelt und zu den existenziellen Grundfragen des Lebens. Sie zeigen sich auch in einer entsprechenden Körperhaltung. Beispielsweise scheint die Schwerkraft depressive Menschen nach unten zu ziehen: Die Schultern sind nach vorne gezogen, der Kopf ist gesenkt u. a.

## Bedeutsamkeit von Atmung und Stimme

In diesem Zusammenhang ist es einleuchtend, dass aus bioenergetischer Sicht insbesondere Atmung und Stimme in die Körperarbeit mit einbezogen werden, denn eingeschränkte Atmung und schwache bzw. flache, tonarme Stimme hängen oft eng miteinander zusammen. Schon das Neugeborene beginnt seine Atmung mit dem ersten Schrei. Die Stimme ist eine wichtige Form von Vibration für den Körper: Anhand von »Schreien«, »Stöhnen«, »Seufzen« etc. wird deutlich, dass die Stimme nicht nur funktionell-kommunikativen Charakter hat, sondern auch notwendiges Mittel ist, Gefühle, ja die gesamte Person, in ihrer Ganzheit auszudrücken.

Entsprechend der oben berichteten Vielzahl an spezifischen (Unter-)Richtungen liegt es auf der Hand, dass das Gesamtspektrum an praktischen Arbeitsweisen in der Körperpsychotherapie recht umfangreich ist. Thielen (2014b) zählt fünf Gruppen auf, in die die verschiedenen Interventionen der Körperpsychotherapie unterteilt werden können:

> **Fünf unterschiedliche körperpsychotherapeutische Interventionen**
>
> 1. *Körperübungen ohne Berührung*
>    *Funktion:* zur Wahrnehmung der Körpersignale, des Körperempfindens, der Körpergrenzen, Affekte und Gefühle.
>    *Interventionen:* Achtsamkeits-, Erdungs-(Grounding), Zentrierungs-, Atemübungen, Übungen zur Körperselbstwahrnehmung u. a.
> 2. *Entspannungstechniken, Tiefen- beziehungsweise dynamische Entspannung*
>    *Funktion:* Tiefenentspannung, Aktivierung des Körpergedächtnisses und von Erinnerungen aus früher Kindheit
>    *Interventionen:* biodynamische Massagen, Fantasiereisen, Imaginationen, Atemtechniken u. a.
> 3. *Entladungstechniken*
>    *Funktion:* körperlichen, affektiven und emotionalen Ausdruck fördern, Katharsis
>    *Interventionen:* vegetotherapeutische, bioenergetische, biodynamische und andere Übungen und Techniken
> 4. *Halt gebende Interventionen*
>    *Funktion:* zur Herunterregulierung zu starker Affekte und Gefühle, zum Aufbau und zur Festigung von »Containment«.
>    *Interventionen:* direkte Berührung, zum Beispiel Hand des Therapeuten auf dem Rücken oder Bauch des Patienten, Kopfhalten, biodynamische Massagen u. a.
> 5. *Körperorientierte Rollenspiele (Biodrama)*
>    *Funktion:* in Kontakt mit unausgedrückten früheren Affekten und Gefühlen kommen, Systemisches verstehen.
>    *Interventionen:* Reinszenierung von Schlüsselszenen aus der Biografie mit besonderer Fokussierung auf die Körperprozesse

## B8.2 Zentrale Beziehungen des Körperpsychotherapie zur HPT insgesamt

Körperprozesse sind für die gesamten Lebens- und Erlebensvorgänge grundlegend. Der Organismus kann unter dieser Perspektive als eine Verkörperung des mentalen, emotionalen, sozialen und geistigen Lebens gesehen werden. Indem Körperpsychotherapeut:innen auch direkte Arbeit am Körper in Form von Übungen und u. U. auch Berührungen in die therapeutische Arbeit integrieren, fördern sie sowohl innere selbstregulative Prozesse als auch die angemessene Wahrnehmung der äußeren Realität. Den impliziten Prozessen menschlichen (Er)Lebens wird somit auch in der Körperpsychotherapie ein großer Stellenwert zugemessen, besonders mit Blick auf die Psychosomatik menschlichen Leidens (Clauer 2013, 2019).

Für die hohe Bedeutsamkeit der Körperpsychotherapie in der HPT lassen sich zwei Gründe anführen: Zum einen spielen, wie schon in Teil A herausgearbeitet, auch in den anderen Ansätzen der Organismus selbst sowie das Verhältnis zwischen organismischer und psychischer Aktualisierungstendenz eine fundamentale Rolle – etwa beim Konzept der »Inkongruenz«. Zum anderen dient jede Körperarbeit (jenseits reiner Massage) dazu, die Erfahrungen zu symbolisieren und ins Selbst zu integrieren. Dazu müssen diese besprochen und sinnvoll verstanden werden – genau das, worauf HPT den Fokus der Arbeit legt.

Dazu erfordert die zentrale Rolle von Emotionen, die in allen Richtungen der humanistischen Therapie zu finden ist, unmittelbar eine Einbeziehung des Körpers. Zumal es ja vor allem auch um die noch nicht oder nicht mehr symbolisierten Gefühle und organismischen Erfahrungen geht. D. h. im Zentrum steht strukturell organismisch gespeicherte Lebenserfahrung, die gerade nicht dem Bewusstsein zugänglich ist, sondern im impliziten Gedächtnis, in Hormonen oder in Muskelverspannungen sowie in vegetativen Störungen vorliegt. Ob diese Beziehung zum Körper dann »nur« durch empathisches Einfühlen und Ansprechen begleitet wird oder durch bestimmte fokussierende und emotionsaktivierende Vorgehensweisen, ist eine Frage der spezifischen Entfaltung des humanistisch-therapeutischen Potenzials an situationsangemessenen Vorgehensweisen. Dazu gehören auch die Möglichkeiten, durch Anleitung körperlicher Übungen direkt bestimmte Lebensprozesse (etwa die Art der Atmung) zu erfahren.

Es sei angemerkt, dass Teile der körperpsychotherapeutischen Verbände sich dem »tiefenpsychologisch fundierten« Verfahren zuordnen – was angesichts deren Etablierung im Krankenkassensystem (im Gegensatz zur HPT) gut nachvollziehbar ist.

## B8.3  Empfehlenswerte, weiterführende Literatur

Geuter, U. (2015). Körperpsychotherapie. Grundriss einer Theorie für die klinische Praxis. Berlin: Springer
Geuter, U. (2018). Praxis Körperpsychotherapie. 10 Prinzipien der Arbeit im therapeutischen Prozess. Berlin: Springer
Heinrich-Clauer, V. (Hrsg.) (2008). Handbuch bioenergetische Analyse. Gießen: Psychosozial-Verlag
Röhricht, F. (Hrsg.) (2011). Störungsspezifische Konzepte in der Körperpsychotherapie. Gießen: Psychosozial-Verlag
Thielen, M., v. Arnim, A., Willach-Holzapfel, A. (Hrsg.) (2018). Lebenszyklen – Körperrhythmen: Körperpsychotherapie über die Lebensspanne. Gießen: Psychosozial-Verlag
Weiss, H., Niemeyer, T. (2017). Handbuch der Körperpsychotherapie. Stuttgart: Thieme

# B9 Weitere konzeptuelle Ansätze: Gestalttheoretische Psychotherapie, Pesso Boyden System Psychomotor, Integrative Therapie

In diesem Kapitel, das Teil B abschließt, werden drei weitere Ansätze kurz referiert, die heute institutionell eher in Österreich eine Rolle spielen und dort sogar als Verfahren für die Behandlung von Patient:innen und somit auch für die Ausbildung von Psychotherapeut:innen wissenschaftlich anerkannt und staatlich zugelassen sind (▶ Kap. B9.1, ▶ Kap. B9.3) bzw. in Deutschland noch recht jung sind (▶ Kap. B9.2), jedoch gut in den Kontext dieses Buches passen, da sie wesentliche Merkmale der HPT berühren. Mehr als hoffentlich jeweils Interesse weckende Beschreibungen können aus Gründen des Umfangs dieses Buches nicht geleistet werden, weshalb hier auf die vertiefende Literatur verwiesen sei.

## B9.1 Gestalttheoretische Psychotherapie

Die Gestalttheoretische Psychotherapie bezieht sich explizit auf die Gestalttheorie der Berliner Schule (▶ Kap A4.4) und deren Konzepte. Zur weitgehend in den USA entwickelten Gestalttherapie (s. o.) gibt es besonders in den praktischen Vorgehensweisen Ähnlichkeiten, aber auch deutliche Unterschiede, die z. B. von Walter (1984, 2018) und Stemberger (2010, 2018b) herausgestellt werden. Ein wichtiger Aspekt ist dabei, dass die Gestalttheoretische Psychotherapie die erkenntnistheoretische Position des Kritischen Realismus (▶ Kap. A4.4) mit dem Blick auf klinische Prozesse nutzt, um den Fokus auf das Gleichgewicht in der Ich-Welt Beziehung zu richten (Stemberger 2002, 2018c, 2019).

Es geht also um die Unterstützung von Umstrukturierungsprozessen in der phänomenalen Welt (▶ Kap. A4) der Klient:innen, wozu erlebnisaktivierende und achtsamkeitsfördernde Vorgehensweisen (auch aus der Gestalttherapie und dem Psychodrama) zur Erhöhung der körperlichen und interaktiven Kommunikation ebenso wie die Arbeit mit Traumerinnerungen oder Fantasiereisen eingesetzt werden. Neben den Inhalten des therapeutischen Gesprächs wird auch auf Stimmlage, Sprechtempo, Mimik und Gestik, Atemmuster sowie die Körperhaltung geachtet. Dies wird durchaus auch psycho-edukativ durch konkrete Hilfestellungen und Anregungen flankiert – etwa um neue Sichtweisen eines Problems und verändertes Handeln auszuprobieren. Ziel ist es, leidvolle Beziehungsmuster so zu verändern, dass (wieder) selbstverantwortlich und kompetent gehandelt werden kann und die jeweiligen Anforderungen den Situationen entsprechend Berücksichtigung finden.

Die Grundprinzipien psychotherapeutischen Handelns, wie sie bereits in ▶ Kap. A4 als »Kennzeichen für die Arbeit am Lebendigen« vorgestellt wurden, sind hier besonders zentral (da diese Kennzeichen von dem Gestaltpsychologen Wolfgang Metzger 1952 formuliert wurden). Selbstaktualisierung und die Entfaltung inhärenter Möglichkeiten – in Adaptation an die Gesamtgegebenheiten der inneren und äußeren Bedingungen – und eine systemische Sichtweise der dynamischen Vernetzungen vielfältiger auf den Menschen wirkenden und von ihm ausgehenden Kräfte (die typische Sicht feldtheoretischer Konzeptionen) sind somit Leitkonzepte der Arbeit in diesem Ansatz.

In Deutschland wurde die Gestalttheoretische Psychotherapie als Heilbehandlung mit dem Psychotherapeutengesetz von 1999 faktisch ausgelöscht (u. a. gibt es keine Ausbildungsgruppen mehr). In Österreich ist diese staatlich anerkannte wissenschaftlich-psychotherapeutische Methode institutionell durch die »Österreichische Arbeitsgemeinschaft für Gestalttheoretische Psychotherapie – ÖAGP« mit entsprechendem Fachspezifikum vertreten.

## B9.2   Pesso Boyden System Psychomotor (PBSP) und »Feeling-Seen«

Pesso Boyden System Psychomotor (PBSP) wurde von Albert Pesso (1929–2017) auf der Basis seiner Erfahrungen als Tanzausbilder und Choreograph in New York entwickelt. Manchen Tänzern, die zunächst bestimmte Gefühlszustände nicht tänzerisch darstellen konnten, wurde der Ausdruck dadurch ermöglicht, dass andere eine entsprechende »Antwort« tanzten. Die dabei oft auftretenden heftigen Emotionen führten Pesso zu der Erkenntnis, dass die Blockierung von Bewegungen und die von Emotionen zusammenhängen und wie hilfreich es ist, wenn die lang ersehnten Reaktionen – z. B. »idealer Eltern« – als Rollenspiel vor dem äußeren und/oder inneren Auge erfolgen.

Die PBSP-Arbeit ähnelt somit dem Psychodrama (▶ Kap. B5). Sie fokussiert allerdings auf die explizite szenische Darstellung eben jener »ideal« reagierenden Bezugspersonen und richtet dabei besonderes Augenmerk auf fünf real missachtete elementare Bedürfnisse (real oder symbolisch): nach Platz, Nahrung, Unterstützung, Schutz und Grenzen. Wie auch in anderen Ansätzen der HPT wird der Symbolisierung von Gefühlen, die empathisch vom Therapeuten sehr kleinschrittig und sorgfältig erkannt und herausgearbeitet werden (sog. »Micro-Tracking«), eine zentrale Bedeutung beigemessen. Eine häufig vorkommende Problemstruktur hat nach Pesso damit zu tun, dass durch den Tod oder die Abwesenheit eines Elternteils (oder anderer signifikanter Personen) quasi »Leerstellen« im Rollengefüge der Familie bestehen (»Holes in Roles«, Pesso 2004). Da das Kind oft intuitiv versucht, diese Rolle auszufüllen – z. B. die des tröstenden Partners der Mutter – ist es überfordert und kommt mit seinen eigenen Bedürfnissen nicht zum Zug.

## Imagination idealer Personen und Szenen wirken als »Antidot« (Gegengift)

In der PBSP wird ein »Zeuge«, der die Gefühle sieht und benennt, als eine Art Kunstfigur eingefügt – etwa: »wenn es einen Zeugen gäbe, der hilft, Ihre Gefühle zutreffend zu benennen, dann würde er sagen: ›ich sehe, wie einsam Sie sich fühlen, wenn Sie sich daran erinnern, wie Ihr Vater starb‹«. Damit werden die Gefühle zusammen mit den relevanten Szenen und den handelnden Personen auf einer Art »innerer Bühne« der imaginierten Erinnerung in Szene gesetzt, was dann eben durch äußere Rollenspieler – sofern vorhanden – unterstützt und verstärkt werden kann. Auf dieser Bühne können dann auch die »idealen« Personen imaginativ auftreten. Der toxischen Erinnerung an verletzende Szenen aus der Biografie wird somit als ein »Gegengift« (»Antidot«) eine heilsame Szene imaginativ zur Seite gestellt – etwa ein »idealer Vater, der nicht gestorben wäre«. Bei hoher Affektivität des Erlebens hat dies einen hohen Erinnerungswert und steht hinfort dem Gedächtnis ebenso wie die reale Szene in aktuellen, belastenden Situationen zur Verfügung.

## »Feeling-Seen«

Ausgehend von diesem Grundansatz hat Michael Bachg (*1959) unter der Bezeichnung »Feeling-Seen« eine Vorgehensweise entwickelt, die sich insbesondere an Kinder und Jugendliche unter Einbeziehung ihrer Eltern richtet. Die Eltern sehen und erleben dabei, welche Gefühle ihre Kinder in Bezug auf bestimmte Ereignisse oder Situationen bewegen, wie eine andere Person damit umgeht und wie das Kind sich »ideal« verhaltende Eltern wünscht. Das meint nicht, dass dieses ideale Verhalten im realen Leben tatsächlich immer so geschehen kann und muss – jedoch, dass die Wünsche und Bedürfnisse des Kindes wahrgenommen werden. Zugleich fühlt sich das Kind vom Therapeuten und den anwesenden Eltern in seinen Gefühlen und Bedürfnissen gesehen.

Bachg hebt hervor, dass außer belastenden Erfahrungen auch die Neigung und Fähigkeit von Kindern, Leerstellen im Rollensystem der Familie einzunehmen, zu Belastungen und Störungen führen können. Kinder werden dann z. B. zu Eltern ihrer Geschwister oder zum Partnerersatz ihrer Eltern und damit überfordert. Das sorgfältige »Micro-Tracking« der Gefühle und Bedürfnisse von Feeling-Seen machen es möglich, entsprechend dem »Holes-in-Roles«-Modell die Übernahme fremder Rollen durch ein Kind zu erkennen und diese Rollenstruktur zu modifizieren. »Feeling-Seen« dient der Förderung der Emotionsregulation und der Beziehungsfähigkeit, ermöglicht die Modifikation innerer Modelle von Bindung und trägt zur Deeskalation von Konflikten mit und zwischen Kindern und Jugendlichen bei. In der Bedeutsamkeit der Beachtung des Subjektstatus der Betroffenen bezieht sich »Feeling-Seen« auf die Personzentrierte Systemtheorie (Kriz 2017a).

## B9.3  Integrative Therapie (Petzold et al.)

Die »Integrative Therapie« wird der HPT zugerechnet, versteht sich selbst aber methoden- und ansatzübergreifend. Dies schon deshalb, weil bereits in den Anfängen, ab 1972, Hilarion Petzold (*1944), Johanna Sieper (1940–2020) und Hildegund Heinl (1919–2005), später auch Ilse Orth (1936*), das »Fritz Perls Institut« (FPI) mit vier Ausbildungssträngen gründeten: Gestalttherapie, Therapie mit kreativen Medien, Integrative Leib- und Bewegungstherapie sowie Soziotherapie.

Der Mensch wird in der Integrativen Therapie explizit als »Körper-Seele-Geistwesen in sozialem und ökologischem Umfeld« gesehen. Entsprechend achten Therapeut:innen auf körperlich-somatische Aspekte (z. B. wie jemand sitzt und atmet), auf Befindlichkeiten, Grundstimmungen, Emotionen (also die seelisch-psychischen Aspekte, auf kognitive Kompetenzen und Gewohnheiten (als Hinweise auf die geistigen Fähigkeiten), auf die sozialen Gegebenheiten (ist jemand bspw. einsam, hat er aktuelle soziale Konflikte usw.) und auf die ökonomisch-ökologische Gesamtsituation (z. B. Belastungen durch Armut, Wohnen an einer Ausfallstraße mit hohem Lärmpegel, Schulden).

Stärker als andere Ansätze der HPT bezieht die Integrative Therapie psychoedukative und sozialarbeiterische Aspekte mit in die Arbeit ein – von der (Er)klärung über ungesunden Lebensstil sowie maligne Lebens-, Handlungs- und Denkweisen bis hin zur Begleitung in angstvollen, jedoch miteinander abgesprochenen und als Zwischenziele vereinbarten Situationen (Sportprogramme und andere Herausforderungen). Ein Schwerpunkt liegt auf der Erfassung subjektiver Theorien über die Erkrankung und deren Heilungsmöglichkeiten, die zum einen mit den klinischen Befunden und Wissen über Krankheitsverläufe abgeglichen und zum anderen um Ressourcen und Potentiale erweitert werden.

Entsprechend dem breiten Spektrum integrierter Ansätze steht ein großes Reservoir an konkreten Vorgehensweisen zur Verfügung. Diese werden primär erlebnisaktivierend unter Einbeziehung von kreativen Medien sowie Köper-Bewegungstherapie, ressourcenorientiert und sehr spezifisch auf die Bedürfnisse und Möglichkeiten der einzelnen Patient:innen ausgerichtet eingesetzt.

## B9.4  Empfehlenswerte, weiterführende Literatur

Orth, I., Sieper, J., Petzold, H. G. (2014). Klinische Theorien und Praxeologie der Integrativen Therapie. Praxis
   der »Dritten Welle« methodischer Weiterentwicklung. In: Eberwein, W., Thielen, M. (Hrsg.). *Humanistische Psychotherapie. Theorien, Methoden, Wirksamkeit.* Gießen: Psychosozial Verlag. S. 279–314
Leitner, A., Höfner, C. (2020). *Handbuch der Integrativen Therapie.* Wien, New York: Springer
Bachg, M., Sulz, S.K.D. (2022). *Bühnen des Bewusstseins – Die Pesso-Therapie: Anwendung, Entwicklung, Wirksamkeit.* Gießen: Psychosozial Verlag

Höhne, C. (2009). *Feeling-Seen: Die Wirksamkeit von Feeling-Seen im Erstgespräch.* Gießen: Psychosozial Verlag

Schrenker, L. (2017). *Pesso-Therapie: Das Wissen zur Heilung liegt in uns.* Stuttgart: Klett-Cotta.

Kästl, R., Stemberger, G. (2011). Anwendungen der Gestalttheorie in der Psychotherapie. In: H. Metz-Göckel (Hrsg.) *Gestalttheoretische Inspirationen. Anwendungen der Gestalttheorie. Handbuch zur Gestalttheorie – Band 2.* Wien: Krammer, S. 27–70

Stemberger, G. (Hrsg.) (2002). *Psychische Störungen im Ich-Welt-Verhältnis. Gestalttheorie und psychotherapeutische Krankheitslehre.* Wien: Krammer

Stemberger, G. (Hrsg.) (2023). *Grundkonzepte der Gestalttheoretischen Psychotherapie.* Wien: Krammer

Walter, H.-J. (2018). *Gestalttheorie und Psychotherapie. Ein Beitrag zur theoretischen Begründung der integrativen Anwendung von Gestalttherapie, Psychodrama, Gesprächstherapie, Tiefenpsychologie, Verhaltenstherapie und Gruppendynamik. 4. Auflage.* Remscheid: Rediroma-Verlag

# C Das Ringen um eine angemessene wissenschaftliche Forschung in der Humanistischen Psychotherapie

# C1 Zur Unterscheidung zwischen behavioraler und humanistischer Forschungslogik

Gleich am Beginn dieses Buches, in ▶ Kap. A1, wurde die phänomenologische Haltung als unverzichtbarer Aspekt der Humanistischen Psychotherapie (HPT) betont. Für deren Beschreibung wurde, in diesem Kontext ausreichend, die moderat-praxisorientierte Version von Graumann (1988) gewählt. Da diese am Ende explizit auf die methodologische Konsequenz dieser Haltung eingeht, sei sie hier für die weiteren Erörterungen nochmals in Erinnerung gebracht.

Auf die Frage, was wir berücksichtigen müssen, wenn wir Gefühle und Handlungen erklären wollen, führt Graumann (1988, S. 539) unter Verweis auf Nuttin (1973) aus:

»Es genügt bei der Analyse von Verhalten nicht (wie es im behavioristischen Forschungsprogramm versucht wurde), es nur so aufzufassen, als stünde es unter der Kontrolle von physischen Stimulusbedingungen. Vielmehr gilt: ‚Verhalten ist eine sinnvolle Antwort auf eine Situation, die ihrerseits für das Subjekt Sinn hat. Diese sinnvolle Situation ist eine Konstruktion des Subjekts' (Nuttin 1973, S. 175 f) bzw. soziale Konstruktion von mehreren Subjekten, die – in sozialer Interaktion stehend – ihre jeweilige Situation definieren […] bzw. aushandeln. Dass etwas für jemanden Sinn hat oder bekommt, wird also weder subjektiv aus der (Psyche der) Person noch objektiv aus der Sache erklärt, sondern aus der […] Person-Umwelt-Interaktion.«

In der Fassung im »Lexikon der Psychologie« (Graumann 2000) geht dieses Zitat wie folgt weiter:

»Die methodologische Konsequenz dieses Ansatzes […ist, dass …] die Psychologie aufgrund dieser subjektiven Bedeutungszuschreibung Interpretation in einem Maße einzubeziehen hat, das für die Naturwissenschaften nicht gilt.«

Die Betonung von »Interpretation« ergibt sich nicht allein daraus, dass die Forschenden bei der Beobachtung ihres Forschungsgegenstandes notwendigerweise interpretieren müssen. Das gilt auch schon, wenn physikalische oder chemische Abläufe bzw. Experimente betrachtet werden. Vielmehr geht es auch um jene Interpretationen, mit denen die Beforschten selbst das Geschehen deuten und für sich verstehen. Letzteres ist für Klinische Psychologie und Psychotherapie noch weit wichtiger als für andere psychologische Teildisziplinen. Denn es suchen ja gerade solche Menschen um Therapie nach, deren Beziehungen zur Welt (einschließlich zu sich selbst) von dem Konsens über die unhinterfragten Selbstverständlichkeiten der Alltagswelt in bestimmten Aspekten »verrückt« sind. Ihre Interpretationen – subjektive Krankheits- und Heilungstheorien, Deutungen des therapeutischen Geschehens und dessen Wirkungen, aber auch des eigenen Verhaltens und das der anderen usw. – sind untrennbar mit den Symptomen und dem therapeutischen Prozess verbunden.

Dass die phänomenologische Haltung – die als praxisorientierte Konsequenz des Menschenbildes der HPT gesehen werden kann – eine andere Forschungslogik erfordert als beispielsweise der Behaviorismus, lässt sich im (vereinfachenden) Kontrast prototypischer Vorgehensweisen erläutern.

## C1.1 Behaviorale Perspektive – am Beispiel operanter Konditionierung

In der streng behavioralen Perspektive der operanten Konditionierung (bzw. dem instrumentellen Lernen) ist ein »Verstärker« dadurch definiert, dass er verstärkt, d. h. dass er die Auftretenswahrscheinlichkeit oder Geschwindigkeit eines bestimmten Verhaltens erhöht. Da eine fundierte inhaltlich-substanzielle Therapietheorie fehlt, lässt sich eine bestimmte Vorgehensweise nur anhand von Outcomes begründen. Man muss beobachten und messen, wie oft bzw. wie schnell etwas ausgeführt wird.

Will man beispielsweise ein bestimmtes (wünschenswertes) Verhalten verstärken, so kann man es belohnen. Und der einzige Beleg dafür, dass diese Belohnung samt Vorgehensweise als »Verstärker« funktioniert, ist eben dieses Outcome. Das lässt sich entsprechend der Regeln experimenteller Vorgehensweise zur Untersuchung von (linearen) Ursache-Wirkungsrelationen in der Physik oder der Pharmaforschung durchführen – und es ist prinzipiell egal, ob man Menschen oder Tiere als Versuchsobjekte untersucht. Tatsächlich wurden die behavioralen Lerngesetze ja auch weitgehend durch Experimente an Tieren entwickelt.

Natürlich kann man zwischen primärer und sekundärer Verstärkung, zwischen materiellen, sozialen, symbolischen usw. Verstärkern unterscheiden – und auch zwischen unterschiedlichen Konzepten darüber, wie Reize, Reaktionen und ggf. weitere Konsequenzen miteinander verknüpft sind (vgl. z. B. Schermer 2013). Aber für unsere Frage ändert das prinzipiell nichts: Nur über Messung des Outcomes kann geprüft werden, ob etwas ein Verstärker war bzw. ob die Vorgehensweise funktioniert.

Entsprechend wird das anfangs noch nicht bzw. zu wenig vorhandene Verhalten (als »Defizit«) und/oder das stattdessen zu viel gezeigte Verhalten (als »Störung«, »pathologisches Symptom«), welches durch das wünschenswerte ersetzt werden soll, in seiner Häufigkeit bzw. Ausprägung über eine Skala gemessen und mit einer Normpopulation verglichen. Als Erfolg gilt, wenn das wünschenswerte und/oder das gestörte Verhalten sich von den Rändern dieser Verteilung in den »normalen« Bereich bewegt haben.

Ein solches Programm ist klar formuliert, in einem Manual beschreibbar und kann gut replizierbar im Vergleich mit Kontrollgruppen oder mit anderen Behandlungsformen untersucht werden. Diese Forschungslogik passt auch gut zu großen Teilen der medizinischen und pharmakologischen Untersuchungsdesigns.

## C1.2 Humanistisch-phänomenologische Perspektive – am Beispiel der Inkongruenz

Ein zentrales Konzept in der HPT, das mit Vorstellungen von bio-psycho-sozialer Krankheit bzw. Gesundheit verbunden ist, ist »Inkongruenz« bzw. »Kongruenz«. Unter Inkongruenz wird verstanden, dass Teile des organismischen Erlebens nicht im Selbst integriert und damit nicht symbolisierbar sind, was in Form diagnostizierbarer Symptome beobachtbar ist (▶ Kap. B.2). Dieses Konzept wird von allen Ansätzen der HPT geteilt, geht in der expliziten theoretischen Formulierung jedoch auf Rogers und den personzentrierten Ansatz zurück.

Dort steht dieses Konzept in einem strukturierten Netzwerk weiterer Konzepte, die im Kern Rogers »Theorie der Therapie« zur Natur des menschlichen Organismus ausmachen. Diese Therapietheorie ist zudem verbunden mit einer »Persönlichkeitstheorie«, »Theorie der zwischenmenschlichen Beziehungen« und einer Theorie der Gesundheit (»Theorie der vollentwickelten Persönlichkeit«, ▶ Abb. C1.1). Eine sehr knappe und prägnante Darstellung dieses theoretischen Netzwerkes wurde von Rogers 1959 im Auftrag der APA (American Psychological Association) verfasst – und umfasst immerhin rund 100 Druckseiten.[20] ▶ Abb. C1.1 gibt einen Eindruck vom Umfang und der Differenziertheit des theoretischen Netzwerkes. Auch wenn dieses hier nicht entfaltet werden kann, sollte deutlich werden, dass es in der HPT mit ein paar »Basisvariablen« nicht getan ist.

Wie lässt sich nun ein solches Konzept wie »Inkongruenz« und deren angestrebte Verringerung durch Psychotherapie empirisch erforschen?

Man kann die auf Inkongruenz zurückgehenden Beeinträchtigungen so operationalisieren, dass sich Tests mit normierten Skalen zur Bestimmung von Störungsvariablen einsetzen lassen. Schließlich soll Psychotherapie ja grundsätzlich der Verringerung solcher Symptomatiken dienen. Und natürlich wird dies auch gemacht – d. h. entsprechend der DSM- bzw. ICD-Diagnosen werden die gängigen Tests dafür eingesetzt. Anders würden die Krankenkassen die Therapie gar nicht bezahlen. Die zugrunde liegende Forschungslogik entspricht auch hier dem Experiment – einer Vorgehensweise also, in der Objekte Wirkungen ausgesetzt und deren Outcome(s) gemessen werden ▶ Kap. C2.1).

Neben der grundsätzlichen Unangemessenheit experimenteller Designs für die Forschung an Menschen zu Fragen, bei denen es auf die o. a. »subjektive Bedeutungszuschreibung« ankommt (▶ Kap. A7.1), geht ein solches Vorgehen an der Frage nach der »Inkongruenz« völlig vorbei. Es werden dabei – im Sinne der Diskussion in ▶ Kap. A6 – objektivistisch ausschließlich *Befunde* und keine *Befindlichkeiten* beachtet.

---

[20] Deutsch: Rogers, C.R. (2020): Eine Theorie der Psychotherapie. München: Reinhardt Verlag.

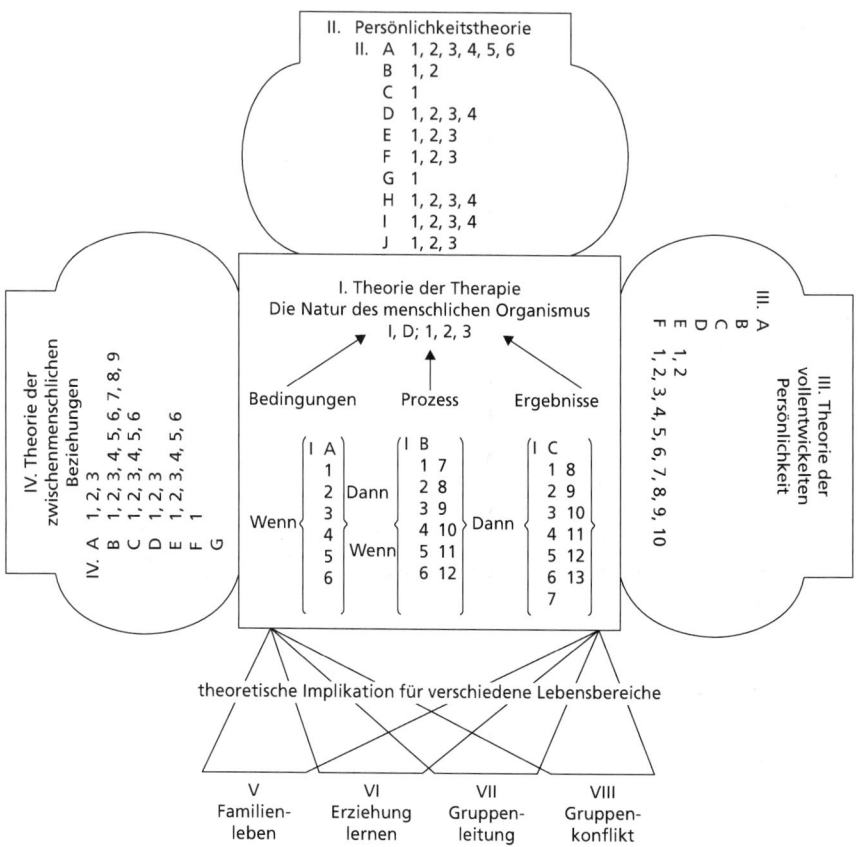

**Abb. C1.1:** »Die allgemeine Struktur unseres systematischen Denkens« nach Rogers (1959), die einen schematischen Überblick über die 100-seitige Synopse der Kernkonzepte gibt (Darstellung nach Rogers 1987, GwG Thema S. 19)

Da sich nicht-symbolisierte organismische Erfahrungen und deren Kongruenz mit dem Selbstbild für Forschungszwecke nicht feststellen lassen[21], muss zu Operationalisierungen gegriffen werden – wie es für die psychologische Forschung typisch ist. Bereits 1935 entwickelte der Physiker und Psychologe Stephenson (1935, 1953, 1988) ein Ratingverfahren, das unter einer phänomenologischen Perspektive auf die innere Erfahrung der Subjekte und ihre je eigene Perspektive gerichtet ist. Er bezeichnete diesen Ansatz als »Q-Sort«.

---

21 Bedacht sei, dass sich der Symbolisierungsprozess zwar nicht direkt für *Forschung* »objektiv« messen lässt, dieser jedoch sehr wohl – z. B. im Focusing – *therapeutisch* angeleitet, begleitet und gefördert werden kann.

## Die Methodologie des Q-Sort als ein adäquates Forschungsinstrument für subjektive Prozesse

Der Kern des sog. Q-Sorts besteht darin, dass ein Set von Items mit positiven und negativen Aussagen zu Befindlichkeiten und/oder Eigenschaften von einem Menschen dahingehend betrachtet und »beantwortet« wird, wie gut diese auf ihn zutreffen. Dies ähnelt zunächst den Standard-Tests bzw. Fragebögen. Allerdings wird dieses Vorgehen nun von ein und demselben Menschen unter unterschiedlichen Perspektiven wiederholt und die Ergebnisse miteinander korreliert. Diese Korrelationen werden einer Faktorenanalyse unterzogen. Methodologisch handelt es sich somit nicht um die übliche Faktorenanalyse, die als sog. R-Technik die Faktorenstruktur von Variablen beschreibt, sondern um die sog. Q-Technik, welche die Faktorenstruktur der »Sichtweisen« beschreibt. Da die auf Karten gedruckten Statements nach bestimmten Regeln sortiert werden müssen, nannte Stephenson diese Vorgehensweise »Q-Sort« und das entsprechende Set an Statements »Q-Set«. Im Gegensatz zu den üblichen Tests oder Fragebögen stellen die Daten, Korrelationen und Faktoren *intraindividuelle* Aspekte dar: sie stehen nicht im Vergleich zu anderen Personen oder einer Außennorm, sondern stellen nur für eine einzelne Person die Struktur ihrer unterschiedlichen (Bewertungs-)Perspektiven dar. Die Korrespondenz zwischen der Q-Sort-Methode und der Phänomenologie Husserls wurde bereits von Stephenson betont und ist z. B. aktuell von Gauttier und Liberati (2020) diskutiert und mit empirischen Daten untermauert worden. Seit 1978 gibt es für Forschungsarbeiten mit diesem Ansatz eine spezielle Zeitschrift: *Operant Subjectivity. The international journal of Q Methodology*.

Bereits um 1950 verwendete auch Rogers diese Methodologie, um die Veränderung von »Inkongruenz« zu untersuchen. Dazu entwickelte er mit seinen Mitarbeitern (Rogers und Dymond 1954) ein spezielles Q-Set von 100 Statements (»Ich bin liebenswert«, »Ich bin ein harter Arbeiter«, »Ich fühle mich oft erniedrigt« usw.). Die Patient:innen wurden gebeten, sich damit auf einer Skala von 1–9 ( von »gar nicht zutreffend« bis »sehr zutreffend«) zu beschreiben. Dabei sollten sie einmal die Perspektive einnehmen, wie sie sich gegenwärtig selbst sehen (Selbstbild), bei einer zweiten Sortierung danach, wie ihre Wunschvorstellung über sich selbst ist (Idealbild). Zum weiteren Vergleich wurden sie auch noch gebeten, die Karten so zu legen, wie sie glaubten, dass »ein normaler Mensch« sich selbst beschreiben würde. Rogers nannte dieses Vorgehen »SIO-Q-Sort« (von: »Self«, »Ideal«, »Ordinary« der Perspektiven).

In den Studien, die in Rogers und Dymond (1954) publiziert sind, wurde der SIO-Q-Sort jeweils zu Beginn, am Ende und während der Therapie erhoben. Neben Messung vor und nach der Therapie gab es weitere Datenerhebungen: sowohl vor einer Wartezeit von 60 Tagen, sowie nach einer Folgezeit von 6–12 Monaten – insgesamt also vier bis sieben Messzeitpunkte. Zudem gab es nicht nur eine Therapiegruppe und eine sauber parallelisierte Kontrollgruppe mit denselben Messinstrumenten und Zeitpunkten, sondern es wurden sogar der Wartezeiten-Effekt durch eine weitere Therapie- und Kontrollgruppe kontrolliert. Darüber hinaus wurden neben dem SIO-Q-Sort weitere Testbatterien verwendet sowie von sämtlichen Klienten Tonaufzeichnungen erstellt.

Kreuzkorrelationen zwischen den einzelnen Erhebungszeitpunkten geben z.B. Aufschluss darüber, wie weit sich Selbst-Ideal, Selbstbild und erinnertes Selbstbild einander annähern und was sich eher wie verändert – dies erlaubt Analysen im Sinne der heutigen Prozessforschung. Insgesamt sind in Rogers und Dymond (1954) 13 Teilprojekte publiziert. Das Niveau dieser Studien dürfte den größten Teil auch heutiger »evidenzbasierter« Forschungsstudien im Spektrum der drei Grundorientierungen (bzw. »Richtlinienverfahren«) übertreffen. Es sei auch darauf hingewiesen, dass die Verwendung von Kontroll- und Wartegruppendesigns, von Parallelisierung, von mehreren Messzeitpunkten, und die Analyse mittels Kreuzkorrelationen von Rogers und seinem Team überhaupt erstmals in die Psychotherapieforschung eingeführt wurden. Wichtig ist auch nochmals der Hinweis, dass nicht nur mit dem Q-Sort die phänomenologische Perspektive auf die subjektiven Befindlichkeiten adäquat realisiert wurde, sondern dass durch die weitere Hinzuziehung eher »klassischer« Tests auch der Komplementarität zu den »objektiven« Befunden genüge getan wurde. Dies mag erklären, weshalb Rogers nicht nur durch seinen personzentrierten Ansatz, sondern auch durch seine Beiträge zur Psychotherapieforschung in den USA und international eine hohe Reputation besaß.

> **Zum Impact von Rogers Forschung**
>
> Rogers selbst beschreibt seine eigene Forschung so: »Dieses Verfahren hat es den Forschern [...] ermöglicht, subtile phänomenologische Wahrnehmungen in objektive verwertbare Daten umzusetzen« (Rogers 1983c/2016, S. 242). Allerdings hatte er mit seinen Aufzeichnungen und Analysen von Therapiegesprächen, die zu der Ausarbeitung seiner »Bedingungen für eine konstruktive Therapeutische Beziehung« führten, auch schon früher in einer Reihe von Arbeiten Grundsteine der empirischen Psychotherapieforschung gelegt. So wird bereits im Jahrbuch von 1950 der *Encyclopedia Britannica* Rogers Forschung wie folgt aufgeführt und gekennzeichnet: »Diese ersten Schritte Rogers, seine Methode der nicht-direktiven Therapie wissenschaftlicher Testbarkeit zugänglich zu machen, sind ein Meilenstein für die Klinische Psychologie« (Übers. J.K.).
>
> Das Ausmaß von Rogers empirischen Forschungsprojekten lässt sich daran ermessen, dass er als Professor in Chicago (1945–1957) über 650.000 \$ externer Fördermittel diverser Stiftungen einwarb – eine für damalige Verhältnisse unerhörte Summe. Als er Chicago 1957 verließ, gab es bereits rund zweihundert empirische Untersuchungen zur Personzentrierten Psychotherapie. Für sein Forschungsprogramm zur Schizophrenie-Behandlung mit der Personzentrierten Psychotherapie an der Universität Wisconsin (1957–1963) warb er insgesamt nochmals mehr als eine halbe Million \$ ein.
>
> 1956 erhielt Rogers gemeinsam mit dem Gestaltpsychologen Wolfgang Köhler und dem Behavioristen Kenneth Spence den ersten Wissenschaftspreis (»Distin-

> guished Scientific Contribution Award«) der »American Psychological Association (APA)«. In der Begründung heißt es: »*... für die Entwicklung einer originellen Zugangsweise, um die Beschreibung und Analyse von Psychotherapieprozessen zu objektivieren, für die Formulierung einer testbaren Theorie von Psychotherapie und ihrer Effekte auf die Persönlichkeit und das Verhalten, und für extensive, systematische Forschung, um die Bedeutsamkeit der Methode zu zeigen und die Implikationen auf die Theorie zu untersuchen und zu überprüfen. Seine [...] flexible Anwendung wissenschaftlicher Methoden, mit denen er die sehr schwierigen Probleme im Zusammenhang mit dem Verständnis und der Veränderung des Individuums anging, haben diesen bedeutsamen psychologischen Bereich innerhalb der Grenzen der wissenschaftlichen Psychologie vorangetrieben.*« (Kirschenbaum und Henderson, S. 202, Übers. J.K.)
> Rogers galt in der wissenschaftlichen Community zuallererst als Empiriker, Methodiker und kreativer Forscher, auch wenn er 1972 zusätzlich noch den »Distinguished Professional Contribution Award« erhielt – die höchste Auszeichnung der APA für angewandte Psychologie (womit er der erste war, der *beide* Preise der APA erhalten hat).

Von den 1960er Jahren an wurden auch durch die Arbeiten der Rogers-Schüler Truax und Carkhuff zahllose weitere Untersuchungen zur Personzentrierten Psychotherapie angeregt (vgl. z.B. den Überblick in Truax und Carkhuff 1967). In Deutschland wurden ebenfalls ab 1970 sehr viele empirische Studien durch Reinhard Tausch (1973, siehe auch: Tausch und Tausch 1990) in der BRD sowie durch die Forschungsgruppe um Johannes Helm (1974) und Inge Frohburg (1974) in der DDR durchgeführt. Wobei angemerkt sei, dass in der DDR die Gesprächspsychotherapie als einzige Methode der Psychotherapie zugelassen war und im Rahmen des »Fachpsychologen für Medizin« praktiziert wurde, der heilberuflich den Ärztinnen gleichgestellt war.

## C1.3 Unterstützung von Essentials der HPT durch die experimentelle Verhaltenstherapie (VT)

Bemerkenswerterweise war es die experimentelle Verhaltenstherapie (VT)-Forschung selbst, welche die Relevanz einer phänomenologischen Perspektive – d.h. die Berücksichtig des sinngebenden Subjekts – gegenüber einer rein behavioristischen Perspektive belegte. Ein relevantes Beispiel geht auf die Frühphase der kognitiven VT in den 1960er Jahren zurück:

Meichenbaum (1979, S. 109 ff.) wollte die Effizienz des VT-Standardverfahrens (Wolpe und Lazarus 1966) zur Beseitigung von Schlangenphobien durch eine Erweiterung der Intervention (negative Verstärkung) um kognitive Anteile steigern. Es gab eine Versuchsgruppe (a), welche zu folgender Vorgehensweise angeleitet wurde (zur besseren Lesbarkeit weiblich gegendert):

1. Die Therapeutin präsentiert die Schlange.
2. Die Patientin sagt: »Sie ist widerlich, ich möchte sie nicht sehen.«
3. Die Therapeutin schaltet einen elektrischen Strafreiz ein.
4. Die Patientin soll sagen: »Ich entspanne mich, ich kann sie anfassen.«
5. Die Therapeutin schaltet als Belohnung den Strafreiz aus.
6. Die Patientin entspannt sich.

Meichenbaum war ein sorgfältiger Forscher und gab daher einer anderen Versuchsgruppe (b) als Kontrolle die Umkehrung von Bestrafung und Belohnung des Verhaltens vor – nämlich in der Reihenfolge der Schritte 1–4–3–2–5–6. Eigentlich müsste sich nach den klassischen Lerntheorien bei dieser Gruppe die Schlangenphobie erhöhen oder zumindest stabilisieren. Denn auf den Satz (2): »Sie ist widerlich, ich möchte sie nicht sehen« wurden die Patient:innen ja mit der Abschaltung des Strafreizes belohnt. Überraschenderweise waren jedoch beide Programme gleich wirksam (und beide waren wirksamer als das angeführte Standardprogramm). Ein zunächst völlig unerklärliches Ergebnis.

Durch Befragung fand Meichenbaum allerdings heraus, dass die Patient:innen der Gruppe (b) die Situation und vor allem diese Angst erzeugende Selbstanweisung (»Sie ist widerlich, ich möchte sie nicht sehen«) für sich einfach umgedeutet hatten. Es lief im Wesentlichen darauf hinaus, dass sie angaben: »Diese Worte zu sagen, bedeutet eigentlich: Schalte den Strafreiz aus!«

Die Relevanz dieses Experiments liegt darin, dass zwar die behavioralen Lerntheorien die »objektive Reizstruktur« der Interventionen beschrieben, welche die Experimentator:in vorgesehen hatte (und nach welcher die Phobie hätte verstärkt werden müssen). Dass aber die Patient:innen der zweiten Gruppe sich die Bedeutung der Struktur eigenständig umorganisierten und Teilen des Geschehens ihre je subjektive Deutung gaben: Diese subjektive Rezeptionsstruktur war es, die sich dann völlig anders auswirkte.

Diese Diskrepanz ist deshalb besonders bedeutsam, weil Meichenbaums Experiment zwar als prototypisch für Einsichten angesehen wird, welche die Veränderung von der klassischen zur kognitiven Verhaltenstherapie notwendig machten. Andererseits aber wird die zugrunde liegende Logik dieser Befunde bis heute offenbar nicht ernst genug genommen: Denn gerade die Verhaltenstherapie plädiert immer noch für ein manualisiertes Vorgehen – und zwar nicht nur im Rahmen von Forschung, sondern auch in der Praxis. Ein Manual aber fokussiert auf die Bedeutungen von Interventionssituationen, *so wie sie die VT-Forscher:innen bzw. die anwendenden Therapeut:innen verstehen und vorgehen*. Das Manual definiert also quasi einen Teil der Lebenswelt der VT-Forscher:innen bzw. Therapeut:innen. Hingegen kann im Manual natürlich nicht verzeichnet sein, *welche Bedeutung die jeweilige Patient:in den Aspekten des von ihr/m wahrgenommenen Geschehens gibt*. Das heißt, dass die oben bereits kurz angesprochene Eigenart der Lebenswelt der Patient:innen unberücksichtigt bleibt und stattdessen die der Wissenschaftler:innen bzw. Forscher:innen als »objektiv« und daher auch für den Patient:innen als »zutreffend« nur *unterstellt* wird.

Diese unreflektierte Unterstellung von Normativität und Objektivität ist im Hinblick auf den Gegenstand der Psychopathologie und Therapie deshalb besonders befremdend, weil diese ja gerade davon ausgeht, dass das Erleben, Wahrnehmen und Handeln »gestört« und damit von den Normen der Alltagsrealität ein Stück »verrückt« sind.

Obwohl Meichenbaums Untersuchung eine experimentelle Studie ist, zeigt sie die Grenzen solcher Studien auf, wenn diese – wie für Gruppe (a) – allein auf einer manualgetreuen, theoriekonformen Anwendung beruht und damit ungeprüft die Identität von Reiz- und Rezeptionsstruktur unterstellt. Erst wenn man die Lebenswelt der Subjekte und deren Rezeptionsstruktur mitberücksichtigt – wie für Gruppe (b) – lassen sich Fehldeutungen und Artefakte in der Forschung aufgrund dieser Einflüsse reduzieren.

Das zeigt, wie wichtig es ist, im Ringen um eine angemessene Psychotherapieforschung den experimentellen Ansatz auf den Prüfstand zu stellen.

# C2 Die experimentelle Logik für Psychotherapieforschung auf dem Prüfstand

## C2.1 Grundlogik des Experiments

Das zentrale Fundament, auf dem in den empirischen Wissenschaften der Geltungsanspruch von Aussagen beruht, ist das Experiment. Dieses basiert auf dem Grundschema, dass ein Untersuchungsgegenstand bestimmten Manipulationen ausgesetzt wird, die als »unabhängige Variable« (UV) bezeichnet werden. Die Reaktionen des Untersuchungsgegenstandes darauf werden an den Veränderungen von »abhängigen Variablen« (AV) registriert. Sofern man alle weiteren Einflüsse ausschalten kann, lässt sich diese Veränderung der AV als Funktion der UV verstehen, also: AV = f(UV).

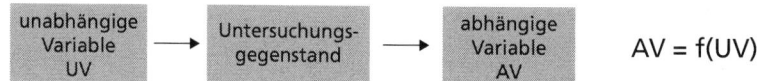

**Abb. C2.1:** Experimentelles Grundschema

In experimentellen Forschungsdesigns der Psychologie, Psychotherapie, Medizin und Pharmakologie (am Menschen) sind Untersuchungsgegenstände – je nach Nomenklatur – »Versuchspersonen« (Vpn), »Patient:innen«, »Untersuchungsteilnehmer:innen« (UT) usw. Gerade im Rahmen moderner Psychologie beziehen sich zahlreiche Fragen, die gestellt werden, auf einen sehr spezifischen, klar umrissenen Forschungsgegenstand, bei dem einzelne Wirkvariablen im psychologischen Labor gut isolierbar sind. Ein nicht unbeträchtlicher Teil der Reputation der Psychologie als Wissenschaft beruht auf einer überwältigenden Fülle an Befunden zu Fragen über menschliche Wahrnehmung, Lernen, Gedächtnis, Denken, Sprache usw., die ganz überwiegend durch eine experimentelle Herangehensweise untersucht wurden.

Sofern es also gelingt, inhaltliche Fragestellungen so auf dieses Grundschema (oder komplexe Varianten davon) zuzuschneiden, UV und AV präzise zu definieren und zu operationalisieren, weitere Einflüsse auf die AV und die Rückkopplungen zwischen AV und UV hinreichend auszuschließen, spricht sehr viel für die Anwendung des experimentellen Schemas.

Die Frage ist jedoch, ob dies auch für den Bereich der Psychotherapieforschung so gilt. Dazu müssen wir die zugrunde liegende Logik etwas genauer betrachten:

So sind selbst unter besten Bedingungen weitere Einflüsse auf die AV nicht auszuschließen. Daher muss man in Bezug auf das »f« in der Gleichung AV = f(UV) noch das Konzept einführen, dass zwischen »Störgrößen« und »wahren Wirkungen« unterschieden werden kann. So werden in Experimenten und der entsprechenden Statistik Beobachtungsdaten als empirische Realisation theoretischer, »wahrer« Parameter (oder Naturgesetze) verstanden: Der freie Fall einer Kugel wird zum Beispiel als eine Realisation des Fallgesetzes verstanden. Empirisch ergeben sich zwar immer kleine Abweichungen der Messwerte von den theoretisch erwarteten Werten. Diese Abweichungen werden jedoch Störeinflüssen zugeschrieben, die es möglichst zu vermeiden gilt.

Auch für die Behandlung bakterieller Infektionen ist dieses Modell noch hinreichend brauchbar: Beim Befall von Patient:innen mit, beispielsweise, Pneumokokken, können diese konkreten Pneumokokken als Realisation aus der »wahren« Population dieser Bakterien angesehen werden. Ein Antibiotikum gegen diesen Bakterien-*Typ* wird somit weitgehend unabhängig davon wirken, ob die Beziehung der Patient:innen zur Ärztin bzw. zum Arzt gut oder schlecht ist. Der eher kleine Einfluss der Beziehung ist zwar immer noch eine Störgröße, doch kann diese bei den großen Stichproben der Pharmaforschung mit sehr vielen unterschiedlichen Ärztin-Patient-Beziehungen plausibel dadurch eliminiert werden, dass sich die Verzerrungseffekte vermutlich hinreichend gegenseitig ausgleichen.

Schwieriger wird der Einsatz dieser Forschungslogik allerdings selbst bei bakteriellen Infekten schon dann, wenn das Medikament nicht die Bakterien selbst bekämpfen, sondern die Abwehrkräfte steigern soll: Von was wären gemessene »Abwehr-Daten« (z. B. Immun-Parameter) dann als Realisationen zu verstehen? Und was sind hier die Störgrößen?

Noch schwieriger wird es, wenn es um psychische Störungen geht: Ist das, was wir bei Patient:innen mit der Diagnose »depressiv« die »Störung« nennen, eine konkrete Realisation einer theoretischen Größe (Krankheit) namens »Depression«? Und – noch wichtiger – kann die Behandlungsweise »x« einer Therapeut:in gegen diese Störung als eine konkrete Realisation der Behandlungsmethode »X« verstanden werden (die dann mit anderen Methoden für andere Störungen zusammen »Verfahren V« ergibt)?

Es zeigt sich, dass eine erhebliche Zahl an fragwürdigen (im guten Sinn) Vorannahmen zu treffen sind, wenn der experimentelle Ansatz in der Psychotherapieforschung eingesetzt werden soll. Es lohnt sich daher, diese etwas genauer anzusehen.

## C2.2 Die Fragwürdigkeit der Randomized Controlled Trial (RCT)-Forschung als Repräsentant des experimentellen Ansatzes

Nach wie vor sehen viele in der RCT-Forschung den »Goldstandard« auch für die Psychotherapieforschung. Besonders dann, wenn man zwei Vorgehensweisen (»Methoden«) hinsichtlich ihrer Wirksamkeit miteinander vergleichen will (von denen die eine Vorgehensweise eine »Placebo-Behandlung« sein kann). RCT umfasst nicht einfach quasi beliebig ausgedachte Kriterien (von denen man einzelne auch einfach ändern könnte). Methodologisch ist wichtig, dass die Kriterien (die unten angeführt werden) sich geradezu *notwendig* ergeben, wenn man eine (klassisch) experimentelle Perspektive in der obigen Form (UV →→ A →→ AV) überhaupt sinnvoll in der Psychotherapie anwenden will (A ist der Untersuchungsgegenstand, an dem die AV beobachtet bzw. gemessen wird):

▶ Abb. C2.1 wird dann für die Psychotherapieforschung wie folgt spezifiziert, siehe in ▶ Abb. C2.2.

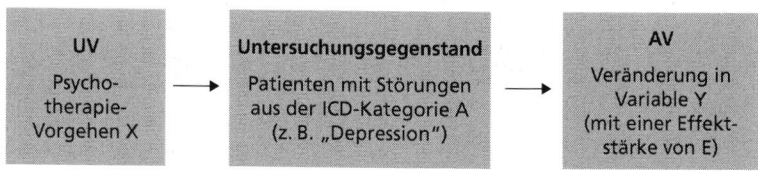

**Abb. C2.2:** Das experimentelle Grundschema in der klinischen RCT-Forschung

Damit einerseits die Notwendigkeit der Kriterien und andererseits ihre Problematik für die Psychotherapieforschung deutlich werden, wollen wir diese mit der Pharmaforschung kontrastieren – für welche die RCT-Forschung durchaus hinreichend sinnvoll ist. Nehmen wir dazu als Beispiel die Erforschung einer Tinktur T, welche gegen die Störung »Fußpilz« eingesetzt wird, um die Pilze effizient zu beseitigen.

### Notwenige Kriterien für eine sinnvolle experimentelle RCT-Forschung

1. *In der Flasche mit T soll auch tatsächlich die Tinktur T sein und nicht irgendetwas.*
   Also muss X zwangsläufig weitgehend manualisiert werden, denn man will ja nicht irgendeine UV testen, sondern X.
2. *Mit T sollen auch tatsächlich solche Menschen behandelt werden, die unter Fußpilz leiden und nicht irgendeine andere Krankheit an den Füßen – Blasen, Schnittverletzungen etc. – haben.*
   Also müssen die Patient:innen, die mit X behandelt werden, hinreichend homogene »Störungen« haben – sog. »monosymptomatisch« –, was durch die ICD-Diagnostik erreicht werden soll.
3. *Der Erfolg von T muss in Relation zu anderen Behandlungen gesetzt werden können.*
   Also müssen Kontroll- bzw. Vergleichsgruppen gebildet werden, denn in der

massenstatistischen Analyse (für E) könnten sonst viele andere Einflüsse (z. B. Spontanremission) die Wirkung hervorrufen und nicht X.

4. *Der mögliche Erfolg soll von T abhängen und nicht von der Dosis oder der Behandlungsdauer.*
Also muss eine Stunden-Anzahl mit X für Behandlungs- und Kontrollgruppe vorgegeben werden, sonst wären Unterschiede nicht auf X, sondern auf die Behandlungsdauer zurückzuführen.

5. *Der Erfolg von T soll auch nicht von der spezifischen Gruppe abhängen.*
Also muss randomisiert (bzw. bei kleinem N besser: parallelisiert) werden, da sonst statt X ggf. die Unterschiede in den Gruppen wirken.

6. *Wenn zwischen Heilungsverlauf und Dosis von T eine nicht-lineare Beziehung besteht, wirkt T bei einigen sehr schnell (und im Zeitfenster: gut), bei anderen sehr langsam (und im Zeitfenster: schlecht oder gar erst jenseits der experimentell vorgegebenen Zeit). Wenn dann Daten aggregiert und gruppenstatistisch behandelt werden, hängt der »mittlere Erfolg« stark von der Gruppenzusammensetzung ab (die gewöhnlich kein Kriterium für Randomisierung ist).*
Also muss, um die Wirkung von X im Sinne von Effektstärken (E) sinnvoll erfassen zu können, unterstellt werden, dass die Symptom- und auch die Heilungsdynamik hinreichend linear – zumindest ohne große Instabilitäten und Nichtlinearitäten – verlaufen: Ansonsten würde man bei der formal vorgenommenen Aggregierung der Daten im Rahmen der statistischen Auswertung über unterschiedliche Verläufe aggregieren (wo ggf. dieselbe Dosis von X einmal fast nichts, ein anderes Mal extrem viel verändert). Mittelwerte würden dann weitgehend Artefakte der zufälligen Mischung unterschiedlicher Phasen abbilden und weniger über X (im Vergleich z. B. zur Kontrollgruppe oder zu einem anderen Ansatz) aussagen.

7. *Außer der Tinktur T sollen keine weiteren Medikamente wesentlich den Heilungsverlauf beeinflussen.*
Also sollen außer X keine weiteren bedeutsamen Wirkvariablen im Experiment wirken.

8. *Die Wirkung von T soll nicht (wesentlich) davon abhängen, was Patient:innen darüber denken. D. h., es sollten nicht manche T für »Gift« halten und daher nicht nehmen, andere T nach ihren eigenen Vorstellungen anwenden, wieder andere T zum Anlass nehmen, gesünder zu leben etc.*
Also muss X auf Menschen angewendet werden, die nicht über den Sinn und die Bedeutung der experimentellen Untersuchungssituation nachdenken – kurz: die Menschen müssen als Untersuchungsobjekte und nicht als Subjekte in Erscheinung treten.

Es dürfte einleuchten, dass diese Voraussetzungen für T in der Pharmaforschung recht brauchbar erfüllt werden können. Ob allerdings diese Voraussetzungen ebenso für X in der Psychotherapieforschung auch nur ansatzweise hinreichend erfüllt werden können, ist überaus fraglich. Einige wichtige Einwände sollen hier, geordnet nach ihrer Schwere, angeführt werden:

*Zu 8:* Am problematischsten ist, dass – wie auch schon weiter oben mit dem Beispiel des Meichenbaum-Experiments zur Behandlung von Schlangenphobie gezeigt wurde – selbst die (neuere) Verhaltenstherapie nicht ohne die Berücksichtigung der starken Einflüsse von Deutungen und Verstehensweisen der Behandelten als Subjekte auskommt. Dies gilt noch weit mehr für die HPT, deren Ansätze ja sehr stark mit den subjektiven Deutungen, Erlebens- und Verstehensweisen arbeiten, welche mit den Symptomen verbunden sind.

Unter diesen (realistischen) Bedingungen ist/sind die »unabhängige(n) Variable(n)« nicht *unabhängig*, sondern *abhängig* (eben von den Interpretationen). Damit bricht das experimentelle Schema zusammen, das wesentlich auf einer Unterscheidung zwischen UV und AV beruht.

*Zu 1:* Typisch für die HPT ist, dass sie situationsspezifisch aus eher allgemeinen Prinzipien entfaltet wird (wobei viele Aspekte des individuellen Therapieprozesses in das eingehen, was in einer bestimmten Behandlungssitzung eine »Situation« ausmacht). Dies steht der (notwendigen!) Forderung nach Manualisierung diametral entgegen. Gleichwohl ist klar, dass selbst bei stark manualisierten Vorgehensweisen, die quasi als »Programm« vorgegeben sind, in jedem konkreten Einzelfall vieles im therapeutischen Raum geschieht, was gar nicht untersucht werden kann. Schon so einfache praktische Fragen, ob man Patient:innen mit Handschlag begrüßen oder einer weinenden Patientin ein Taschentuch reichen sollte oder nicht, sind nicht RCT-erforscht. Bei einem Laborexperiment hält sich der Versuchsleiter natürlich ganz genau an die vorab geplante Vorgehensweise. Aber es ist verständlich, dass zumindest die HPT *Psychotherapie* nicht als Vollstreckung eines Manuals an Menschen verstehen will.

*Zu 2:* Gibt es wirklich hinreichend plausibel das *A (d. h., die Störung)* im Schema ▶ Abb. C2.2? Natürlich macht es Sinn, auf die im ICD oder DSM beschriebenen Diagnosekategorien zurückzugreifen. Allerdings ist es das Anliegen klinischer Diagnostik, Störungen kategoriell zu beschreiben. Für einen bestimmten Menschen können zur Beschreibung seines Leidens jedoch meist *mehrere* Kategorien herangezogen werden. Man spricht dann – unsinnigerweise – von Komorbidität bzw. Multimorbidität, so als hätte dieser Mensch zwei oder mehrere Störungen (wie Fußpilz und Rückenleiden). In Wirklichkeit fällt hier nur *ein komplexeres Leiden* in mehrere Diagnosekategorien, was etwas völlig anderes ist.

Zudem stellen psychopathologische Diagnosen wie »Depression« überaus grobe Cluster von Symptomen dar. So geht beispielsweise Florian Holsboer, langjähriger Direktor des Max-Planck-Instituts für Psychiatrie in München, davon aus, dass man wahrscheinlich zwischen zehn oder mehr Formen von »Depression« mit ganz unterschiedlichen, krankmachenden Mechanismen differenzieren müsse (Lakotta 2009). Und die meisten Depressionsforscher sind sich darin einig, dass ganz unterschiedliche biografische und situative Gegebenheiten zwar aufgrund gleicher Symptomatik in dieselbe Klasse »Depression« fallen, aber unterschiedlich therapeutisch behandelt werden müssten.

Wenn man diese Erkenntnisse berücksichtigt: Macht das in ▶ Abb. C2.2 dargestellte Modell dann noch Sinn in der Psychotherapieforschung? Über welches A reden wir bzw. zur Behandlung von welchem A wird der RCT-Nachweis erbracht?

*Zu 7:* Wesentlich ist, dass außer X keine weiteren bedeutsamen Wirkvariablen im Experiment wirken. Wie aber passt beispielsweise die »therapeutische Beziehung« in das Schema von ▶ Abb. C2.2? Deren Bedeutsamkeit wird heute in keinem therapeutischen Ansatz bestritten. Wir müssen in der psychotherapeutischen Realität davon ausgehen, dass letztlich keineswegs X allein oder auch nur wesentliche Anteile von X die Wirkung hervorbringt, was unter dem Thema »unspezifische« bzw. »kontextuelle« Wirkfaktoren von den meisten Forschern eingeräumt wird (▶ Kap. B5 sowie ▶ Kap. A4.1 und ▶ Kap. A8.2). Zentrale Wirkaspekte wie Sinn und Verstehen sind ohnedies keine unabhängigen Variablen in experimentellen Designs. Sie sind weder einseitig herstellbar oder quantitativ dosierbar. Wie oben schon referiert wurde, sind die Bedeutungen, welche die untersuchten Subjekte den Interventionen von X, der Arbeitssituation und der gesamten Therapie geben, wesentlich für den Behandlungserfolg.

*Zu 6:* Es wurde oben schon kurz erläutert, warum die übliche massenstatistische Behandlung der experimentellen Daten voraussetzt, dass diese *aggregierbar* (d. h. über Mittelwerte, Varianzen, Korrelationen usw. zusammenfassbar) sind. Dies wiederum setzt (hinreichende) Linearität zwischen »Dosis« X und »Effekt« E voraus. Denn würde dieselbe Dosis in einem bestimmten Behandlungsfenster einmal fast nichts, ein andermal extrem viel verändern, würden die Mittelwerte weitgehend Artefakte der zufälligen Mischung unterschiedlicher Phasen abbilden.

Wie die umfassende Literatur über therapeutische und andere Entwicklungsprozesse jedoch übereinstimmend zeigt, sind die Verläufe klinischer und therapeutischer Prozesse typischerweise (und nicht etwa nur ausnahmsweise) nicht-linear. Sie weisen vielmehr bedeutsame Entwicklungsschübe und -stagnationen in der Zeit auf, die nicht durch die »Dosis« an Intervention erklärt werden können. Entwicklungsprozesse im Leben sind eben typischer Weise nicht-linear. Auch diese Modellvoraussetzungen werden somit regelmäßig verletzt.

In diesem Zusammenhang sei auch darauf verwiesen, dass »Effektstärke« ein trügerischer Begriff ist, da er Laien suggeriert, dass damit das Ausmaß *inhaltlich-klinischer Wirksamkeit* erfasst werden würde. Es handelt sich jedoch um ein *formal-statistisches* Maß für die *Diskriminierung* zweier Datenverteilungen. Das heißt, dass eine sehr hohe »Effektstärke« klinisch irrelevant sein kann (z. B. bei homogenen Gruppen), während eine sehr kleine »Effektstärke« mit einer großen, klinisch relevanten Veränderung einhergehen kann (die formalen Zusammenhänge – die leider vielen nicht bekannt sind – sind u. a. in Kriz 2014d dargelegt).

Die hier keineswegs erschöpfend dargelegten Einwände gegen die Verwendung von RCT-Forschung in der (realen) Psychotherapie – außerhalb der Untersuchung isolierter Faktoren im Labor und im Kontext von Grundlagenforschung – sind weder neu noch werden sie von mir allein vertreten (siehe z. B. Kriz 1996, 2003, 2012, 2014d, Schneider 2000, Seligman 1997, Tschuschke 2005, 2012, Tschuschke und Freyberger 2015, Revenstorf 2005 und sehr viele andere).

## C2.3 Die Leit-(d)-Idee der Wirkfaktoren

In der realen Praxis der Psychotherapie wirken sich immer sehr viele Einflüsse aus; zudem gibt es meist mehrere Operationalisierungen von Symptomen und die Auswirkungen sind noch in weiteren Aspekten beobachtbar. Kurz: Es handelt sich um ein komplexes Geschehen, bei dem es sehr viele Aspekte zu berücksichtigen gilt. Da ist es eine zunächst plausible Idee, der Frage nachzugehen »Was wirkt wie in der Psychotherapie?«. Die ebenso typischen Antworten zielen darauf ab, die große Fülle der Wirkungen dadurch übersichtlicher zu machen, indem durch statistische Prozeduren (wie faktoren-, varianz- oder clusteranalytische Modelle) aus den Daten »Wirkfaktoren« extrahiert werden. Diese »Wirkfaktoren« spielen in den Psychotherapiediskursen eine zunehmende Rolle – besonders, wenn man etliche unterschiedliche Studien zusammenführt und diese Datenmenge mit »metaanalytischen« Modellen bearbeitet. Das Konzept der Wirkfaktoren ist mit dem experimentellen Ansatz und dem RCT-Design verbunden (diese Verbindung ist methodologisch nicht *notwendig*, geschieht aber in der Forschungspraxis *de facto*).

Allerdings ist ein solches Unterfangen mit weiteren Annahmen und Voraussetzungen verbunden. Eine zentrale Annahme ist, dass das o. a. Geschehen analytisch zerlegbar und synthetisierbar ist.[22] Wenn sich realistische therapeutische Ansätze X typischerweise aus mehreren »Wirkfaktoren« zusammensetzen, ergibt sich jedoch die Frage danach, wie diese zusammenwirken. Die angewandten formalen Modelle sehen im Wesentlichen die Wirkungen der Faktoren nach varianzanalytischer Logik mit je quantitativ bestimmbaren Anteilen vor. Für die Psychotherapie mit ihrem komplexen Gefüge von Einflüssen und Wirkungen ist dies eine unrealistische Modellannahme. Denn auch ohne große Methodenkenntnis sollten die nicht-lineare Rückkopplungen und Wechselwirkungen zwischen den Einflussvariablen offensichtlich sein.

So kann man beispielsweise das Ausmaß an »Empathie« oder die Güte der »therapeutischen Beziehung« operationalisiert beobachten und messen – was auch vielfach geschehen ist. Man kann dann diese Messwerte mit den (ebenfalls operationalisierten) Ergebnissen der Therapien korrelieren und so diesen »Wirkfaktor« quantifizieren. Selbst wenn man die kritische Frage außer Acht lässt, ob durch solche Operationalisierungen wirklich das Wesentliche erfasst werden kann, bleibt die methodisch noch wichtigere Frage, ob es denn allein auf die Quantität ankommt. An anderer Stelle (Kriz 2014d) habe ich versucht, dieses Problem anschaulich anhand einer Untersuchung der »Wirkfaktoren« in Form von Zutaten einer guten Mahlzeit darzustellen:

---

22 Wobei in der o. a. Gleichung $Y = f(X)$ mit Y und X eine Vielzahl von Variablen gemeint ist, die formal als Vektoren oder Matrizen gedacht werden müssen.

> **Evidenzbasierter Quark**
> **(aus Kriz 2014d, S. 164)**
>
> Das Vorgehen [...] entspricht daher einer Studie, welche den Einfluss unterschiedlicher Zutaten wie Salz, Pfeffer, Milch, Quark, etc. auf das Ergebnis – eine schmackhafte Mahlzeit – wie folgt untersuchen wollte: Man stellt einige hundert Speisen mit genau gemessenen (aber variablen) Mengen an diesen Zutaten her und lässt die Endprodukte dann von größeren Gruppen randomisiert zugewiesenen Essern auf einer Skala hinsichtlich bestimmter Gütekriterien beurteilen. Zusätzlich könnte man ggf. noch objektive Daten wie Magensäure, Verdauungsaktivität und viele medizinische Parameter erheben. Im nächsten Schritt würde man aus diesen Daten mit Hilfe metaanalytischer Algorithmen berechnen, wie groß der Einfluss von Salz, Pfeffer, Milch, Quark etc. auf diese Ergebnisse ist.
>
> Auch ohne große Methodenkenntnisse lässt sich der Unsinn einer solchen Untersuchung in der schon intuitiv erfassbaren Tatsache erkennen, dass in den unterschiedlichen Gerichten der Einfluss der Zutaten, ihre Wechselwirkung, Reihenfolge etc. bereits so komplex sind, dass Fragen wie: »Ist der Einsatz von Quark beim Essen überhaupt evidenzbasiert?« oder: »Zu wieviel Prozent (oder mit welcher Effektstärke) trägt Salz zu einer guten Mahlzeit bei?« obsolet sind. Sie sind viel zu allgemein gestellt und müssten daher zumindest für die unterschiedlichen Mahlzeiten, aber auch für spezifische Umsetzungen (z. B. Reihenfolge) der Zutaten, differenziert werden.
>
> Dies wird sofort deutlich, wenn man sich vorstellt, dass Pfeffersteak mit anschließendem Schokopudding ggf. sehr schmackhaft sein kann (wobei es auch dort auf etliche weitere Details ankommt: Es ist z. B. wenig ratsam, das Steak so lange in der Pfanne zu braten, wie man derweil den Schokopudding rührt). Pfeffersteak und Schokopudding beides auf einem Teller verrührt oder gar in nur einem Gefäß gleichzeitig zubereitet, dürfte dagegen nur wenige begeistern. Und wenn man – bei denselben Zutatenmengen – als Gänge erst die Milch mit Pfeffer, dann das Steak mit Schokopulver und zum Nachtisch eine Prise Salz anbieten würde, würde dieses Menü kaum besser ankommen.
>
> Die Zutaten sind somit beim Kochen zwar nicht irrelevant, sagen aber letztlich wenig darüber aus, wie schmackhaft die ganze Mahlzeit wird.

Es lohnt sich, ergänzend die kurze – fiktive, aber nicht untypische – Fallgeschichte, mit der Plaum (1999) die Problematik darstellt, zu diskutieren:

> »Aufgrund der Distanz von zuhause war Frau X. in der Lage, ein anregendes Klima, eine reizvolle Landschaft, positiv auf sich wirken zu lassen, was durch die entspannende Wirkung der Bäder verstärkt worden ist; dass es Mitpatienten gibt, denen es offenbar schlechter ging als ihr, hat Frau X. neuen Lebensmut gegeben und sie offener für andere Menschen gemacht; die daraufhin möglichen Gespräche konnten ihr wiederum veränderte Lebensperspektiven nahebringen;

> schließlich hat der Masseur bei Frau X. erotische Gefühle ausgelöst, die wiederum in der geschilderten aktuellen sozialen Situation zur Realisierung eines ›Kurschattens‹ führten; dieser hat aufgrund seiner anziehenden Wirkung Frau X. zu der Überzeugung bringen können, dass es doch besser sei, die Diätvorschriften einzuhalten und sich nicht etwa am Nachmittag ins Café zu setzen, um dort die Sahnetorte zu verspeisen.« (Plaum 1999, S. 201).

Zu Recht glossiert Plaum die Suche nach Wirkfaktoren in einer komplexen Welt und fragt: »Was hat zur Verbesserung des gesundheitlichen Zustandes von Frau X während einer Kur geführt? Bäder? Massagen? Das Klima? Die Distanz von zuhause? Der Kontakt zu Mitpatienten? Der ›Kurschatten‹?« (1999, S. 200).

Im gewählten Beispiel muss man sagen: wohl »irgendwie alles«. Doch nichts wirkt als isolierbarer »Wirkfaktor« als solcher – und die Aspekte wirken auch nicht im Sinne varianzanalytischer Wechselwirkung »zusammen«. Denn man kann sich gut vorstellen, dass in Gruppen mit Personen unter »fast« genau denselben Bedingungen die Gesamtwirkung völlig unterschiedlich ausfällt. Ein Forschungsansatz, der den Einfluss des Kurschattens oder des Masseurs etc. als unabhängige Variable in einem experimentellen Design untersuchen will, wäre daher entsprechend lächerlich. Und bei einem anderen Patienten wirken vielleicht in derselben Kurklinik andere Aspekte zusammen. Man kann sogar davon ausgehen, dass die Patient:innen selbst auch die Kompetenz besitzen, aus den reichhaltigen Programmen und komplexen Möglichkeiten einer solchen Klinik das auszuwählen, was für sie gut ist bzw. ihnen guttut. Und dass es vielleicht reicht, sie bei dieser Wahl und bei der Reflexion darüber zu begleiten und zu beraten sowie in der Nutzung der Möglichkeiten zu fördern.

Eine solche Sicht passt allerdings wenig zu RCT-Forschungsdesigns. Dennoch wäre es wohl falsch, Kurkliniken deshalb als »unwirksam« oder »wissenschaftlich nicht anerkannt« zu brandmarken und aus der Versorgung zu verbannen (so wie es in Deutschland mit vielen psychotherapeutischen Angeboten in ambulanten Praxen nach dem Psychotherapeutengesetz von 1999 geschehen ist). Vielmehr lässt sich sehr wohl evaluieren, ob Patient:innen von einem solchen Gesamtangebot profitieren. Und zwar[23] nicht *obwohl*, sondern gerade *weil* die subjektiven Bedürfnisse und Bewertungen der Patient:innen bei der Auswahl der Angebote berücksichtigt werden. Allerdings sind damit Fragen weniger scharf zu beurteilen, wie die ökonomische Effizienz erhöht werden kann, bzw. welche Teile man einsparen kann, ohne dass es zu einem (allzu offensichtlichen) Verlust an »Qualität« kommt.

---

23 Roland Raible verdanke ich den Hinweis, dass auch in der Apparatemedizin die zusätzlich geforderte »Verblindung« (weder Arzt noch Patient wissen, wer welches Präparat bekommt) oft obsolet ist: Sind Krücken oder Rollatoren bessere Gehhilfen? Sind Operationen mit dem Skalpell effektiver als mit dem Laser-Messer?

## C2.4 Der Bias des RCT-Ansatzes

Fasst man die Kritik der vorhergehenden Abschnitte zusammen, so lässt sich festhalten, dass der sehr erfolgreiche linear-experimentelle Ansatz zwar gut zur Pharmaforschung und Verabreichung von Medikamenten sowie zur Apparatemedizin passt, aber nicht zu den komplexen Prozessen der Psychotherapie, in der Menschen als Subjekte ihre eigenen Verstehensweisen des Geschehens haben und vielfältige Rückkopplungen zwischen den Variablen zudem Nichtlinearitäten verursachen. Nur dort, wo im Rahmen streng kontrollierter, isolierbarer und unter Ausschluss von Rückkopplungen (hinreichend) lineare Ursache-Wirkungs-Beziehungen unterstellt werden können, gibt das Schema in ▶ Abb. C2.1 brauchbare Antworten, weil dort UV, AV und f spezifiziert werden können.

Damit lässt sich die Frage auch andersherum stellen: *Welche Bedingungen müssen gegeben sein, damit das Modell der experimentellen Forschung und der RCT-Designs zumindest hinreichend brauchbar zur Realität passen?*

Geht man dieser Frageperspektive nach, so ist das RCT-Modell für die Psychotherapiepraxis dann hinreichend brauchbar, wenn diese Praxis eben entsprechend der Laborbedingungen gestaltet werden kann. Dies ist bei standardisierten Vorgehensweisen im Rahmen von *Programmen* der Fall: Sind z. B. in einer Klinik für den sechswöchigen Aufenthalt zehn Sitzungen für eine bestimmte Störung vorgesehen, in denen jeweils ein sehr klar vorgegebenes Programm durchgeführt wird, sind die oben diskutierten Bedingungen hinreichend gegeben.

> Um die Wirksamkeit der Anwendung von *Programmen* zu untersuchen, sind RCT-Studien somit hinreichend brauchbar.

Wie angemessen ist dieser Ansatz jedoch zur Beurteilung der Wirksamkeit von Vorgehensweisen, bei denen die Behandlung typischerweise auf einer dynamischen Passung von eher allgemeinen Prinzipien an die gegenwärtige Problemsituation beruht? Wobei in die »Problemsituation« recht viele Aspekte einfließen können – von der genetischen Disposition über biografische Strukturierungen, Lerngeschichten, aktuelle Belastungen bis hin zu den Symptomen im sozialen Umfeld. Und wenn auf diese situationsspezifisch reagiert werden soll, wobei diese Situationsdynamik von keinem Manual vorhergesagt werden kann. Und wenn vor allem nicht nur eine standardisierte Situationsdefinition der Forscher bzw. des Manuals, sondern auch die Sichtweisen und Deutungen der behandelten Menschen als Subjekte berücksichtigt werden. Offensichtlich sind dann die Voraussetzungen nicht gegeben, die nötig wären, damit das experimentelle Design zu adäquaten Aussagen führen kann. Im Hinblick auf die obige Diskussion lässt sich somit sagen:

> Um die Wirksamkeit von Therapieformen zu untersuchen, welche in spezifischer Passung an situative Dynamiken ihre abstrakteren *Kriterien* im konkreten Vorgehen *zur Entfaltung bringen*, sind RCT-Studien *nicht* angemessen.

Letzteres gilt für die HPT. Dass mit einem unangemessenen Forschungsansatz im »Pferderennen« um den Beweis der Therapieeffizienz die HPT daher schlecht aufgestellt ist, liegt auf der Hand. Dort, wo man vor allem nur den RCT-Ansatz gelten lässt, hat die Psychotherapieforschung der VT einen Bias-Vorteil.

Natürlich kann man auch die Humanistische Psychotherapie auf programmartige Vorgehensweisen unter den o. g. Standardbedingungen reduzieren und damit die Forderung nach RCT-Studien für diese »Varianten« erfüllen. Gezwungenermaßen wurden solche Studien auch für Vorgehensweisen durchgeführt, die nicht zu dieser Forschungslogik passen – denn in den USA ist eine Gruppe sehr einflussreich, die unter dem Begriff »Empirically Supported Treatment (EST)« (empirisch gestützte Behandlungen) nur RCT-Studien als einzige Form der empirischen Forschung ansieht (Chambless und Hollon 1998) –, obwohl die Lehrbücher über empirische Forschungsmethoden auch in den USA zahlreiche andere Ansätze enthalten.

Allerdings verschwindet dann der Mensch als Subjekt aus der Psychotherapie. Die Frage danach, was für ihn bedeutsam ist und wie er die therapeutische Situation deutet, wird irrelevant gegenüber den Vorgaben eines Manuals. Nicht seine subjektiven Befindlichkeiten zählen, sondern die objektiven Befunde diagnostischer Kategoriensysteme. Nicht der leidende Mensch wird therapiert, sondern Symptome werden behandelt. Gleichwohl werden in unserem medizinalisierten System Forderungen lauter, die komplexe psychotherapeutische Praxis solle sich weitgehend den einfachen Modellen anpassen, weil dies »evidenzbasierter« und »wissenschaftlicher« sei.

Das jedoch bedeutet, dass über den Weg einer bestimmten *Methodik* anderen Therapieansätzen, wie der HPT, ein ihnen fremdes *inhaltliches Weltbild* übergestülpt wird. Wer dieses Weltbild nicht teilt und nicht bereit ist, etliche Essentials seines Psychotherapieansatzes aufzugeben, riskiert, aus dem »Markt« verdrängt und damit auch als Denkrichtung an den zunehmend marktorientierten Universitäten eliminiert zu werden.

An dieser Stelle muss angemerkt werden, dass hinter einer solchen Entwicklung umfassendere ökonomische, gesundheits- und wissenschaftspolitische Interessen stehen. Die Re-Psychiatrisierung, mit der in den letzten Jahrzehnten in den USA ein beträchtlicher Teil der Psychotherapeut:innen zu »Pillen-Verschreibern« wurden, hat Woolfolk (2016) gut recherchiert und mit sehr vielen Zahlen belegt. Seit 1990 ist dort eine Talfahrt der Psychotherapie zu beobachten. Der Prozentsatz an Praxisbesuchen, die im Zusammenhang mit einer Psychotherapie stehen, fiel in nur zehn Jahren von 44,4 % auf 28,9 %; hingegen stieg der Anteil der Psychiater, die nur noch Psychopharmaka verschreiben und keine Psychotherapie mehr durchführen, im gleichen Zeitraum von 40 % auf 57 %. Die Behandlungen psychischer Probleme, die durch »Managed Care« abgewickelt werden, schließen inzwischen fast überhaupt keine Psychotherapie mehr mit ein. Auch in Deutschland greifen ähnliche Interessen (vgl. Kriz 2021b). Dies mitzubedenken, ist wichtig – kann und soll jedoch nicht Gegenstand dieses Buches sein.

# C3 Missverständnisse

## C3.1 Die missverstandene »Evidenzbasierung«

Der Bias des RCT-Ansatzes zur Bevorzugung der behavioralen bzw. verhaltenstherapeutischen Grundorientierung wird noch dadurch verstärkt, dass die Wirksamkeit von Psychotherapie heute weitgehend unter dem Aspekt der »Evidenzbasierung« diskutiert und beurteilt wird. Dabei wird oft »evidenzbasiert« mit »durch RCTs nachgewiesen« gleichgesetzt.

Tatsächlich ist das Konzept der Evidenzbasierung als wesentlich weiter zu sehendes Beurteilungsinstrument in der Medizin entwickelt worden – man spricht dort von »evidenzbasierter Medizin« (EbM). Die Begründer, eine Forschergruppe um den kanadischen Mediziner David Sackett (Sackett et al. 1996, 2000), hatten dabei folgende Grundidee: Da Praktiker ebenso wenig wie einzelne Forscher die ungeheure Fülle an Literatur mit klinischen Studien überblicken und in ihrer Aussagekraft und Güte kritisch bewerten können, soll EbM eine professionalisierte Hilfestellung leisten. Diese besteht in wissenschaftlich gesicherten Informationen in Form von Übersichten und tabellarischen Bewertungshilfen. Damit wären diese dann besser in der Lage, den aktuellen Stand der Forschung in einem bestimmten Fachgebiet mit ihrer heilkundlichen Erfahrung und der individuellen Patientenperspektive so zusammenzuführen, dass dem jeweiligen Patienten die beste Behandlung angeboten werden kann.

> **Evidenzklassen der Evidenzbasierten Medizin (EbM) nach Sackett**
>
> - Klasse Ia: Meta-Analyse auf der Basis methodisch hochwertiger RCT-Studien
> - Klasse Ib: Übereinstimmende Ergebnisse aus ausreichend großen, methodisch hochwertigen RCT-Studien
> - Klasse IIa: Übereinstimmende Ergebnisse aus gut angelegten (hochwertigen), jedoch Nicht-RCT-Studien
> - Klasse IIb: Übereinstimmende Ergebnisse aus gut angelegten quasi-experimentellen Studien
> - Klasse III: Übereinstimmende Ergebnisse aus gut angelegten (methodisch hochwertigen), nicht-experimentellen deskriptiven Studien wie etwa Vergleichsstudien, Korrelationsstudien oder Fall-Kontroll-Studien

- Klasse IV: Übereinstimmende Ergebnisse aus Berichten der Experten-Ausschüsse oder Expertenmeinungen bzw. klinischer Erfahrung (Meinungen und Überzeugungen) anerkannter Autoritäten; beschreibende Studien
- Klasse V: Übereinstimmende Ergebnisse aus Fallserien oder eine oder mehrere Expertenmeinungen

Trotz eindringlicher Warnungen von Sackett und seiner Gruppe selbst, wurde EbM inzwischen missbräuchlich zu einem Instrument zur Selektion und Maßregelung umfunktioniert (Kriz 2014d, 2019b). So werden unter dem Begriff »evidenzbasierter Gesundheitsversorgung« die Prinzipien der EbM auf immer mehr Entscheidungen zur Steuerung des Gesundheitssystems angewandt; dieser Trend gilt auch für die psychotherapeutische Gesundheitsversorgung (vgl. Fydrich und Schneider 2007). Treibende Kraft für diesen Trend ist das (verständliche) Bedürfnis der Gesundheitspolitiker, im komplexen System »Gesundheit« möglichst einfache Kriterien und Maßzahlen zur Verfügung zu haben.

Noch gravierender aber ist, dass die obigen »Evidenzklassen«, die ja Informationen aus unterschiedlichen Studiendesigns berücksichtigen, durch eine fast ausschließliche Fokussierung auf RCT-Studien ersetzt wurden – also allein auf Klasse I. Wenn »evidenzbasiert« irrtümlich oder missbräuchlich auf RCT-Studien reduziert wird, fördert dies eine methodische Monokultur. Denn es gelten faktisch nur noch Belege, die mit experimentellen Designs erbracht wurden. Dabei war es gerade das Anliegen von Sackett und seiner Gruppe, die Information zu einem bestimmten Bereich möglichst umfassend zur Verfügung zu stellen.

## C3.2 Missbrauch des Labels »Humanistische Psychotherapie«

Es wurde bereits oben darauf hingewiesen, dass besonders für die HPT ein relevantes Problem dadurch besteht, dass in etlichen publizierten Studien Vergleichsgruppen zu Unrecht als »Supportive Therapy« – ja sogar »Rogerian« oder »Emotion focused« – bezeichnet werden. Diese »Kontrollgruppen«, die in der Regel in verhaltenstherapeutischen Studien der VT-Gruppe gegenübergestellt werden, unterliegen jedoch tatsächlich Placebo-Bedingungen. Dass sich verhaltenstherapeutische Interventionen einer Placebo-»Behandlung« als deutlich überlegen erweisen, ist wenig verwunderlich. Wenn solche Placebo-Bedingungen allerdings nicht »Placebo« genannt, sondern als Ansätze der HPT etikettiert werden, führt dies in den Abstracts leicht zur Diskreditierung der HPT. Es verfälscht zudem die Ergebnisse von Meta-Studien zu Gunsten von VT und zu Lasten von HPT. Auf dieses methodische Problem wurde bereits mehrfach hingewiesen (z. B. Eckert 2013 oder Elliott et al. 2013; ▶ Kap. A3).

## Falschetikettierungen von Kontrollgruppen unter Placebo-Bedingungen zu Lasten der HPT – drei Beispiele

Cottraux et al. (2009) vergleichen »kognitiv-behaviorale Therapie (CT)« mit »Rogerian supportive therapy (RST)«. Die Therapeut:innen des einen Studienastes waren jahrelang erfahrene CT-Therapeut:innen. Im anderen Ast waren es dieselben (!) Therapeut:innen, die wenige Stunden (!) anhand eines selbst erstellten Manuals »RST« trainierten – das tatsächlich jedoch eher eine Karikatur von HPT darstellte (vgl. Eckert 2013).

Nicht viel besser gingen Cottraux et al. (2000) vor: Sie verglichen VT (angeblich) mit »ST« (= supportive therapy). Es waren zwar vermutlich (leider blieb dieser Punkt nicht ganz eindeutig) nicht *dieselben* Therapeut:innen, die in beiden Ästen die Klient:innen behandelten, jedoch fiel die jeweilige Behandlungsintensität stark unterschiedlich aus: Betrug die Dosis VT 18 Stunden in zwölf Wochen, umfasste die Dosis »ST« im gleichen Zeitraum gerade einmal drei Stunden (alle zwei Wochen eine halbe Stunde). Auch hier hatte »ST« zudem inhaltlich nichts mit HPT zu tun.

Dass eine so als »HPT« falsch bezeichnete Therapie der VT unterlegen ist, kann angesichts der offenkundigen gravierenden methodischen Fehler nicht erstaunen.

Ein letztes Beispiel: 2014 wurde eine Studie veröffentlicht (Ehlers et al. 2014), die im Rahmen einer RCT-Studie (i) eine standardmäßig wöchentliche Kognitive Verhaltenstherapie mit (ii) einer 7-Tage-Intensivform von VT und mit (iii) einer »Emotion-Focused Supportive Therapy« bei Patient:innen mit einer posttraumatischen Belastungsstörung (PTSD) verglich. Als Ergebnis der Studie ergab sich im Wesentlichen, dass sich der Therapieerfolg der beiden VT-Formen weitgehend ähnelte, diese der emotions-fokussierten Therapie jedoch weit überlegen waren.

Da die von Greenberg, Elliott, Watson u. a. entwickelte »Emotion-Focused Therapy« (EFT) seit vielen Jahren zu den am häufigsten untersuchten Ansätzen der Humanistischen Psychotherapie zählt – wobei auch zahlreiche RCT-Designs regelmäßig zu hohen Effektstärken kommen, die denen der kognitiven VT mindestens ebenbürtig sind –, ist der Titel der o. g. Studie von Ehlert et al. für all jene Psychotherapieforscher:innen besonders interessant, die im Hinblick auf Metaanalysen und/oder im Kontext von Vergleichsstudien auf solche RCT-Ergebnisse fokussieren.

Schaut man genauer auf die o.g Ehlert-Studie, zeigt sich, dass die »Emotion-Focused *Supportive* Therapy« gar keine EFT ist. Die in diesem Studienast angewandte Therapie wurde vielmehr von deren Autor:innen »designed«, um eine glaubwürdige (»credible«) Kontrollgruppe mit »nichtspezifischen therapeutischen Faktoren« zur eingesetzten Kognitiven Therapie zu haben. Eine Attrappe bzw. ein Dummy also. Und obwohl die Studie in London und Oxford durchgeführt wurde – in Groß Britannien also, wo EFT ganz besonders stark vertreten ist –, taucht in deren Literaturverzeichnis kein einziger EFT-Autor und keinerlei

Hinweise auf diesen Ansatz Humanistischer Psychotherapie auf. Genaugenommen steht im Titel zwar das Wörtchen »Supportive« und nicht nur EFT. Aber ist es wirklich zufällig, wenn man nicht einfach neutral von einer »Kontrollgruppe« oder ähnlichem spricht, sondern für diese eine Bezeichnung wählt, die weitgehend identisch mit einem konkurrierenden Ansatz ist und (gezielt oder auch nicht) suggeriert, genau dieser sei vergleichend angewendet worden? Womit – falls nicht bewusst beabsichtigt, so doch zumindest fahrlässig – in Metaanalysen oder Diskussionen eine Verwechslung in Kauf genommen wird, die diesen Ansatz in Misskredit bringt, da vielen das Wissen und/oder die Zeit fehlt, sich im Detail mit der Materie auseinanderzusetzen.

## C3.3 Missverständliche Darstellungen der HPT

Nicht nur in Studien wird »Humanistische Psychotherapie« in einer Art und Weise angeführt, dass von ihr ein diskreditierendes Bild erzeugt wird, auch in Lehrbüchern wird sie häufig in einen Kontext gestellt, der ihr nicht gerecht wird. So kommen Lammers et al. (2021), die die Darstellungen des personzentrierten Ansatzes in weitverbreiteten deutschsprachigen Lehrbüchern der Klinischen Psychologie, Psychotherapie und Psychiatrie sowie in Ratgebern analysierten, zu dem Ergebnis, dass die von ihnen untersuchte Literatur »häufig verkürzte und damit fehlerhafte Darstellungen« enthält. So fehlen weitgehend »in Genauigkeit und Umfang angemessene Beschreibungen des personzentrierten Ansatzes mit einer korrekten Bezeichnung zentraler Begriffe (bspw. Empathie oder die häufig zur Wertschätzung verkürzte Bedingungsfreie Positive Beachtung) und Konzepte (z. B. das der Aktualisierungs- bzw. Selbstaktualisierungstendenz).«

Zudem vermissen die Autor:innen »wissenschaftliche Genauigkeit, die sich etwa auch in der Angabe von Quellen niederschlagen würde.« Mehrfach berichten sie, dass »leider [ … ] keine Quellen benannt [werden], auf die sich die hier untersuchte Darstellung stützt«, und dass auffalle, »dass sich in den genannten Veröffentlichungen wiederholt ähnliche fehlerhafte Darstellungen zentraler Konzepte finden [...], sodass der Eindruck entstehen könnte, die Autor:innen bezögen sich in ihrer Recherche eher aufeinander als auf Originalliteratur, was zu einem Persistieren von Falschdarstellungen beitragen würde.« (ebd., S. 8) Etwa, wenn sie beim Lehrbuch über Klinische Psychologie (Hautzinger und Thies 2009) feststellen: »Diese Darstellung entbehrt jeglichen Bezugs zur klientenzentrierten Theorie. Es werden persönliche Meinungen kundgetan bzw. Missverständnisse des Menschenbilds des PZA [Personzentrierter Ansatz]– z. B. die Auffassung, Menschen seien ›von Natur aus gut‹ – kolportiert.« (ebd., S. 5)

Solche Mängel in Lehrbüchern sind deshalb besonders bedauerlich, weil sich diese ja vornehmlich an Studierende und damit an die kommende Generation von Forschenden und Lehrenden richten. Gerade Lehrbücher sollten nicht nur ihre

Inhalte, sondern auch die Grundregeln wissenschaftlichen Arbeitens zumindest implizit korrekt vermitteln. Doch der Analyse der vier Autor:innen zufolge finden sich in deutschsprachigen Werken die oben nur angedeuteten Mängel zuhauf – und zwar sowohl in Lehrbüchern zur Klinischen Psychologie als auch zur Psychotherapie sowie zur Psychiatrie. Kein Wunder, dass es in der Ratgeberliteratur nicht seriöser zugeht. Wenn aber in vielen Lehrbüchern die Gesprächspsychotherapie oder gar die ganze Humanistische Psychotherapie im Kontrast zu umfangreichen und differenzierten Darstellungen der Verhaltenstherapie nur auf einer oder wenigen Seiten erwähnt wird, können sich selbst bei gutem Willen die Studierenden nicht angemessen informieren.

Erfreulich ist, dass in jüngerer Zeit auch Lehr- und Studienbücher publiziert wurden, die ausgewogen(er) in die Psychotherapie einführen. So enthält die Neuauflage des seit vielen Jahren etablierten Lehrbuchs »Klinische Psychologie und Psychotherapie« unter der neuen Herausgeberschaft von Hoyer und Knappe (2021) ein bemerkenswert gut informierendes Kapitel »Humanistische und experimentielle Psychotherapieverfahren« (Gaab et al. 2021). Positiv sticht ebenso die »Ideengeschichte der Psychotherapieverfahren« (Strauß et al. 2021) heraus, die gleichberechtigt für alle vier Grundorientierungen zentrale »Konzepte und Methoden« vorstellt. Es bleibt zu hoffen, dass Studierende an Hochschulen, gerade auch im neuen Studiengang Psychotherapie, zukünftig in wissenschaftlicher angemessener, d.h. offener, ausgewogener und sachlicher Form an die vier großen psychotherapeutischen Verfahren herangeführt werden. Selbiges gilt ebenfalls hinsichtlich des Informationsbedarfs von Patient:innen und anderen Akteuren des Gesundheitsbereichs.

# C4 Humanistische Psychotherapie und die deutsche Sonderstellung

Humanistische Psychotherapie (HPT) hat – wie auch die Ansätze der anderen drei psychotherapeutischen Grundorientierungen – viele angrenzende Berufsfelder beeinflusst und sogar zum Teil durchdrungen: In vielen Ländern sind die Grenzen von Psychotherapie zu psychologischer bzw. psychosozialer Beratung, Coaching oder Sozialer Arbeit nicht nur faktisch, sondern auch institutionell sehr weich und durchlässig. In diesem weiten Bereich therapeutisch-psychosozialer Professionen hat die HPT auch in Deutschland einen angemessenen Platz gefunden.

Im Bereich von Psychotherapie im engeren Sinne nimmt Deutschland dagegen eine Sonderstellung in der Welt ein: Unser Gesundheitssystem zeichnet sich – besonders mit dem Psychotherapeutengesetz von 1999 – positiv dadurch aus, dass diagnostisch nachgewiesene »krankheitswertige Störungen« in erheblichem Ausmaß (oft vollständig) im Rahmen des GKV-Systems (Gesetzliche Krankversicherung) bezahlt werden. Der »Preis« für diese Entwicklung war allerdings, dass sich die Psychotherapie stark an die Strukturen des medizinischen Systems und der ihm eigenen Modellen von Krankheit und Krankenbehandlung angepasst hat. In diesem gesetzlich-formal eng definierten Sektor »Psychotherapie« wurde die HPT in den letzten Jahren vehement ausgegrenzt. Dies ist einmalig in der Welt, denn in allen Ländern, wo es staatlich geregelte Psychotherapie gibt, ist dies nicht der Fall.

In dem in Deutschland durch den Gesetzgeber vorgeschriebenen medizinischen Modell liegt der Fokus auf Störungen, die Menschen zugordnet werden. Diese Störungen werden mit bestimmten Interventionen behandelt, welche in klar voneinander abgegrenzten Verfahren entwickelt wurden bzw. sich weiterhin entwickeln. Was dabei im Rahmen des gesetzlichen Krankenkassensystems zulässig ist und was nicht, bestimmen in Deutschland Gremien, die sich an Wirksamkeitsbeweisen orientieren, welche für die Pharmaforschung und Apparatemedizin üblich und sinnvoll sind und die auf der in ▶ Kap. C2 diskutierten RCT-Logik basieren, die ihrerseits auf dem naturwissenschaftlich-experimentellen Grundschema beruht. Selbst die in diesem Kontext eher fortschrittlich zu nennenden Regeln der »evidenzbasierten Medizin« sind de facto inzwischen auf RCT-Studien-Beweise reduziert (▶ Kap. C3.1).

Das besagte medizinische Modell unterscheidet sich stark vom Verständnis des Menschen in der HPT als einem ganzheitlich erlebenden und handelnden Subjekt. Dieses kann zwar auch der HPT zufolge von außen, »objektiv«, über Diagnostik beschrieben und ebenso »objektiv« über Interventionen verändert werden. Wesentlich für das, was Psychotherapie aus Sicht der HPT ausmacht, ist jedoch eine spezifische Begegnung zwischen Menschen, wie sie von Rogers als hilfreich beschrieben und von den in Teil A aufgezeigten Grundprinzipien und ihren Konzepten geleitet wird. Für die psychotherapeutische Arbeit sind diese Grundprinzipien bei den unterschiedlichen Ansätzen der HPT mit unterschiedlichen Schwerpunkten ausdifferenziert. Ihre konkreten Vorgehensweisen werden dabei aus einem großen Spektrum an Möglichkeiten jeweils situationsadäquat und »passend« entfaltet. Dies entspricht weitgehend dem kontextuellen Modell von Psychotherapie (Wampold und Imel 2015, ▶ Kap. A4.1, ▶ Kap. C5) von psychotherapeutischen Kompetenzen, die sich auf der Basis eher allgemeiner (aber gut erforschter) Prinzipien – sog. »unspezifischer« oder »kontextueller« Faktoren – situationsspezifisch entfalten. Wie umfassende Metaanalysen zeigen (▶ Tab. C5.1), sind diese kontextuellen Aspekte in der Psychotherapie viel stärker mit einem positiven Ergebnis verbunden als die »spezifischen« Interventionen, die für das medizinische Modell typisch sind.

Daher gibt es nicht nur in der HPT, sondern inzwischen auch in den Reihen der Psychotherapeut:innen der anderen drei Grundorientierungen – sowie seitens der Wissenschaftler:innen in diesen Bereichen – große Vorbehalte gegenüber dem aktuell vorherrschenden medizinischen Modell von Psychotherapie,[24] während das kontextuelle Modell eine zunehmend größere Attraktivität und Akzeptanz erhält. Dies erscheint deshalb gerechtfertigt und begründet, da das kontextuelle Modell nicht nur besser die Realität der Patient:innen und Therapeut:innen widerspiegelt, sondern auch zahlreichen neueren Befunden der Säuglings-, Bindungs-, Trauma- und psychoneurologischen Forschung entspricht. Und die Metaanalyse von Wirksamkeitsstudien spricht ebenfalls für dieses Modell (vgl. jedoch die kritisch-relativierenden Anmerkungen in ▶ Kap. C5 zu ▶ Tab. C5.1).

Gleichwohl wird in Deutschland derzeit weiterhin das enge medizinische Modell der Psychotherapie zugrunde gelegt – besonders von den mit dem Gesundheitssystem verbundenen Entscheidungsgremien, die darüber befinden, was Patient:innen im GKV-System angeboten wird und auf Basis welcher Verfahren und aus ihnen hervorgehenden Techniken Psychotherapeut:innen behandeln dürfen.[25] Die Ergebnisse dieser Entscheidungen – hier konkret: die Ausgrenzung der HPT – hat erhebliche Rückwirkungen darauf, was in den Ausbildungen von Psychotherapeut:innen gelehrt wird – und dies bestimmt wiederum die Struktur der Ausbildungen,

---

24 Vgl. dazu bspw. die Stimmen vieler renommierter psychodynamisch arbeitender Psychotherapeuten wie u.a. Buchholz und Kächele (2019), Tschuschke et al. (1998), Hau (1998), Leichsenring et al. (2019), Strauß (2019). In der Vergangenheit jedoch haben sich in Deutschland auch die Vertreter der psychodynamischen Verbände in den Entscheidungsgremien dafür starkgemacht, das medizinische Modell und die ihr zugrundeliegende Pharmaforschungs-Logik als Maßstab zur Bewertung von Psychotherapie zu etablieren – und damit neben der HPT auch die psychodynamischen Ansätze selbst im Bereich der akademischen Psychologie weitgehend zu marginalisieren. Es bleibt zu hoffen, dass die Systemische Therapie, die erst seit kurzem im Versorgungssystem der gesetzlichen Krankenkassen und deren Gremien vertreten ist, ihren eigenen Grundlagen und Kernkonzepten treu bleibt (vgl. Hanswille 2022, Hermans und Beermann 2023).

25 Die Entscheidungsgremien sind dabei berufsrechtlich der WBP (»Wissenschaftlicher Beirat Psychotherapie«) und sozialrechtlich der G-BA (Gemeinsamer Bundesausschuss, ein Selbstverwaltungsorgan der Kassenärztlichen Bundesvereinigung und der Kassenverbände, das entscheidet, welche Leistungen (auch medizinisch) ins System der gesetzlichen Krankenversicherung aufgenommen werden).

Stellen und Forschungsmöglichkeiten an Universitäten und Hochschulen. Die Auswirkungen der Entscheidungen gehen aber noch weiter: Denn die auf RCT-Wirkstudien reduzierten Maßstäbe zur Bewertung der »wissenschaftlichen Anerkanntheit« von Psychotherapie führen dazu, dass Laien, Verwaltungsfunktionäre – und bisweilen selbst Studierende und Lehrende – glauben, dass diese RCT-Wirknachweise das Einzige wären, was »Wissenschaft« in diesem Bereich ausmache und dass alles andere »unwissenschaftlich« sei. Infolgedessen wird der sehr viel größere Anteil wichtiger Forschungsbereiche in der Psychotherapie ignoriert: u. a. Prozessforschung, Grundlagenforschung sowie andere Ansätze der Wirkungsforschung wie z. B. Einzelfallstudien. So kann für Studierende und junge Akademiker:innen rasch der Eindruck entstehen, diese Forschungsbereiche wären letztlich irrelevant. Denn die außerhalb von RCT-Studien gewonnenen Forschungsergebnisse – die beispielsweise im Bereich der HPT von ganz erheblichem Umfang sind – haben ja keinen Einfluss darauf, ob und wie in Deutschland ein Verfahren als »wissenschaftlich« anerkannt wird oder nicht. Dies ist leider eine fatale Verengung sowohl von Psychotherapie als auch von Wissenschaft.

Es ist hier nicht der Ort, die Geschichte der Ausgrenzung der HPT im Detail darzustellen; vieles kann auf den Seiten der AGHPT im Internet nachgelesen werden.[26] Zentraler Punkt ist, dass der Gesetzgeber im Jahr 1999 in Eile lediglich zwei Grundorientierungen (VT und psychodynamische Verfahren) zugelassen hat, obgleich bis kurz vor Verabschiedung des Gesetzes in den Vorlagen der Bundesländer die Gesprächspsychotherapie stets als drittes Verfahren genannt wurde. Für die Zulassung weiterer Verfahren sollte der Wissenschaftliche Beirat Psychotherapie (WBP) die Länderbehörden in der Frage beraten, ob diese Ansätze »wissenschaftlich anerkannt« wären. Gegen eine objektive, faire wissenschaftliche Prüfung von Behandlungen, die die solidarisch verfasste gesetzliche Krankenkasse finanziert, ist nichts einzuwenden – im Gegenteil, sie ist bzw. wäre im Interesse aller Beteiligten. De facto jedoch waren nahezu ausschließlich Vertreter der beiden zugelassenen Verfahren Mitglieder des WBP, die die noch nicht zugelassenen Verfahren ihrer Kolleg:innen (und Konkurrent:innen) bewerten sollten.

Hier seien einige wenige besonders wichtige Eckpunkte des langjährigen Anerkennungsprozederes genannt, bei dem besonders die »Gesprächspsychotherapie« (GPT) im Zentrum steht, weil diese gut an den Universitäten verankert war und daher als erstes der HPT-Ansätze den Antrag an den WBP stellte. Die anderen Ansätze der HPT warteten erst einmal ab, welche Kriterien der WBP entwickeln würde.

> **Einige Eckpunkte im deutschen »Anerkennungsverfahren« der HPT bzw. der Gesprächspsychotherapie (GPT)**
>
> - 1998 fordern in einer Resolution 80 Universitäts-Professor:innen die kassenrechtliche Zulassung der GPT.
> - 2002 bestätigt der WBP die »wissenschaftliche Anerkennung« der GPT.

---

26 www.aghpt.de/antrag-wissenschaftliche-anerkennung/ (letzter Zugriff am 08.09.2022)

- 2002–2003 fordern sämtliche Psychotherapie-Länderkammern die »unverzügliche sozialrechtliche Anerkennung der GPT«.
- 2006 lehnt der G-BA die sozialrechtliche Anerkennung der GPT ab.[27]
- 2010 stellt eine von der Bundespsychotherapeutenkammer eingesetzte Expertenkommission nochmals fest: »Somit erfüllt die Gesprächspsychotherapie alle Voraussetzungen gemäß Psychotherapie-Richtlinien, um als neues Psychotherapieverfahren zur vertragsärztlichen Versorgung zugelassen zu werden«, und: »Die Aufnahme eines weiteren Psychotherapieverfahrens in das GKV-System steht möglicherweise den Interessen der im G-BA vertretenen Verfahren entgegen. Bei den Mitgliedern der Gruppe der »Leistungserbringer« im G-BA besteht die Besorgnis der Befangenheit, soweit sie Funktionsträger eines Verbandes der sog. Richtlinienverfahren sind.« (Strauß et al. 2010, S. 166).
- 2012 stellt die AGHPT den Antrag auf Feststellung der Wissenschaftlichen Anerkennung beim WBP. Der umfangreiche Antrag ist mit weit über 300 Wirkstudien untermauert.
- 2017 (Dezember) lehnt der WBP den Antrag ab (WBP 2018).[28] Darüber hinaus stellt er ohne Prüfauftrag und verfahrenswidrig sogar die »wissenschaftliche Anerkennung« der GPT wieder in Frage. Lediglich RCTs wurden geprüft und auch von diesen etliche aus bisher ungeklärten Gründen als Wirknachweise abgelehnt. Was die GPT betrifft, so wurden zwar 20 neue Studien akzeptiert (inkl. EFT), bis auf eine Studie jedoch sämtliche (!) Studien, die der WBP noch 2002 anerkannt hatte, nun abgelehnt. Die Gutachter:innen machen geltend, dass damit eine (!) Studie (im Bereich »Angst«) fehlte, um die »wissenschaftliche Anerkennung« der GPT erneut festzustellen (vgl. auch Eckert 2019).
- 2018 kritisieren daraufhin 40 Professor:innen (darunter auch Vertreter:innen von VT und psychodynamischer PT) in einem »offenen Brief« das WBP-Gutachten, das »tendenziös und mangelhaft« sei und »zentrale Regeln wissenschaftlichen Arbeitens missachtet und verletzt« habe.

Damit steht die Situation für deutsche Patient:innen und ihre Therapeut:innen im starken Kontrast zur evidenzbasierten Forschungslage. Eckert (2019, S. 424) stellt fest:

> »Somit hätten wir auf der einen Seite die vielfach empirisch bestätigte Therapietheorie von Rogers und auf der anderen Seite ein darauf basierendes Therapieverfahren, die Gesprächspsychotherapie, deren evidenzbasierte Wirksamkeit international anerkannt ist (z. B.

---

27 G-BA = Gemeinsamer Bundesausschuss; Selbstverwaltungsorgan der Kassenärztlichen Bundesvereinigung und der Kassenverbänden für die Aufnahme ins System der gesetzlichen Krankenversicherung.

28 Der Deutsche Dachverband GESTALTTHERAPIE für approbierte Psychotherapeut:innen e.V. (DDGAP), neben dem größeren Verband der Deutschen Vereinigung für Gestalttherapie e.V. (DVG) Mitglied in der Arbeitsgemeinschaft Humanistische Psychotherapie (AGHPT), stellte 2015 zusätzlich einen Antrag an den WBP – speziell zur Bewertung der Gestalttherapie. Da aber die Studien der Gestalttherapie eine Teilmenge der Studien des AGHPT-Antrags waren, wurde auch dieser Antrag 2018 abgelehnt.

Elliott et al. 2013), in der aber nach Meinung des WBP in Deutschland nicht mehr ausgebildet werden sollte, weil nach den seit 2010 gültigen Kriterien eine Studie fehlt. Gesprächspsychotherapie kommt in Deutschland seit fast 50 Jahren in allen Bereichen klinischer Versorgung psychisch Kranker zur Anwendung. Der WBP vertritt jedoch den Standpunkt, dass eine fehlende Studie mehr Gewicht hat als jahrzehntelange nachgewiesene Praxisbewährung…«.

Entsprechend resümiert er in der Zusammenfassung: »Am Beispiel der Bewertung der Gesprächspsychotherapie wird dargelegt, dass bestimmte gutachterliche Empfehlungen des WBP in hohem Maße von berufspolitischen Interessen bestimmt werden« (ebd., S. 420).

Die deutsche Sonderstellung und ihre faktischen Auswirkungen werden besonders im Kontrast zu Österreich deutlich:

Jedes Jahr legt das österreichische Bundesministerium für Soziales, Gesundheit, Pflege und Konsumentenschutz Daten »zum Ausbildungsgeschehen in Psychotherapie, Klinischer Psychologie und Gesundheitspsychologie in Österreich« vor. Mit Stand vom 01.06.2019 befanden sich insgesamt 4.339 Personen in einer fachspezifischen Psychotherapieausbildung. Dabei steht die Personzentrierte Psychotherapie mit 14% nur knapp an zweiter Stelle hinter der führenden Familientherapie mit 14,6%. Da in Österreich nicht abstrakte »Grundorientierungen« oder »Verfahren«, sondern differenziert konkrete Ausbildungen (und Institute) zugelassen werden, macht es Sinn, sich die im Report angegeben Cluster anzusehen: 45,7% wählten für ihr Fachspezifikum eine Ausbildung mit »Humanistisch-Existenzieller Orientierung«. Dies übertrifft weit die »Tiefenpsychologisch-Psychodynamische Orientierung« mit 27,8%, die »systemische Orientierung« mit 14,8% und die »Verhaltenstherapeutische Orientierung« mit lediglich 11,7% (▶ Abb. C4.1). Gegenüber der Verteilung auf der Psychotherapeutenliste (mit 37,4% für Humanistische Verfahren) haben sich bei den Ausbildungskandidaten sogar nochmals rund 8% mehr für diese Orientierung ausgesprochen.

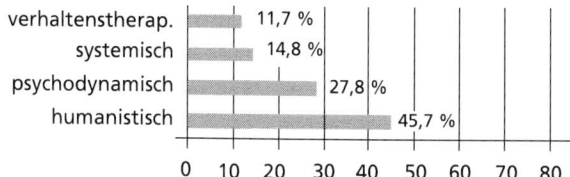

**Abb. C4.1:** Ausbildungskandidat:innen in Psychotherapie in Österreich nach Clustern (Stand 01.06.2019; Quelle: Österreichisches Bundesministerium für Soziales, Gesundheit, Pflege und Konsumentenschutz, 2020)

Man darf wohl davon ausgehen, dass die vielen Therapeut:innen mit Humanistischer Orientierung auch von einer entsprechend hohen Zahl an Patient:innen aufgesucht werden. Zwar wählen Patient:innen auch danach, was angeboten wird. Gleichwohl kann man sehen, wie die Fakten der internationalen Forschung und die Nachfrage nach Behandlung stark für eine Humanistische Psychotherapie im Spektrum der vier Grundorientierungen sprechen. Auch in der Schweiz, in der psychologische Psychotherapeut:innen vom 1. Juli 2022 an zulasten der obligatorischen Krankenpflegeversicherung (OKP) selbständig und auf eigene Rechnung tätig sein können (Voraussetzung ist eine ärztliche Anordnung), gehört die HPT selbstverständlich zu den zugelassenen Verfahren.

In Deutschland hingegen sieht die Verteilung deutlich anders aus (▶ Abb. C4.2).

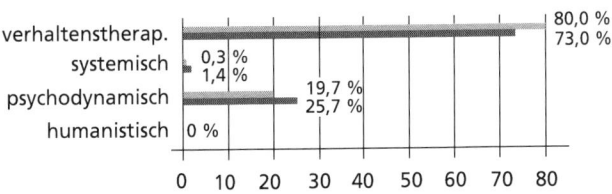

**Abb. C4.2:** Verteilung bestandener Approbationsprüfungen in Psychotherapie in Deutschland 2018–2020 (oberer Balken: Psychologische Psychotherapeut:innen (N = 6869), unterer Balken: Kinder- und Jugendlichenpsychotherapeut:innen (N = 2522); Quelle: Institut für medizinische und pharmazeutische Prüfungsfragen, IMPP)

Die Unterschiede lassen sich auch in Geld ausdrücken: Setzt man für die Jahre 2018–2020 bei insgesamt 9.391 abgeschlossen Approbationsausbildungen (▶ Abb. C4.2) im Schnitt pro Ausbildung nur EUR 20.000 an, ergibt dies insgesamt einen Betrag von EUR 188 Mio. Davon entfallen auf verhaltenstherapeutisch und psychodynamisch ausgerichtete Ausbildungsinstitute rund EUR 187 Mio. Auf die Systemische Therapie, die erst 2019 ins deutsche Kassensystem kam, entfallen nur rund EUR 1 Mio. – die HPT bzw. Gesprächspsychotherapie gehen leer aus.

Hätten wir in Deutschland eine Verteilung wie in Österreich, wären EUR 85,8 Mio. auf die HPT entfallen (45,7% von 188 Mio.). Eine positive »Bewertung« der HPT durch den WBP und den G-BA hätte somit ganz erhebliche Einbußen in den Budgets der etablierten Ausbildungsinstitute der VT und Psychodynamik zur Folge. Dabei geht es hier nur um die Kosten der Approbationsausbildungen – die jeweiligen Summen für Psychotherapien sind ein Vielfaches davon.

Es sei nur am Rande vermerkt, dass auch in der Schweiz u. a. Personzentrierte Psychotherapie, Gestalttherapie, Existenzanalyse, Körperpsychotherapie und weitere humanistische Ansätze staatlich anerkannt sind. Hätte man dort die Bewertung und Zulassung der HPT ebenfalls nahezu ausschließlich in die Hände der Konkurrenz gelegt, sähe die Situation vermutlich ähnlich wie in Deutschland aus.

## C5 Die Fakten sind freundlich – zur evidenzbasierten Wirksamkeit der Humanistischen Psychotherapie

Der erste Teil der Überschrift dieses abschließenden Kapitels geht auf Rogers zurück, der 1961 in seinem Werk »On becoming a person. A therapist's view of psychotherapy«[29] feststellt: »The facts are friendly«. Rogers zog damit ein Zwischenresümee seiner rund zwanzigjährigen Psychotherapieforschung (▶ Kap. C1.2). Rogers berichtet in diesem Zusammenhang, wie erleichtert er war, als die Ergebnisse seine Hypothesen bestätigten – denn im Sinne guter empirischer Forschung war dies vorab keineswegs klar. Doch es zeigte sich: »Die Fakten sind freundlich.«

Seitdem sind 60 Jahre vergangen. Die von Rogers initiierte Psychotherapieforschung (siehe Kasten in ▶ Kap. C1.2) ist heute mit vielen Erweiterungen hinsichtlich der spezifischen Methodik Standard in allen vier Grundorientierungen geworden – wenn gegenwärtig auch mit einem übermächtigen Fokus auf experimentelle Laborstudien. Auch in den unterschiedlichen Ansätzen der HPT ist eine beeindruckend große Zahl an Wirk- und Prozessstudien durchgeführt worden. Angesichts ihrer Fülle lassen sich Aussagen oft nur noch mithilfe zusammenfassender Metaanalysen treffen – wobei, wie in den vorherigen Kapiteln ausgeführt wurde, die spezifische Eigenart der HPT wenig berücksichtigt und damit deren Wirksamkeit eher unterschätzt wird. Gleichwohl zeigt auch die jüngere Forschung zur HPT auf, dass die »Fakten freundlich sind«.

2013 erschien die 6. Auflage des Buches »Garfield & Bergin's Handbook of Psychotherapy and Behavior Change« (Lambert 2013). Dieses Werk gilt seit einem halben Jahrhundert als »Bibel« der Psychotherapieforschung: Jeweils im Abstand von 8–10 Jahren wird dort der internationale Forschungsstand anhand sehr aufwändiger Übersichten und Metaanalysen dokumentiert.

Für unseren Kontext ist das umfangreiche Kapitel zur quantitativen Outcome-Forschung in der HPT relevant: »Research on Humanistic-Experiential Psychotherapies« (Elliott et al. 2013). Der internationale Beiname »experiential« wird inzwischen präzisierend verwendet, um deutlich zu machen, dass es in der HPT wesentlich um die Konstellierung von Erfahrungsräumen geht. Die Ansätze der HPT, die dort berücksichtigt wurden, entsprechen weitgehend dem, was auch in diesem Band zur HPT gezählt wird. Diese Metaanalyse, der 186 Studien mit insgesamt 14.206 Patient:innen zugrunde liegen (59 davon kontrollierte Efficacy-Studien), erbrachte die im folgenden Kasten dargestellten Hauptergebnisse.

---

29 1973 erstmals auf Deutsch mit in der fragwürdigen Übersetzung des Titels: »Entwicklung der Persönlichkeit« erschienen.

> **Hauptergebnisse der Metaanalyse von Elliott et al. 2013**
> **(186 Outcome-Studien zur HPT)**
>
> 1. Große Verbesserungen in den Symptomen, die auch über Katamnesen von zwölf Monaten stabil bleiben,
> 2. Kontrollierte Studien belegen eine deutliche Verbesserung der Behandlungsgruppen im Vergleich zu unbehandelten Gruppen,
> 3. Im Wesentlichen ist die HPT gleich effektiv wie die anderen Ansätze, die nicht-HPT sind (im Wesentlichen die deutschen »Richtlinienverfahren«)
> 4. Die oft berichtete »Überlegenheit« der Verhaltenstherapie hält genaueren Analysen nicht Stand: Sie ist weitgehend durch »non-bona-fide« Vorgehensweisen hervorgerufen (d. h. durch den Vergleich mit einer Pseudo-HPT, die Forscher anderer Ansätze als Kontrollbedingung verwenden, die aber die wesentlichen Aspekte der HPT gar nicht enthält (▶ Kap. A8).

Im Herbst 2021 erschien die 7. Auflage von »Garfield & Bergin's Handbook«. Auch hier findet sich ein Kapitel (Elliot et al. 2021, mit teilweise anderen Koautoren gegenüber der 2013-Metaanalyse). Die neue Metaanalyse beruht auf 91 Studien der HPT zwischen 2009 und 2018 zur »effectiveness/efficacy«. Und wieder, ja sogar noch deutlicher als in der vorhergehenden Ausgabe von 2013, erweisen sich die Fakten als freundlich für die »Humanistic-Experiential Psychotherapies (HEP)«. So ist zunächst die recht hohe Effektstärke im Vergleich zu nicht behandelten Patient:innen von .88 hervorzuheben. Auch zu anderen Therapieformen erweist sich HEP als gleich effektiv (-.08).

Auch hier konnte gezeigt werden, dass die scheinbare Überlegenheit der kognitiven Verhaltenstherapie (CBT) gegenüber der HEP (.26) ganz überwiegend mit Studien erbracht wurde, in denen von CBT-Forschern eine Pseudo-HEP, als erwünscht unwirksame Placebo-Bedingung, verwendet wurde. Wird CBT mit korrekt durchgeführter HEP verglichen (und dieser Vergleich gar noch von neutralen Wissenschaftlern überwacht), so verschwindet die in CBT-Publikationen behauptete Überlegenheit. Die weitgehende Gleichwertigkeit in der Effektivität der HPT zu den anderen drei Grundorientierungen ist damit nun noch deutlicher belegt als in der Metaanalyse von 2013. Ebenso ist die »Beweiskraft« (in der scientific community) dieser Befunde durch zusätzliche Analysen weiter gesteigert worden (u. a. sog. »intent-to-treat (ITT)«-Analysen und explizite Nachweise der Studienauswahl durch sog. PRISMA-Diagramme).[30]

Inzwischen berücksichtigen auch die anderen Grundorientierungen in ihren Diskursen die freundliche Faktenlage der HPT. Ende 2012 erschien in der Zeitschrift »Psychotherapy« ein ganzes Heft mit 14 Beiträgen von acht Autoren, das dem Thema »The Renewal of Humanism in Psychotherapy« gewidmet war. Dabei handelt es sich bei »Psychotherapy« um das offizielle Organ der Division 29 (Society for the Advancement of Psychotherapy) der APA (American Psychological Association).

---

30 Ein PRISMA-Diagramm stellt die einzelnen Arbeitsphasen dar, mit denen eine systematische Quellenübersicht gewonnen wurde.

Zu den Autoren zählen neben den bekannten Psychotherapieforschern Elkins und Wampold auch der Psychodynamiker Stolorow sowie der Verhaltenstherapeut Hayes, dessen von ihm entwickelter Ansatz der ACT (Acceptance and Commitment Therapy) auch in der deutschen Verhaltenstherapie viel Beachtung gefunden hat.[31]

In einem im »Psychotherapeutenjournal« veröffentlichten Grundsatz- und Überblicksartikel über »Innovative Psychotherapieforschung: Wo stehen wir und wo wollen wir hin?« bezieht sich Strauß (2019) ausgiebig auf das Buch »The great psychotherapy debate« von Wampold und Imel (2015; deutsche Ausgabe 2018), die dabei in wesentlichen Punkten auf ein von ihnen bereits 2001 veröffentlichtes Buch mit gleichem Haupttitel zurückgreifen. Strauß wiederum legt in seinem Artikel dar, wie sehr das Therapieergebnis von »kontextuellen« Faktoren im Psychotherapiebereich abhängt. Dies erläutert er anhand ▶ Tab. C5.1.

Dazu führt Strauß (2019, S. 6) aus: »Die Tabelle zeigt oben die durchschnittliche Effektstärke für die Wirkung von Psychotherapie, die – laut Wampold und Imel – in mehr als 500 Studien mit mehr als 80.000 Patienten belegt wurde und durch einen ausgeprägten Effekt gekennzeichnet ist. Die in der Tabelle im mittleren Teil abgedruckten Variablen lassen sich als ‚kontextuelle Faktoren' verstehen, da sie unabhängig sind von der spezifischen therapeutischen Methode. Der Einfluss der Person des Psychotherapeuten gehört beispielsweise hierzu. Die Effektstärken (für den Zusammenhang der Variablen mit dem Behandlungserfolg) sind hier überwiegend von mittlerer Ausprägung. Die im unteren Teil der Tabelle aufgeführten Variablen sind eher als behandlungsspezifische Faktoren zu verstehen (z. B. Adhärenz/Kompetenz) und weisen nur geringe Effektstärken für den Zusammenhang mit dem Therapieerfolg auf.«

Wenn man sich in dieser Tabelle die »kontextuellen Faktoren« mit ihrer großen Wirksamkeit ansieht[32], so verweisen »Empathie«, »Wertschätzung« und »Kongruenz/Echtheit« auf die in diesem Band immer wieder hervorgehobenen zentralen Aspekte des therapeutischen Beziehungsangebotes. Und auch die anderen verweisen auf das, was in der situationsspezifischen Entfaltung von HPT fraglos wichtige Aspekte sind und die deshalb auch von humanistischen Psychotherapeut:innen regelmäßig beachtet werden.

Diese Ergebnisse, die Wampold federführend in die internationalen Diskurse zur Psychotherapieforschung eingebracht hat, haben inzwischen zu einer deutlichen

---

31 Die europäische Perspektive in diesem Diskurs haben Längle und Kriz (2012) sowie Kriz und Längle (2012) beigetragen; die Beiträge wurden zudem im »Handbook of Humanistic Psychology« (Schneider et al. 2015) nachgedruckt.

32 Auch wenn diese Ergebnisse inhaltlich überaus erfreulich sind, stehen sie dennoch unter dem kritischen Vorbehalt unserer o. a. Argumente, nämlich dass es problematisch ist, zentrale Aspekte der HPT als »Variablen« isoliert zu messen und metaanalytisch zu »Effektstärken« von »Wirkfaktoren« zu verrechnen (▶ Kap. C2.3). »Evidenzbasierter Quark« wird nicht besser, nur weil es »Variablen der HPT« betrifft. Zumindest der angegebenen Genauigkeit der Zahlen (mit zwei Stellen hinter dem Komma) sollte man mit großer Vorsicht begegnen (vgl. Kriz 2014d): Eine andere Stichprobe an Studien würde mit hoher Wahrscheinlichkeit andere Werte liefern. Gleichwohl ist durch zahlreiche Studien die grundlegende Erkenntnis nicht mehr zu bezweifeln, dass gegenüber der Wirkung der Kompetenzen der zentralen Aspekte der HPT die spezifischen Therapietechniken eher marginal sind.

**Tab. C5.1:** Ergebnisse von Metaanalysen zur Wirkung von Psychotherapie und zum Einfluss kontextueller Faktoren und spezifischer Wirkfaktoren auf das Behandlungsergebnis (nach Wampold und Imel 2015, zit. in Strauß 2019, S. 6)

| Faktor(-gruppe) | Variable | Studien | Patienten | Effektstärke |
|---|---|---|---|---|
| Wirkung von Psychotherapie | Psychotherapie | > 500 | > 80.000 | 0,80 |
| Kontextuelle Faktoren | Allianz | 190 | > 14.000 | 0,57 |
| | Empathie | 59 | 3.599 | 0,63 |
| | Zielkonsens/Zusammenarbeit | 15 | 1.302 | 0,72 |
| | Wertschätzung | 18 | 1.067 | 0,56 |
| | Kongruenz/Echtheit | 16 | 863 | 0,49 |
| | Kulturelle Adaptation der Therapie | 21 | 950 | 0,32 |
| | Person des Psychotherapeuten | 29 + 17 | 14.519 | 0,35–0,55 |
| Spezifische Wirkfaktoren | Unterschiede zwischen Treatments | 295 | > 5.900 | < 0,20 |
| | Spezifische Techniken | 30 | 871 | 0,01 |
| | Adhärenz | 28 | 1.334 | 0,04 |
| | Kompetenz für störungsspezifische Therapie | 633 | 633 | 0,14 |

Relativierung der Bedeutung von »spezifischen Wirkfaktoren« geführt. D. h. die Haltung, die in RCT-Studien üblicherweise erhobenen und berechneten psychotherapeutischen Interventionen als alleinige oder auch nur vorwiegende Wirkungen im psychotherapeutischen Prozess anzusehen, wird zunehmend kritisch betrachtet. Neuere Übersichtswerke zur Psychotherapie (z. B. Hoyer und Knappe 2021) greifen diese Debatte entsprechend auf, wenn sie auch – m. E. zu Recht – vor einer Überinterpretation warnen (Hoyer, Knappe und Wittchen 2021, S. 387–391), weil die Frage der Wirkung von Psychotherapie von überaus vielen Aspekten abhängt.

So ist festzustellen: In die Debatte um die angemessenen Formen und Wege von Evidenzbeurteilungen müssen nicht nur unterschiedliche Konzeptionen der Grundorientierungen, sondern auch unterschiedliche methodische Zugänge wie Wirkforschung im engeren Sinne, Prozessforschung, Einzelfallstudien (in unterschiedlicher Weise angelegt und aufbereitet), Ergebnisse aus psychotherapeutischer Grundlagenforschung sowie Studien im breiten Spektrum der Klassifikation von »evidenzbasierter Medizin« berücksichtigt werden. Da bedarf es noch viel Arbeit und zahlreicher Diskussionen!

Gleichwohl darf an dieser Stelle abschließend festgehalten werden, dass die Fakten für die Humanistische Psychotherapie unter wissenschaftlichen Gesichtspunkten der inhaltlichen Fundierung und breiten Wirksamkeit »freundlich« sind. Dazu zählt auch die Tatsache, dass Ansätze dieser Grundorientierung wo möglich (z. B. in Österreich) in hohem Maße von Patient:innen nachgefragt und entsprechend auch von Therapeut:innen und Ausbildungskandidat:innen bevorzugt gewählt werden. Dies liegt vielleicht mit daran, dass diese Ansätze solchen Therapeut:innen gut entsprechen, die eher an personbezogenen Kompetenzen als an baukastenähnlichen Interventionen interessiert sind. Es wäre daher angebracht, wenn die HPT auch in Deutschland (wieder) einen ihr angemessenen Platz im Gesundheitssystem erhielte, der sich nicht zuletzt auch in einer gegenüber den drei weiteren Grundorientierungen gleichberechtigten Berücksichtigung in universitärer Forschung und Lehre sowie in psychotherapeutischer Aus-, Fort- und Weiterbildung widerspiegelte.

**Verzeichnisse**

# Literatur

Aanstoos, C., et al. (2000). History of Division 32 (Humanistic Psychology) of the American Psychological Association. In: Dewsbury, D. (Ed.), *Unification through Division: Histories of the divisions of the American Psychological Association*, Vol. V. Washington, DC: American Psychological Association

Adolphs, R. (2009). The social brain: Neural basis of social knowledge. *Annual Review of Psychology, 60*, 693–716

AGHPT (2012). Antrag der AGHPT an den Wissenschaftlichen Beirat Psychotherapie auf wissenschaftliche Anerkennung des Verfahrens »Humanistischen Psychotherapie«; 12.10.2012, https://aghpt.de/antrag-wissenschaftliche-anerkennung.pdf (Zugriff 01.05.2022)

Agstner, I. (2008). *Krebs und seine Metaphern in der Psychotherapie. Ein gestalttheoretischer Ansatz.* Wien: Verlag Wolfgang Krammer

Ainsworth, M. D. S. (1967). *Infancy in Uganda: Infant care and the growth of love.* Baltimore, MD: Johns Hopkins University Press

Allen, J., Fonagy, P., Bateman, A. (2008). *Mentalizing in Clinical Practice.* Washington: American Psychiatric Press

Ameln, F. v., Schnabel, K., Stadler, M. (2019). Psychodramatische Arbeit mit inneren Anteilen. *Z Psychodrama Soziom., 18*, 23–40

Andersch, N. (2007). Symbolische Form und Gestalt – Ein kreatives Spannungsverhältnis. Ernst Cassirers Beitrag zu einem Modell mentaler Funktionsräume. *Gestalt Theory, Vol. 29, No. 4*, 279–293.

Andersch, N. (2014). *Symbolische Form und psychische Erkrankung. Argumente für eine »neue« Psychopathologie.* Würzburg: Königshausen & Neumann.

Andersch, N. (2015). Kurt Goldstein – Der Aufbau des Organismus (Rezension), *Gestalt Theory, Vol. 37, No. 2*, 189–202

Andersch, N. (2016). Gestalt und Gestaltverlust in der Schizophrenie. Zur Bedeutung stabilisierender Symbolbildung für unser Bewusstsein und seine Störungen. *Gestalt Theory, Vol. 38, No. 2/3*, 279–296

Andersch, N. (2020). Semiotische und symboltheoretische Forschung. Ein neuer Schlüssel zum Verständnis psychischer Erkrankungen. *Phänomenal, 12, 1*, 29–40

Andersch, N., Barfi, D. (2008). Cassirer, Goldstein, Kronfeld, Lewin: Verschüttete Ansätze einer »Neuen Psychopathologie« und ihre Fortschreibung. In: Keil, G., Holdorff, B. (Hrsg.) *Schriftenreihe der DGGN, 14*, 215–242

Antonovsky, A. (1993). The structure and properties of the sense of coherence scale. *Soc Sci Med 36 (6)*: 725–733

Antonovsky, A. (1997). *Salutogenese. Zur Entmystifizierung der Gesundheit.* Tübingen: dgvt-Verlag

Asen, E., Fonagy, P. (2014). Mentalisierungsbasierte therapeutische Intervention für Familien. *Familiendynamik, 39, 3*, 234–249

Ash, M.G. (1980). Academic politics in the history of science: Experimental psychology in Germany, 1879–1941. *Central European History, 13, 3*, 255–286

Ash, M.G. (1985). Ein Institut und eine Zeitschrift. Zur Geschichte des Berliner Psychologischen Instituts und der Zeitschrift »Psychologische Forschung« vor und nach 1933. In: Graumann, C.F. (Hrsg.) *Psychologie im Nationalsozialismus.* Berlin/Heidelberg: Springer, 113–138

Ash, M.G. (2007). *Gestalt Psychology in German Culture: Holism and the Quest for Objectivity.* Cambridge: Cambridge Univ. Press

Bachg, M., Sulz, S.K.D. (Hrsg.) (2022). *Bühnen des Bewusstseins – Die Pesso-Therapie. Anwendung, Entwicklung, Wirksamkeit.* Gießen: Psychosozial

Baillargeon, R., Wu, D., Yuan, S., Li, J., Luo, Y. (2009). Young infants' expectations about self-propelled objects. In: Hood, B., Santos, L. (Eds.). *The origins of object knowledge.* Oxford: Oxford University Press, 285–352

Barbieri, M. (2008). Biosemiotics: a new understanding of life. *Naturwissenschaften, 95/7,* 577–599

Bartlett, F.C. (1932). *Remembering.* Cambridge: Cambridge Univ. Press

Bateson, M.C. (1975). Mother-infant exchanges: The epigenesis of conversational interaction. In: Aaronson, D., Rieber, R.W. (Hrsg.). *Developmental psycholinguistics and communication disorders.* New York: New York Academy of Sciences, 101–113

Bauer, J. (2006). *Warum ich fühle, was du fühlst. Intuitive Kommunikation und das Geheimnis der Spiegelneurone.* München: Heyne-Verlag

Bender, W., Stadler, C. (2015). *Psychodrama-Therapie. Grundlagen, Methodik und Anwendungsgebiete.* Stuttgart: Schattauer

Benecke, C. (2000). *Mimischer Affektausdruck und Sprachinhalt. Interaktive und objektbezogene Affekte im psychotherapeutischen Prozess.* Bern: Verlag Peter Lang

Berger, P.L., Luckmann, T. (1966/2003). *Die gesellschaftliche Konstruktion der Wirklichkeit. 19. Auflage.* Frankfurt/M.: Fischer

Berne, E. (2002). *Spiele der Erwachsenen.* Reinbek: Rowohlt

Biermann-Ratjen, E.-M., Eckert, J. (1982). Du sollst merken – wie willst du sonst verstehen. Plädoyer für das tiefenpsychologische Modell der Entwicklung der Person in der Gesprächspsychotherapie. In: Biehl, E., Jaeggi, E., Minsel, W.R., van Quekelberghe, R., Tscheulin, D. (Hrsg.). *Neue Konzepte der klinischen Psychologie und Psychotherapie.* München: Steinbauer & Rau, 36–39

Biermann-Ratjen, E.-M., Eckert, J. (2017). *Gesprächspsychotherapie. Ursprung – Vorgehen Wirksamkeit.* Stuttgart: Kohlhammer

Bischkopf, J. (2015). *Emotionsfokussierte Therapie. Grundlagen, Praxis, Wirksamkeit.* Göttingen: Hogrefe

Blankerts, S., Doubrova, E. (2017). *Lexikon der Gestalttherapie.* Köln/Kassel: gik-press

Boeck-Singelmann, C. et al. (Hrsg.) (2003). *Personzentrierte Psychotherapie mit Kindern und Jugendlichen: Bd. 3: Störungsspezifische Falldarstellungen.* Göttingen: Hogrefe

Bonatti, L., Frot, E., Zangl, R., Mehler, J. (2002). The human first hypothesis: Identification of conspecifics and individuation of objects in the young infant. *Cognitive Psychology, 44,* 388–426

Bowlby, J. (1969). *Attachment and loss: Vol. 1. Attachment.* New York: Basic Books. (dt.: *Bindung.* München: Reinhard, 2006)

Bowlby, J. (1988). *A secure Base. Clinical applications of attachment theory.* London: Routledge (dt.: *Bindung als sichere Basis.* München: Reinhard, 5. Auflage, 2021)

Buber, M. (1923). *Ich und Du.* Heidelberg: Lambert Schneider

Buchholz, M.B., Kächele, H. (2019): Verirrungen der bundesdeutschen Diskussion – Eine Polemik. *Psychotherapeutenjournal 18(2),* 156–162

Bugental, J.F.T. (1963). Humanistic psychology: A new breakthrough. *American Psychologist, 18,* 563–567

Bugental, J.F.T. (1964). The third force in psychology. *Journal of Humanistic Psychology 4 (1),* 19–25

Bugental, J.F.T. (1976). *The Search for Existential Identity.* San Francisco: Jossey Bass

Bugental, J.F.T. (1978). *Psychotherapy and Process.* New York: MacGrawHill

Butollo, W., Koll-Krüsmann, M., Hagl, M. (2017). Humanistische Psychotherapieverfahren. In: Möller H.J., et al. (Hrsg.). *Psychiatrie, Psychosomatik, Psychotherapie. 5. Auflage.* Heidelberg: Springer, S. 1149–1176

Carkhuff, R.R. (1969). *Human and helping relations (Bd. 1 & 2).* New York: Holt, Rinehart & Winston

Cassirer, E. (1923–1929/1994): *Philosophie der Symbolischen Formen, Bd. I.– III.* Darmstadt: Wiss. Buchgemeinschaft

Cassirer, E. (1960). *Was ist der Mensch? Versuch einer Philosophie der menschlichen Kultur.* Stuttgart: Kohlhammer

Chambless, D.L., Hollon, S.D. (1998). Defining empirical supported therapies. *Journal of Consulting and Clinical Psychology, 66(1),* 7–18

Clauer, J. (2013). Die implizite Dimension in der Psychotherapie. In: Geißler P., Sassenfeld, A. (Hrsg.) *Jenseits von Sprache und Denken: Implizite Dimensionen im psychotherapeutischen Geschehen.* Gießen: Psychosozial-Verlag, 135–174

Clauer, J. (2019). Somatoforme Störungen in Humanistischer und Körperpsychotherapie. *Psychotherapie-Wissenschaft 9 (2),* 98–106

Cornelius-White, J.H.D., Motschnik-Pitrik, R., Lux, M. (Eds.) (2013). *Interdisciplinary handbook of the person-centered approach: research and theory.* New York: Springer

Cottraux, J. et al (2009). Cognitive therapy versus Rogerian supportive therapy in borderline personality disorder. Two-year follow-up of a controlled pilot study. *Psychotherapy and Psychosomatics, 78,* 307–316

Cottraux, J., et al. (2000). Cognitive behavior therapy versus supportive therapy in social phobia: a randomized controlled trial. *Psychotherapy and Psychosomatics, 69(3),* 137–146

Dahms, H-J. (2018). Der Neubeginn der Wiener Philosophie im Jahre 1922. Die Berufungen von Schlick, Bühler und Reininger. In: Friedrich, J. (Hrsg.) *Karl Bühlers Krise der Psychologie. Positionen, Bezüge und Kontroversen im Wien der 1920er/30er Jahre.* Heidelberg: Springer, 3–32

Davison, G. C., Neale, J. (1998). *Klinische Psychologie.* Weinheim: Beltz PVU

de Waal, F.B.M. (2017). *Der Affe in uns. Warum wir sind, wie wir sind. 5. Auflage.* München: dtv

Dilthey, W. (1894/1924). *Ideen über eine beschreibende und zergliederte Psychologie. Gesammelte Schriften, Bd. 5.* Leipzig: Teubner

Dunbar, R. (1998). The social brain hypothesis. *Evolutionary Anthropology, 23,* 178–190

Dunbar, R. (2011). Evolutionary basis of the social brain. In: Decety, J., Cacioppo, J.T. (Eds.). *The Oxford handbook of social neuroscience.* Oxford: Oxford University Press

Duncker, K. (1963). *Zur Psychologie des produktiven Denkens.* Berlin: Springer

Eberwein W. (2010). *Humanistische Psychotherapie. Quellen, Theorien und Techniken.* Stuttgart: Thieme

Eberwein, W. (2016). Was ist humanistische Psychotherapie? Kurzdefinition der AGHPT (https://aghpt.de/werner-eberwein.de/was-ist-humanistische-psychotherapie-kurzfassung/) und auf (https://werner-eberwein.de/was-ist-humanistische-psychotherapie-7/ (Zugriff 01.05.2022)

Eberwein, W., Thielen, M. (Hrsg.) (2014). *Humanistische Psychotherapie. Theorien, Methoden, Wirksamkeit.* Gießen: Psychosozial-Verlag

Eckensberger, L.H., Keller, H. (1998). Menschenbilder und Entwicklungskonzepte. In: Keller, H. (Hrsg.) *Entwicklungspsychologie.* Bern: Hans Huber

Eckensberger, L.H. (2002). Paradigms revisited: From incommensurability to respected complementarity. In: Keller, H., et al. (Eds.). *Biology, culture, and development: Integrating diverse perspectives.* N.Y.: Cambridge University Press, 341–383

Eckert, J. (2013). Machtmissbrauch in den Psychotherapiewissenschaften. Mittel und Wege der Monopolisierung. *Persönlichkeitsstörungen. Theorie und Therapie 17,* 278–288

Eckert, J. (2019). Wissenschaftlicher Beirat Psychotherapie: Quo vadis? Eine Frage, die erneut gestellt werden muss. *Psychotherapeut, 64/5,* 420–425

Eckert, J., Höger, D., Linster, H.W. (Hrsg.) (1997). *Praxis der Gesprächspsychotherapie. Störungsbezogene Falldarstellungen.* Stuttgart: Kohlhammer

Eckert, J. et al. (Hrsg.) (2012). *Gesprächspsychotherapie. Lehrbuch. 2. Auflage.* Berlin: Springer

Eckert, J., Kriz, J. (2012). Humanistische Psychotherapieverfahren. In: Senf, W.,Broda, M. (Hrsg.). *Praxis der Psychotherapie,* 256–277

Ehlers, A., et al. (2014). A randomized controlled trial of 7-day intensive and standard weekly cognitive therapy for PTSD and emotion-focused supportive therapy. *American Journal of Psychiatry, 171(3),* 294–304

Ehrenfels, Chr. v. (1890). Über »Gestaltqualitäten«. In: Weinhandl (Hrsg.) (1974) *Gestalthaftes Sehen. Ergebnisse und Aufgaben der Morphologie. Zum 100jährigen Geburtstag von Christian von Ehrenfels. 4. Auflage.* Darmstadt: Wissenschaftliche Buchgesellschaft

Einstein, A. (1934). Zur Methode der theoretischen Physik. In: *Mein Weltbild.* Amsterdam: Querido, 176–187

Elliott, R., et al. (2013). Research on humanistic-experiential psychotherapies. In: Lambert, M.J. (Ed.). *Bergin & Garfield's Handbook of psychotherapy and behavior change. 6th ed.* New York: Wiley, 495–538

Fangauf, U. (2014). Einladung zur Begegnung: Das Psychodrama. *Projekt Psychotherapie (bvvp-Magazin), 1/2014*, 26–27

Fahrenberg, J., Hampel, R., Selg, H. (1984). *Das Freiburger Persönlichkeitsinventar. 4., revidierte Fassung FPI-R.* Göttingen: Hogrefe.

Finke, J. (2015). Prozessanalyse einer Personzentrierten Psychotherapie mit Märchen. *PERSON, 19*, 49–59

Finkelnburg, F.C. (1870). Niederrheinische Gesellschaft in Bonn. Medicinische Sektion, Sitzung am 21. März 1870. *Berliner Klinische Wochenschrift (37/8)*, 449–450 u. 460–462

Flückinger, C.D., Brodke, M.R.H. (2013). Positive Reactions to a Q Sort for Personality Assessment. Operant Subjectivity. *The International Journal of Q Methodology, 36,4*, 335–341

Frankl, V.E. (1987). *Das Leiden am sinnlosen Leben.* Freiburg: Herder

Frankl, V.-E. (1990). *Der leidende Mensch. Anthropologische Grundlagen der Psychotherapie.* München: Piper

Freitag, P. (1997). Psychotherapie eines Patienten mit schizoaffektiver Psychose: Eine Falldarstellung. *Existenzanalyse 14(1)*, 8–12

Frohburg, I. (1974). Die Verwendbarkeit psychodiagnostischer Methoden zur Veränderungsmessung in der Psychotherapie. In: Helm, J. (Hrsg.) *Psychotherapieforschung.* Berlin: VEB, 49–91

Frohburg, I. (2007). *Zwölf Beiträge zum sozialrechtlichen Anerkennungsverfahren der Gesprächspsychotherapie.* Köln: GwGVerlag

Fuchs, T. (2021). *Das Gehirn – ein Beziehungsorgan. Eine phänomenologisch-ökologische Konzeption. 5. Auflage.* Stuttgart: Kohlhammer

Fuchs, T. (2021). Gestalt Theoretical Psychotherapy – A Clinical Example. *Gestalt Theory, 43(1)*, 87–100

Fydrich, T., Kommer, D. (2004). Das Psychotherapeutengesetz: 53 Jahre davor, 5 Jahre danach. *Verhaltenstherapie, 14*, 35–41

Fydrich, T., Schneider, S. (2007). Evidenzbasierte Psychotherapie. *Psychotherapeut, 52*, 55–68

Gaab, J., et al. (2021). Humanistische und experimentielle Psychotherapieverfahren. In: Hoyer, J., Knappe, S. (Hrsg.). *Klinische Psychologie und Psychotherapie.* Berlin: Springer, 443–457

Gahleitner, S.B., et al. (Hrsg.) (2022). *Humanistische Traumatherapie in der Praxis. Biografische Verletzungen verstehen und therapeutisch beantworten.* Göttingen: Vandenhoeck & Ruprecht

Gallese, V., Goldman, A. (1998). Mirror neurons & the simulation theory of mind-reading. *Trends in Cognitive Sciences 12 (No. 2)*, 493–501

Galliker, M. (2015). »Mehr gibt es dazu nicht« Prozessanalyse bei einem Jugendlichen mit Ablösungsproblemen. *PERSON, 19*, 36–48

Galliker, M. (2021). Ideengeschichte der Humanistischen Psychotherapie. In: Strauß, B.,Galliker, M., Linden, M., Schweitzer-Rothers, J. (Hrsg.) *Ideengeschichte der Psychotherapieverfahren. Theorien, Konzepte Methoden.* Stuttgart: Kohlhammer, 59–71

Gauttier, S., Liberati, N. (2020). Exploring the Relation between Q Methodology and Phenomenology. Operant Subjectivity. *The International Journal of Q Methodology, 42*, 33–57

Gendlin, E.T. (2016). *Ein Prozess-Modell. 2. Auflage.* Freiburg: Karl Alber

Geuter, U. (2015). *Körperpsychotherapie. Grundriss einer Theorie für die klinische Praxis.* Berlin: Springer

Goldstein, K. (2012): *Der Aufbau des Organismus. Einführung in die Biologie unter besonderer Berücksichtigung der Erfahrungen am kranken Menschen.* München: Fink (Erstveröffentlichung 1934, engl.: The Organism: A Holistic Approach to Biology Derived from Pathological Data in Man., with a foreword by Oliver Sacks, MIT--press 1995)

Graumann, C.F. (Hrsg.) (1985). *Psychologie im Nationalsozialismus.* Berlin, Heidelberg: Springer

Graumann, C.F. (1988). Phänomenologische Psychologie. In: Asanger, R., Wenninger, G. (Hrsg.) *Lexikon der Psychologie. 4. Auflage*. München: PVU, 538–543

Graumann, C.F. (2000). Phänomenologische Psychologie. In: *Lexikon der Psychologie*. Heidelberg: Spektrum

Greenberg, L.S. (2005). Emotionszentrierte Therapie: Ein Überblick. *Psychotherapeutenjournal*, 4, 324–337

Greenberg, L.S. (2016). *Emotionsfokussierte Therapie*. München: Ernst Reinhardt

Greenberg, L.S., Rice, L.N., Elliott, R. (2003). *Emotionale Veränderung fördern*. Paderborn: Junfermann

Haken, H., Schiepek, G. (2010). *Synergetik in der Psychologie: Selbstorganisation verstehen und gestalten*. Hogrefe

Haken, H., Stadler, M. (1990). *Synergetics of Cognition*. Berlin, Heidelberg: Springer

Hall, C.S., Lindzey, G. (1957). *Theories of Personality*. New York: Wiley & Sons

Hanswille, R. (Hrsg.) (2022). *Basiswissen Systemische Therapie. Gut vorbereitet in die Prüfung*. Göttingen: Vandenhoeck & Ruprecht

Harrington, A. (2002). *Die Suche nach Ganzheit. Die Geschichte biologisch-psychologischer Ganzheitslehren: Vom Kaiserreich bis zur New-Age-Bewegung*. Reinbek bei Hamburg: Rowohlt

Hartmann-Kottek, L. (2007). Gestalttherapie. In: Reimer, C., et al. (Hrsg.) *Psychotherapie. Ein Lehrbuch für Ärzte und Psychologen. 3. Auflage*. 318–342

Hartmann-Kottek, L. (2012). *Gestalttherapie. 3. Auflage*. Heidelberg: Springer

Hartmann-Kottek, L. (2014). Ich und Du im Hier und Jetzt. Die Gestalttherapie. *Projekt Psychotherapie (bvvp-Magazin), 1/2014*, 22–23

Hau, S., Leuzinger-Bohleber, M. (Hrsg.) (2004). Psychoanalytische Therapie. Eine Stellungnahme für die wissenschaftliche Öffentlichkeit und für den Wissenschaftlichen Beirat Psychotherapie. *Forum der Psychoanalyse, 20*, 13–125

Hautzinger, M., Thies, E. (2009). *Klinische Psychologie: Psychische Störungen kompakt*. Weinheim: Beltz.

Helle, M. (2022). Entwicklung und Grundlagen der Gesprächspsychotherapie nach Carl Rogers und ihre Beziehung zur Humanistischen Psychologie. In: Sanchez de Murillo, J. (Hrsg.) *Humanistische Psychotherapie*. Augsburg: Aufgangverlag, 41–58

Hermans, B., Beermann, A. (2023). *Systemische Psychotherapie. Lehrbuch für Studium und Weiterbildung*. Heidelberg: Springer

Hespos, S., Ferry, A. (2009). Five-Month-Old Infants Have Different Expectations for Solid and Liquids. *Psychological Science, 20(5)*, 603–611

Helm, J. (Hrsg.) (1974). *Psychotherapieforschung*. Berlin: VEB, 49–91

Höger, D. (2000). Ist das noch GT, wenn ich …? Was ist eigentlich Gesprächspsychotherapie? *Psychotherapeutenforum, 5*, 5–17

Hofstätter, P.R. (1957). *Psychologie*. Frankfurt a.M.: Fischer

Holmes, J. (1993). *John Bowlby and attachment theory: Makers of modern psychotherapy*. London, Routledge

Holmes, P. (2015). *Inner world outside: Object Relation Theory and Psychodrama*. London: Routledge

Hontschik, B., Bertram, W., Geigges, W. (2013). *Auf der Suche nach der verlorenen Kunst des Heilens. Bausteine der Integrierten Medizin*. Stuttgart: Schattauer

Hoyer, J., Knappe, S. (Hrsg.) (2021). *Klinische Psychologie und Psychotherapie. 3. Auflage*. Berlin, Heidelberg: Springer

Hoyer, J., Knappe, S., Wittchen, H.-U. (2021). Klinisch-psychologische und psychotherapeutische Verfahren: Ein Überblick. In: Hoyer, J., Knappe, S. (Hrsg.) *Klinische Psychologie und Psychotherapie. 3. Auflage*. Berlin, Heidelberg: Springer, 381–400

Husserl, E. (1913/2009): *Ideen zu einer reinen Phänomenologie und phänomenologischen Philosophie*. Bd. 1 (1913), Bd. 2 (1912), Bd. 3 (1928). Hamburg: Meiner

Hutter, C. (2009). Einführung in die Texte Jacob Levi Morenos. In: Hutter, C., Schwehm, H. (Hrsg.) *J.L. Morenos Werk in Schlüsselbegriffen*. Wiesbaden: VS Verlag, 23–39

Hutterer, R. (1992). Aktualisierungstendenz und Selbstaktualisierung. Eine personenzentrierte Theorie der Motivation. In: Hutterer, R., Stipsits, R. (Hrsg.) *Perspektiven Rogerianischer Psychotherapie*. Wien: WUV, 146–171

Hutterer, R. (1998). *Das Paradigma der Humanistischen Psychologie. Entwicklung, Ideengeschichte und Produktivität*. Wien: Springer

Jarosik, H. (2012). Kurzzeittherapie in der Suchtarbeit – eine Falldarstellung aus Stationärer Alkoholbehandlung. *Existenzanalyse 29(1)*, 31–36

Jessinghaus, A. (2009). Personzentrierte Therapie bei Borderline-Persönlichkeitsstörungen. Eine Falldarstellung aus einer psychiatrischen Ambulanz. *PERSON 2009; 13/2*, 137–147

Karp, M. (2000). Psychodrama of rape and torture. A sixteenyear follow-up case study. In: Kellermann, P.F., Hudgins, M.K. (Eds.) *Psychodrama with Trauma Survivors: Acting out your Pain*. London: Kingsley, 63–82

Kaul, E., Fischer, M. (2016). *Einführung in die Integrative Körperpsychotherapie IBP (Integrative Body Psychotherapy)*. Bern: Hogrefe

Kern, S., Hintermeier, S. (2018). *Psychodrama-Psychotherapie im Einzelsetting*. Wien: Facultas

Kessel, B., et al. (2021). *Ressourcenorientierte Transaktionsanalyse*. Göttingen: Vandenhoeck & Ruprecht

Kirschenbaum, H. & Henderson, V.L. (eds.) (1989) *The Carl Rogers Reader*. New York: Houghton Mifflin

Köhler, W. (1968). *Werte und Tatsachen*. Berlin, Heidelberg: Springer [Englische Erstfassung 1938, The place of value in a world of facts. New York: Liveright]

Koffka, K. (2008). *Zu den Grundlagen der Gestaltpsychologie. Ein Auswahlband*. Hrsg. v. M. Stadler. Wien: Verlag Wolfgang Krammer

Kolbe, C. (2014). Mit Zustimmung leben: Existenzanalyse und Logotherapie. *Projekt Psychotherapie (bvvp-Magazin), 1/2014*, S. 30–31

Kolbe, C., Dorra, H. (2020). *Selbstsein und Mitsein. Existenzanalytische Grundlagen für Psychotherapie und Beratung*. Gießen: Psychosozial-Verlag

Krause, R. (2003a). Das Gegenwartsunbewusste als kleinster gemeinsamer Nenner aller Techniken. *Psychotherapie, 8, 2*, 316–325

Krause, R. (2003b). Emotion als Mittler zwischen Individuum und Umwelt. In: Adler, R.H., et al. (Hrsg.) *Psychosomatische Medizin. 6. Auflage*. München: Urban u. Fischer, 207–278

Kriz, J. (1990). Synergetics in Clinical Psychology. In: Haken H., Stadler, M. (Eds.) *Synergetics of Cognition*. Berlin, Heidelberg: Springer, 293–304

Kriz, J. (1992a). *Chaos und Struktur. Systemtheorie. Bd. 1*. München, Berlin: Quintessenz

Kriz, J. (1992b). Simulating Clinical Processes by Population Dynamics. In: Tschacher, W., Schiepek, G., Brunner, E.J. (Eds.) *Self-Organization and Clinical Psychology. Empirical Approaches to Synergetics in Psychology*. Berlin, Heidelberg: Springer, 150–162

Kriz, J. (1994). Psychisch-kommunikative Prozesse als Umgebungsbedingungen für Asthma bronchiale. Eine systemische Sichtweise der Interaktion sozialer, psychischer und körperlicher Prozeßdynamik. In: Könning, J., Szczepanski, R., v. Schlippe, A. (Hrsg.) Betreuung asthmakranker Kinder im sozialen Kontext. Stuttgart: Enke, 179–198

Kriz, J. (1996). Grundfragen der Forschungs- und Wissenschaftsmethodik. In: Hutterer-Krisch, R., et.al. (Hrsg.) *Psychotherapie als Wissenschaft. Fragen der Ethik* (Bd. 5 der »Serie Psychotherapie«, hrsg. V. G. Sonneck). Wien: Facultas, 15–160

Kriz, J. (1998). Die Effektivität des Menschlichen. Argumente aus einer systemischen Perspektive. *Gestalt Theory, 20*, 131–142 (Abdruck auch in: bdp (Hrsg): Reader, 3. Landes-Psychologinnen-Tag Schleswig-Holstein »Zwischen Effektivität und Menschlichkeit – Fragen an die Psychologie« sowie in *systhema, 12*, 1998, 277–288.)

Kriz, J. (1999). Von der »science-fiction« zur »science«. Methodologische und methodische Bemerkungen zur Frage der »Wissenschaftlichkeit von Psychotherapieverfahren«. *Report Psychologie, 24*, 21–30

Kriz, J. (2000). Perspektiven zur »Wissenschaftlichkeit von Psychotherapie«. In: Hermer, M. (Hrsg.) *Psychotherapeutische Perspektiven am Beginn des 21. Jahrhunderts*. Tübingen: DGVT-Verlag, 43–66

Kriz, J. (2001). Self-Organization of Cognitive and Interactional Processes. In: Matthies, M., Malchow, H., Kriz, J. (Eds) *Integrative Systems Approaches to Natural and Social Dynamics*. Heidelberg: Springer, 517–537

Kriz, J. (2003). Gutachten über den Begriff der Wissenschaftlichkeit in der Psychotherapie in: *Punktum. Zeitschrift des SBAP*, Zürich (Sonderdruck, Mai 2003)

Kriz, J. (2006). Wie evident ist klinische Evidenz? In: Bührmann, A., et al. (Hrsg.) *Gesellschaftstheorie und die Heterogenität empirischer Sozialforschung.* Münster, WD-Verlag, 32–43

Kriz, J. (2007). Wie lässt sich die Wirksamkeit von Verfahren X wissenschaftlich begründen? Versuch der Präzisierung einer methodologischen Hintergrunds-Kontroverse. *Psychotherapeutenjournal,* 6, 258–261

Kriz, J. (2008a). *Self-actualization: person-centred approach and systems theory.* Ross-on-Wye, UK: PCCS-books

Kriz, J. (2008b). Gestalttheorie und Systemtheorie. In: Metz-Goeckel, H. (Hrsg.) *Gestalttheorie aktuell. Handbuch zur Gestalttheorie, Bd. 1.* Wien: Verlag Wolfgang Krammer, 39–70

Kriz, J. (2011). Beobachtung von Ordnungsbildungen in der Psychologie: Sinnattraktoren in der Seriellen Reproduktion. In: Moser, S. (Hrsg.) *Konstruktivistisch Forschen.* 2. Auflage. Wiesbaden: Springer-VS, 43–66

Kriz, J. (2012). Evidenzbasiertes Entscheiden – zwischen guter Theorie und missbräuchlicher Praxis. *KERBE, Forum für Sozialpsychiatrie,* 4, 22–24

Kriz, J. (2014a). Empathie als personale Begegnung. *Gesprächspsychotherapie und Personzentrierte Beratung,* 3/14, S. 151–157

Kriz, J. (2014b). Einladung zu einer Begegnung. Morenos Werk aus der Sicht der Personzentrierten Systemtheorie. *Zeitschrift für Psychodrama, Soziometrie,* 13, 1, Supplement, S. 121–135

Kriz, J. (2014c). Personzentrierte Systemtheorie. In: Eberwein, W., Thielen, M. (Hrsg.) *Humanistische Psychotherapie. Theorien, Methoden, Wirksamkeit.* Gießen: Psychosozial-Verlag, 283–296

Kriz, J. (2014d). Wie evident ist Evidenzbasierung? Über ein gutes Konzept – und seine missbräuchliche Verwendung. In: Sulz, S. (Hrsg.) *Psychotherapie ist mehr als Wissenschaft. Ist hervorragendes Expertentum durch die Reform gefährdet?* München: CIP-Medien, 154–185

Kriz, J. (2017a). *Subjekt und Lebenswelt. Personzentrierte Systemtheorie für Psychotherapie, Beratung und Coaching.* Göttingen: Vandenhoeck & Ruprecht

Kriz, J. (2017b). Entwicklung zur Empathiefähigkeit. *Psychotherapie,* Bd. 22/2, 7–23

Kriz, J. (2017c). Strudel im Fluss des Lebens. Was meint und nützt Prozessorientierung? *Gesprächspsychotherapie und personzentrierte Beratung,* Jg. 4, Heft 4, 128–133

Kriz, J. (2019a). Erlebe dein Fühlen und fühle dein Erleben! Der zentrale Fokus humanistischer Psychotherapie. In: Thielen, M., Eberwein, W. (Hrsg.) *Fühlen und Erleben in der Humanistischen Psychotherapie.* Gießen: Psychosozial-Verlag, 39–56

Kriz, J. (2019b). »Evidenzbasierung« als Kriterium der Psychotherapie-Selektion? Über ein gutes Konzept – und seine missbräuchliche Verwendung. *Psychotherapie-Wissenschaft,* 9, 2, 42–52

Kriz, J. (2021a). Aktualisierungstendenz und Selbstaktualisierung. In: Strauß, B., Galliker, M., Linden, M., Schweitzer-Rothers, J. (Hrsg.) *Ideengeschichte der Psychotherapieverfahren. Theorien, Konzepte Methoden.* Stuttgart: Kohlhammer, 260–265

Kriz, J. (2021b). Evidenzbasierte Medikalisierung: Folgen der methodischen Monokultur. In: Wendisch, M. (Hrsg.) *Kritische Psychotherapie.* Göttingen: Hogrefe, 201–217

Kriz, J. (2022). Konzept-Formen menschlicher Welterfahrung. In: Franke, E. (Hrsg.) *Wissen um die Form. Zur Voraussetzung kultureller Theoriebildung.* Bielefeld: transcript, 127–152

Kriz, J. (2023). *Grundkonzepte der Psychotherapie.* 8. Auflage. Weinheim: Beltz/PVU

Kriz, J., Kessler, T., Runde, B. (1992). *Dynamische Muster in der Fremdwahrnehmung.* Forschungsbericht Nr. 87, FB Psychologie, Osnabrück

Kriz, J., Längle, A. (2012). A European Perspective on the Position Papers, *Psychotherapy,* 49, 4, 475–479

Kriz, J., Slunecko, T. (Hrsg.) (2011). *Gesprächspsychotherapie. Die therapeutische Vielfalt des personzentrierten Ansatzes.* Wien: Facultas

Kriz, J., Tschacher, W. (2013). Systemtheorie als Strukturwissenschaft: Vermittlerin zwischen Praxis und Forschung. *Familiendynamik,* 38, 2, 12–21

Kriz, J., Tschacher, W. (Hrsg.) (2017). *Synergetik als Ordner. Die strukturierende Wirkung der interdisziplinären Ideen Hermann Hakens.* Lengerich: pabst science publishers

Kromrey, H. (1999). Von den Problemen anwendungsorientierter Sozialforschung und den Gefahren methodischer Halbbildung. *Sozialwissenschaften und Berufspraxis,* 22, 58–77

Kronberger, H. (2020). Szenen der Begegnung: Psychodramatische Aspekte der Selbstorganisation in der Stationären Psychotherapie. In: Viol, K., Schöller, H., Aichhorn, W. (Hrsg.) (2020) *Selbstorganisation – ein Paradigma für die Humanwissenschaften.* Wiesbaden: Springer-VS, 477–489

Krüger, R.T. (2021). *Störungsspezifische Psychodramatherapie. Theorie und Praxis.* Göttingen: Vandenhoeck & Ruprecht

Kunz Mehlstaub, S., Stadler, C. (2018). *Psychodramatherapie.* Stuttgart: Kohlhammer

Lakotta, B. (2009). »Weltformel der Seele«: Der Psychiater Florian Holsboer über seine Suche nach den Genen der Depression, die molekularbiologischen Ursachen psychischer Krankheiten und die Therapie noch nicht ausgebrochener Hirnleiden. *DER SPIEGEL 18/2009*, 136–140

Lammers, J., et al. (2021). Die Darstellung des Personzentrierten Ansatzes in der deutschsprachigen Fachliteratur. *PERSON, 25, 2*, 1–9

Längle, A. (1988). Wende ins Existentielle. Methode der Sinnerfassung. In: Längle, A. (Hrsg.) *Entscheidung zum Sein. Viktor E. Frankls Logotherapie in der Praxis.* München: Piper, 40–52

Längle, A. (1993). Personale Existenzanalyse. In: Längle, A. (Hrsg.) *Wertbegegnung. Phänomene und methodische Zugänge.* Wien: GLE-Verlag, 133–160

Längle, A. (2013). *Lehrbuch zur Existenzanalyse – Grundlagen.* Wien: Facultas

Längle, A. (2021). *Existenzanalyse und Logotherapie.* Stuttgart: Kohlhammer

Längle, A., Kriz, J. (2012). The Renewal of Humanism in European Psychotherapy: Developments and Applications. *Psychotherapy, 49, 4*, 430–436

Lambert, M.L (2013). *Bergin and Garfield's Handbook of Psychotherapy and Behavior Change.* Hoboken: John Wiley & Sons

Leichsenring, F., et al. (2019). Vom Sinn des Verfahrenskonzepts und der Verfahrensvielfalt – und warum das Baukasten-System in der Psychotherapie nicht funktioniert. *Zeitschrift für Psychosomatische Medizin und Psychotherapie, 65*, 321–340

Leiß, O. (2020). *Konzepte und Modelle Integrierter Medizin. Zur Aktualität Thure von Uexkülls.* Bielefeld: transcript

Leslie, A. (1994). ToMM, ToBY, and agency: Core knowledge and domain specificity. In: Hirschfeld, L.A., Gelman, S.A. (Eds.), *Mapping The Mind: Domain Specificity In Cognition And Culture.* Cambridge: Cambridge University Press, 119–148

Leslie, A.M. (1995). A theory of agency. In: Sperber, D., Premack, D., Premack, A.J. (Eds.) *Causal Cognition.* Oxford: Oxford University Press, 121–149

Levinas, E. (1983). *Die Spur des Anderen: Untersuchungen zur Phänomenologie und Sozialphilosophie.* Freiburg i. Br.: Alber

Lewin, K. (1912). *Feldtheorie in den Sozialwissenschaften.* Bern: Huber

Lietaer, G. (2008). Das Klientenzentrierte/Experienzielle Paradigma der Psychotherapie im 21. Jahrhundert: Offenheit, Vielfalt und Identität. In: Tuczai, M., Stumm, G., Kimbacher, D., Nemeskeri, N. (Hrsg.) *Offenheit und Vielfalt. Personzentrierte Psychotherapie: Grundlagen, Ansätze, Anwendungen.* Wien: Verlag Wolfgang Krammer, 17–43

Lourenco, S.F., Longo, M.R. (2010). General Magnitude Representation in Human Infants. *Psychological Science, 21 (6)*, 873–881

Luchins, A.S., Luchins, E. (1982). An Introduction to the Origins of Wertheimer's Gestalt Psychology. *Gestalt Theory 4 (3/4)*, 145–171

Maragkos, M. (2017). *Gestalttherapie.* (Buchreihe: Psychotherapie kompakt) Stuttgart: Kohlhammer

Maslow, A.H. (1943). A Theory of Human Motivation. *Psychological Review 50*, 370–396

Maslow, A.H. (1954/2005). *Motivation and Personality.* New York: Harper & Brothers (dt. 2005: Motivation und Persönlichkeit. Hamburg: Rowohlt)

Mausfeld, R. (2005a). Wahrnehmungspsychologie. In: Schütz, A., Selg, H., Brand, M.,Lautenbacher, S. (Hrsg.), *Psychologie. Eine Einführung in ihre Grundlagen und Anwendungsfelder. 5. Auflage.* Stuttgart: Kohlhammer

Mausfeld, R. (2005b). Vom Sinn in den Sinnen. Wie kann ein biologisches System Bedeutung generieren? In: Elsner, N., Lüer, G. (Hrsg.) *»… sind eben alles Menschen.« Verhalten zwischen Zwang, Freiheit und Verantwortung.* Göttingen: Wallstein, 47–79

May, J.M. (2006). Subsymbolische Arbeit mit einem alexithymischen Klienten. In: G. Marlock, H. Weiss (Hrsg.) *Handbuch der Körperpsychotherapie*. Stuttgart: Schattauer, 871–880

May, R. (2015). *The Discovery of Being: Writings in Existential Psychology*. New York: W.W. Norton

May, R., Schneider, K.J. (2012). *The Psychology of Existence: an integrative, clinical perspective*. New York: McGrawHill

Murafi, A. (2004). Personzentrierte Therapie bei einer depressiven Klientin mit narzisstischer Persönlichkeitsstörung. Eine Falldarstellung aus einer psychiatrischen Klinik. *PERSON*, 8/2, 147–55

Meichenbaum, D.W. (1979). *Kognitive Verhaltensmodifikation*. München: Urban & Schwarzenberg

Metz-Göckel, H. (Hrsg.) (2008). *Gestalttheorie aktuell. Handbuch zur Gestalttheorie, Band 1*. Wien: Verlag Wolfgang Krammer

Metz-Göckel, H. (Hrsg.) (2011). *Gestalttheoretische Inspirationen. Handbuch zur Gestalttheorie, Band 2*. Wien Krammer

Metzger, W. (1952/1986). *Leib und Seele in der unmittelbaren Erfahrung*. Nachdruck in Metzger 1986

Metzger, W. (1954). Gesetze des Sehens. 2. Auflage. Frankfurt: Kramer

Metzger, W. (1986). *Gestalt-Psychologie. Ausgewählte Werke aus den Jahren 1950 bis 1982, herausgegeben und eingeleitet von Michael Stadler und Heinrich Crabus*. Frankfurt: Kramer

Metzger, W. (2001). *Psychologie. Die Entwicklung ihrer Grundannahmen seit Einführung des Experiments. 6. Auflage*. Wien: Verlag Wolfgang Krammer

Metzger, W. (2022). *Schöpferische Freiheit*. Wien: Verlag Wolfgang Krammer

Moreno, J.L. (1914). *Einladung zu einer Begegnung*. Wien: Anzengruber

Moreno, J.L. (1932). *The first book of Grouppsychotherapy*. New York: Beacon House

Moreno, J.L. (2008). *Gruppenpsychotherapie und Psychodrama: Einleitung in die Theorie und Praxis*. Stuttgart: Thieme

Moss, D. (2015). The roots and genealogy of Humanistic Psychology. In: Schneider, K.J., et al. (Eds.) *The Handbook of Humanistic Psychology. Theory, Research and Practice*. Los Angeles: Sage, 3–18

Meltzoff, A.N. (2005). Imitation and other minds: The like-me hypothesis. In: Hurley, S., Chater, N. (Eds.) *Perspectives on imitation: From neuroscience to social science, Vol. 2* Cambridge, MA: MIT Press, 55–77

Nuttin, J. (1973). Das Verhalten des Menschen: Der Mensch in seiner Erscheinungswelt. In: Gadamer, H.G., Vogler, P. (Hrsg.) *Psychologische Anthropologie*. Stuttgart: Thieme, 163–193

O'Hara, M. (1991). Historical Review of Humanistic Psychology. What Is Humanistic Psychology – Association for Humanistic Psychology – AHP (ahpweb.org) (Zugriff: 01.05.2022)

Pawelzik, M.R. (2013). Psychotherapie des sozialen Gehirns (Teil I und II.). *Verhaltenstherapie und Verhaltensmedizin, 34*, 43–74 u. 143–177

Perls, F. S. (1978). *Das Ich, der Hunger und die Aggression*. Stuttgart: Klett-Cotta

Pesso, A. (2004). Das Heilungskonzept in der Pesso-Psychotherapie. *Pesso Bulletin Nr. 10*.

Pesso, A., Perquin, L. (2008). *Die Bühnen des Bewusstseins – Oder: Werden, wer wir wirklich sind*. München: CIP-Medien

Plaum, E. (1999). Weshalb fährt der IC 781 am 26. Geburtstag von Sabine M. um 13.49 Uhr mit einer Geschwindigkeit von 82,5 km/h durch den Bahnhof Eichstätt? Oder: Das Elend mit der Suche nach reinen Wirkfaktoren in einer hochkomplexen Realität. *Gestalt Theory*, 21, 191–207

Revenstorf, D. (2005). Das Kuckucksei. Über das pharmakologische Modell in der Psychotherapieforschung. *Psychotherapie in Psychiatrie, Psychotherapeutischer Medizin und Klinischer Psychologie, 10(1)*, 22–31

Rieger, A., Schmidt-Hieber, E. (1979). Gesprächspsychotherapie. In: Grunwald, W. (Hrsg.) *Klinische Stichwörter zur Gesprächspsychotherapie*. München: Fink, 117–123

Rogers, C.R. (1957). The necessary and sufficient conditions of therapeutic personality change. *Journal of Consulting Psychology*, 21, 95–103

Rogers, C.R. (1959). A Theory of Therapy, Personality and Interpersonal Relationships, as developed in the Client-Centered Framework. In: Koch, S. (Ed.) *Psychology: A Study of a*

*Science. Study 1, Volume 3: Formulations of the Person and the Social Context,* New-York: McGraw-Hill, 184–256
Rogers, C.R. (1961/2018). *On becoming a person. A therapist's view of psychotherapy.* Boston, Houghton: Mifflin (dt.: Entwicklung der Persönlichkeit. Psychotherapie aus der Sicht eines Therapeuten. Stuttgart: Klett-Cotta. 20. Auflage, 2016)
Rogers, C.R. (1972). *Die nicht-direktive Beratung.* Reinbek bei Hamburg: Rowohlt
Rogers, C.R. (1978). *Die Kraft des Guten. Ein Appell zur Selbstverwirklichung.* München: Kindler (Originalausgabe 1977: On personal power – Inner strength and its revolutionary impact. New York: Delacorte Press)
Rogers, C.R. (1987). *Eine Theorie der Psychotherapie, der Persönlichkeit und der zwischenmenschlichen Beziehungen. Entwickelt im Rahmen des klientenzentrierten Ansatzes.* Ins Deutsche übertragen von Gerd Höhner und Rolf Brüseke. GwG Thema – Gesellschaft für wissenschaftliche Gesprächspsychotherapie. Köln: GwG.
Rogers, C.R. (1991). *Die klientenzentrierte Gesprächspsychotherapie.* Frankfurt/Main: Fischer
Rogers, C.R. (2007). *Therapeut und Klient. Grundlagen der Gesprächspsychotherapie.* 24. Auflage (Reihe: Geist & Psyche). Frankfurt: Fischer
Rogers, C.R., Dymond, R.F. (1954). *Psychotherapy and Personality Change. Co-ordinated Research Studies in the Client-Centered Approach.* Chicago: The University of Chicago Press
Sackett, D.L., et al. (1996). Evidence based Medicine: What It Is and What It Isn't. *British Medical Journal, 312,* 71–72
Sackett, D.L. (Ed.) (2000). *Evidence based medicine: how to practice and teach EBM.* 2. Auflage. Edinburgh: Churchill Livingstone
Sacks, O. (1995). Vorwort. In: Goldstein K., *The Organism.* New York: Zone Books
Schacht, M. (2009). *Das Ziel ist im Weg. Störungsverständnis und Therapieprozess im Psychodrama.* Wiesbaden: VS
Schäfer, L. (2006). *Der Zirkel des Schaffens.* Oberhausen: Athena-Verlag
Schermer, F.J. (2013). *Lernen und Gedächtnis.* (Reihe »Grundriss der Psychologie«) Stuttgart: Kohlhammer
Schiepek, G. (1991). *Systemtheorie der Klinischen Psychologie.* Braunschweig: Vieweg
Schiepek, G., Tschacher, W. (Hrsg.) (1997). *Selbstorganisation in Psychologie und Psychiatrie.* Braunschweig: Vieweg
Schmid, P.F. (2011). Begegnung von Person zu Person. Die anthropologischen Grundlagen Personzentrierter Therapie. In: Kriz, J., Slunecko, T. (Hrsg.) *Gesprächspsychotherapie. Die therapeutische Vielfalt des personzentrierten Ansatzes.* Wien: Facultas, 34–48
Schneider, E. (2000). *Wer bestimmt, was hilft? Über die neue Zahlengläubigkeit in der Therapieforschung. Eine Streitschrift.* Paderborn: Junfermann
Schneider, K.J. (Ed.) (2008). *Existential-integrative psychotherapy: Guideposts to the core of practice.* New York: Routledge
Schneider, K.J., Krug, O. (2012). *Humanistisch-Existentielle Therapie* (Buchreihe »Wege der Psychotherapie«). München: Ernst Reinhardt
Schneider, K.J., et al. (Eds.) (2015). *The Handbook of Humanistic Psychology. Theory, Research and Practice.* 2. Auflage. Los Angeles: Sage
Schrenker, L. (2010). Die Behandlung traumatischer Störungen mit Pesso-Therapie (PBSP). *Psychotherapie, 15/2,* 297–296
Schuldt, K.-H. (2014). Kind-Ich, Eltern-Ich und Erwachsenen-Ich: Die Transaktionsanalyse. *Projekt Psychotherapie (bvvp-Magazin), 1,* 24–25
Sejkora, K., Schulze, H. (2021). *Das Ich in der Krise. Resilient durch Positive Transaktionsanalyse.* Paderborn: Junfermann
Seligman, M.E.P. (1997). Die Effektivität von Psychotherapie. Die Consumer Reports-Studie. *Integrative Therapie 22, 4,* 264–288 (Originalausgabe: American Psychologist (1995), 50, 965–974)
Semotan, C. (2020) Die Wirkkraft von Märchen in der Psychotherapie. *Phänomenal, 12(1),* 16–26
Slunecko, T., Mayer, H. (1999). Das Hindernis und die Schwelle. In: Slunecko, T., et al. (Hrsg.) *Psychologie des Bewusstseins – Bewusstsein der Psychologie.* Wien: WUV, 219–232

Sommer, U. (2015). Wie weit darf Therapie in das Leben eingreifen? Therapeutische Arbeit mit einer Familie im stationären Setting. *Phänomenal*, 3–13

Spelke, E.S., Phillips, A.T., Woodward, A.L. (1995). Infants' knowledge of object motion and human action. In: Sperber, D., Premack, D., Premack, A. (Eds.), *Causal cognition: A multidisciplinary debate*. Oxford: Oxford University Press

Stadler, C. (2020). Monodrama – szenisch-systemisches Arbeiten im Einzelsetting. Stuttgart: Klett-Cotta

Stadler, C., Kress, B. (2020). *Praxishandbuch Aufstellungsarbeit. Grundlagen, Methodik und Anwendungsgebiete*. Wiesbaden: Springer

Staemmler, F.-M. (2009). *Das Geheimnis des Anderen. Empathie in der Psychotherapie*. Stuttgart: Klett-Cotta

Steffen, M. (2015). »Ich habe einfach immer weitergemacht« – Prozessanalyse der Krisenintervention bei einer Klientin mit akutem Erschöpfungszustand. *PERSON, 19*, 26–35

Stemberger, G. (Hrsg.) (2002). *Psychische Störungen im Ich-Welt-Verhältnis. Gestalttheorie und psychotherapeutische Krankheitslehre*. Wien: Verlag Wolfgang Krammer

Stemberger, G. (2009). Feldprozesse in der Psychotherapie. Der Mehr-Felder-Ansatz im diagnostischen und therapeutischen Prozess. *Phänomenal, 1*, 12–19

Stemberger, G. (2010). Gestalttheoretische Kritik an Konzeptionen der Gestalt-Therapie. Bibliographie 1974–2010. *Phänomenal, 2(1)*, 51–53

Stemberger, G. (2015). Ich und Selbst in der Gestalttheorie. *Phänomenal, 7, 1*, 19–28

Stemberger, G. (2016). Phänomenologie treiben. *Phänomenal, 8(1)*, 30–35

Stemberger, G. (2018a). Über die Fähigkeit, an zwei Orten gleichzeitig zu sein. Ein Mehrfelder-Ansatz zum Verständnis menschlichen Erlebens. Mit Diskussionsbeiträgen von M.B. Buchholz, J. Kriz, R. Kästl. *Gestalt Theory, 40(2)*, 207–234

Stemberger, G. (2018b). Wie hätte sich die Gestalttherapie wohl auf gestalttheoretischer Grundlage entwickelt? *Phänomenal*, 33–39

Stemberger, G. (2018c). Therapeutische Beziehung und therapeutische Praxis in der Gestalttheoretischen Psychotherapie (Praxeologie I). *Phänomenal, 10(2)*, 20–28

Stemberger, G. (2019). Praxeologie der Gestalttheoretischen Psychotherapie, Teil 3. *Phänomenal, 11(2)*, 42–50

Stephenson, W. (1935). Correlating persons instead of tests. *Character and Personality, 4*, 17–24

Stephenson, W. (1953). *The study of behavior: Q-technique and its methodology*. Chicago: University Press

Stephenson, W. (1988). William James, Niels Bohr, and complementarity: V-Phenomenology of subjectivity. *The Psychological Record, 38*, 203–219

Stern, D. (2005). *Der Gegenwartsmoment. Veränderungsprozesse in Psychoanalyse, Psychotherapie und Alltag*. Frankfurt a. M.: Brandes & Apsel

Stern, D. (2011). *Ausdrucksformen der Vitalität. Die Erforschung dynamischen Erlebens in der Psychotherapie, Entwicklungspsychologie und den Künsten*. Brandes & Apsel

Stern, D. (2016). *Tagebuch eines Babys: was ein Kind sieht, spürt, fühlt und denkt (25. Auflage)*. München: Piper

Strauß, B. (2018). Die verlorenen Befunde der Psychotherapie(forschung) – Hintergründe einer Psychotherapiegeschichtsvergessenheit? *Psychotherapeut, 63*, 13–21

Strauß, B. (2019). Innovative Psychotherapieforschung: Wo stehen wir und wo wollen wir hin? *Psychotherapeutenjournal, 18 (1)*, 4–10

Strauß, B., et al. (2010). Wie wissenschaftlich fundiert sind Entscheidungen des Gemeinsamen Bundesausschusses zur Psychotherapie? *Psychotherapeutenjournal*, 160–168

Strauß, B., Galliker, M., Linden, M., Schweitzer-Rothers, J. (Hrsg.) (2021). *Ideengeschichte der Psychotherapieverfahren: Theorien, Konzepte und Methoden*. Stuttgart: Kohlhammer

Stumm, G., Keil, W. (Hrsg.) (2018). *Praxis der Personzentrierten Psychotherapie*. Heidelberg: Springer

Suchla, P. (1997). Logotherapie bei schwerer Depression. Eine Falldarstellung. *Logotherapie & Existenzanalyse, 5 (1)*, 16–22

Tausch, R. (1973). Geprüfte Annahmen und Prozessgleichung zur klientenzentrierten Gesprächspsychotherapie In: Reinert, G. (Hrsg.) Bericht über den Kongress der Deutschen Gesellschaft für Psychologie. Göttingen: Hogrefe, 172–184

Tausch, R., Eppel, H., Fittkau, B., Minsel, W.-R. (1969). Variablen und Zusammenhänge in der Gesprächspsychotherapie. *Zeitschrift für Psychologie, 176*, 93–102

Tausch, R., Tausch, A. (1990). *Gesprächspsychotherapie. 9. Auflage.* Göttingen: Hogrefe

Thielen, M. (Hrsg.) (2002). *Narzissmus. Körperpsychotherapie zwischen Energie und Beziehung.* Berlin: Ulrich Leutner

Thielen, M. (2014a). Körperpsychotherapie heute. Theorie – Praxis – Anwendungsbereiche. In: Eberwein, M., Thielen, M. (Hrsg.) *Humanistische Psychotherapie.* Gießen: Psychosozial-Verlag, 113–133

Thielen, M. (2014b). Über den Körper die Seele berühren: Die Körperpsychotherapie. *Projekt Psychotherapie (bvvp-Magazin), 1*, 28–29

Thielen, M., Eberwein, W. (Hrsg.) (2019). *Fühlen und Erleben in der Humanistischen Psychotherapie.* Gießen: Psychosozial

Tomasello, M. (2010). *Warum wir kooperieren.* Berlin: SuhrkampTomasello, M. (2014). *Eine Naturgeschichte des menschlichen Denkens.* Frankfurt: Suhrkamp

Tomasello, M. (2020). *Mensch werden. Eine Theorie der Ontogenese.* Frankfurt: Suhrkamp

Trevarthen, C. (2011). What is it like to be a person who knows nothing? Defining the active intersubjective mind of a newborn human being. *Infant and Child Development, 20(1)*, 119–135

Truax, C.B., Carkhuff, R.R. (1967). *Toward effective counseling and psychotherapy.* Boston: Aldine

Tschacher, W. (1997). *Prozessgestalten. Die Anwendung der Selbstorganisationstheorie und der Theorie dynamischer Systeme auf Probleme der Psychologie.* Göttingen: Hogrefe

Tschacher, W., et al. (Hrsg.) (1992) *Selforganization and Clinical Psychology.* Heidelberg: Springer

Tschuschke, V. (2005). Die Psychotherapie in Zeiten evidenzbasierter Medizin. Fehlentwicklungen und Korrekturvorschläge. *Psychotherapeutenjournal, 4*, 106–115

Tschuschke, V. (2012). Wissenschaftlich fundierte Psychotherapie – unbedingt, aber wie? In: Gödde, G., Buchholz, M. (Hrsg.) *Der Besen, mit dem die Hexe fliegt. Wissenschaft und Therapeutik des Unbewussten. Bd. 2*, 583–604

Tschuschke, V., Czogalik, D. (Hrsg.) (1990). *Was wirkt in der Psychotherapie? Zur Kontroverse um die Wirkfaktoren.* Heidelberg, Berlin: Springer

Tschuschke, V., Freyberger, H.J. (2015). Zur aktuellen Situation der Psychotherapiewissenschaft und ihrer Auswirkungen – eine kritische Analyse der Lage. *Z Psychosom Med Psychother 61*, 122–138

Tschuschke, V., et al. (1998). Psychotherapieforschung – Wie man es (nicht) machen sollte. Eine Experten/innen-Reanalyse von Vergleichsstudien bei Grawe et al. 1994. *Psychotherapie, Psychosomatik, medizinische Psychologie, 48*, 430–444

Uexküll, J. v. (1909/2014). Umwelt und Innenwelt der Tiere. Hrsg. v. F. Mildenberger, B. Herrmann. Heidelberg, Berlin: Springer

Uexküll, J. v. (1920). *Theoretische Biologie.* Berlin: Gebrüder Paetel

Uexküll, T. v. (1980). Die Umweltlehre als Theorie der Zeichenprozesse. In: v. Uexküll, T. (Hrsg.) *Jakob von Uexküll. Kompositionslehre der Natur.* Frankfurt a. M.: Ullstein

Uexküll, T v. (1986). *Psychosomatische Medizin.* Urban & Schwarzenberg, München

Uexküll, T. v. (2002). Integrierte Medizin – ein lernendes Modell einer nicht-dualistischen Heilkunde. In: von Uexküll, T., et al. (Hrsg.) *Integrierte Medizin – Modell und klinische Praxis.* Stuttgart/New York: Schattauer 3–22

Uexküll, T. v., Wesiack, W. (1988). *Theorie der Humanmedizin. Grundlagen ärztlichen Denkens und Handelns.* München, Wien, Baltimore: Urban & Schwarzenberg

Waldenfels, B. (1997). *Topographie des Fremden – Studien zur Phänomenologie des Fremden. Band 1.* Frankfurt/Main: Suhrkamp

Waldenfels, B. (1998). *Grenzen der Normalisierung – Studien zur Phänomenologie des Fremden. Band 2.* Frankfurt/Main: Suhrkamp

Waldl, R. (2002). Therapeutische Aspekte bei Martin Buber. Diplomarbeit zur Erlangung des Magistergrades der Philosophie an der Fakultät für Human- und Sozialwissenschaften der Universität Wien

Waldl, R. (2005). J.L. Morenos Einfluss auf Martin Bubers Ich und Du. *Zeitschrift für Psychodrama und Soziometrie, 4(1)*, 175–191

Waldl, R. (2006). J.L. Morenos Einfluss auf Martin Bubers Ich und Du. *Wien: Dissertation*

Walter, H.-J. (1984). Was haben Gestalttheorie und Gestalt-Therapie miteinander zu tun? *Gestalt Theory, 6*, 55–69

Walter, H-J. (2018). *Gestalttheorie und Psychotherapie. Ein Beitrag zur theoretischen Begründung der integrativen Anwendung von Gestalt-Therapie, Psychodrama, Gesprächstherapie, Tiefenpsychologie, Verhaltenstherapie und Gruppendynamik.* Remscheid: Rediroma

Walter, H.-J. (2020). *Angewandte Gestalttheorie in Psychotherapie und Psychohygiene.* Remscheid: Rediroma

Wampold, B.E. (2001). *The great psychotherapy debate: Models, methods, and findings.* Mahwah, NJ: Erlbaum

Wampold, B.E., Imel, Z.E. (2015). *The great psychotherapy debate: The evidence for what makes psychotherapy work.* New York: Routledge

Wampold, B. E., et al. (2018). *Die Psychotherapie-Debatte. Was Psychotherapie wirksam macht.* Bern: Hogrefe

Weinhandl, F. (1974). *Gestalthaftes Sehen. Ergebnisse und Aufgaben der Morphologie. Zum 100jährigen Geburtstag von Christian von Ehrenfels. 4. Auflage.* Darmstadt: Wissenschaftliche Buchgesellschaft

Wendt, A.N. (2021). Phänomenologie. In: Strauß, B., Galliker, M., Linden, M., Schweitzer-Rothers, J. (Hrsg.) *Ideengeschichte der Psychotherapieverfahren. Theorien, Konzepte, Methoden.* Stuttgart: Kohlhammer, 306–311

Wertheimer, M. (1925). *Über Gestalttheorie.* Vortrag vor der Kant-Gesellschaft, Berlin am 17. Dezember 1924. Erlangen: Verlag der Philosophischen Akademie (Reprint in: Gestalt Theory, 7,2, 1985, 99–120)

Wertheimer, M. (2019a). *Produktives Denken.* Heidelberg, Berlin: Springer

Wertheimer, M. (2019b). *Zur Gestaltpsychologie menschlicher Werte.* Remscheid: Redomira

Wiltschko, J. (2002). Focusing und Focusing--Therapie. In: Keil, W.W., Stumm, G. (Hrsg.) *Die vielen Gesichter der Personzentrierten Psychotherapie.* Wien: Springer, 231–264

Wiltschko, J. (2010). *Hilflosigkeit in Stärke verwandeln. Focusing als Basis einer Metapsychotherapie. Bd. 1.* Münster: Edition Octopus

Wissenschaftlicher Beirat Psychotheapie (WBP) (2018). Gutachten zur wissenschaftlichen Anerkennung der Humanistischen Psychotherapie. *Deutsches Ärzteblatt / 09. 03. 2018 |* http://www.baek.de/Humanistische_Psychotherapie

Wolpe, J., Lazarus, A. (1966). *Behavior therapy techniques: A guide to treatment of neuroses.* London: Pergamon Press

Woolfolk, R.L. (2016). *Vom gesellschaftlichen und kulturellen Wert der Psychotherapie: Abschied von der reinen Labor-Psychotherapie und Synapsen-Psychiatrie.* München: CIP-Medien

Yalom, I.D. (2006). *Die Schopenhauer-Kur.* München: Goldmann

Yalom, I.D. (2008). *Und Nietzsche weinte.* München: btb

Yalom, I.D. (2010a). *Existenzielle Psychotherapie.* Gevelsberg: EHP.

Yalom, I.D. (2010b). *Theorie und Praxis der Gruppenpsychotherapie. Ein Lehrbuch. 10. Auflage.* Stuttgart: Klett-Cotta

Yalom, I.D. (2012). *Das Spinoza-Problem.* München: btb

Zabransky, D., et al. (2018). Grundlagen der Gestalttheoretischen Psychotherapie. In: Hochgerner, M., et al. (Hrsg.) *Gestalttherapie. 2. Auflage.* Wien: Facultas, 132–169

Zurhorst, G. (2011). Die therapeutische Beziehung in der Gesprächspsychotherapie – jenseits von Deutungs- und Manipulationsmacht. In: Kriz, J., Slunecko, T. (Hrsg.) *Gesprächspsychotherapie: Die therapeutische Vielfalt des personzentrierten Ansatzes.* Wien: Facultas, 79–94

# Stichwortverzeichnis

## A

Abwehrmechanismus 119
Achtsamkeit 20, 56, 68, 79, 91, 92, 100, 102, 112, 118, 136
Adaptation 25, 27, 47, 62, 64–66, 70, 141
Adler, A. 128
Affekt 45
Ainsworth, M.D. 46, 71
Aktualisierung 63, 66, 67
Aktualisierungstendenz 38, 59–68, 102, 108, 109, 123, 139
Akzeptanz 97
Alexithymie 109
Alltagswelt 147
American Psychological Association (APA) 31, 149
Analysemodell
- lineares 22
- nicht-lineares 22, 75

Andersch, N. 33, 81, 85, 86, 89, 90
Anerkennung, bedingungsfreie 94, 96, 97, 108, 110
Animal Symbolicum 89
Ansatz, evidenzbasierter 152, 166
Antidot (»Gegengift«) 142
Antonovsky, A. 20, 23, 80, 100
Aphasie 85
Arbeitsgemeinschaft Humanistische Psychotherapie (AGHPT) 27, 38, 105
Asen, E. 73
Association for Humanistic Psychology (AHP) 21, 29, 33
Assoziationspsychologie 51, 59
Asymbolie 85, 89, 90
Atmung 137, 139, 140, 143
Ausdruck, affektiver 56, 98
Authentizität 73
Autonomie 126

## B

Bachg, M. 142, 143
Bartlett, F. 57

Basisvariable 94, 101, 149
Bedeutungsgebung 19, 26, 67, 82, 85, 87, 108, 149
Bedeutungskategorie 83, 84
Bedürfnispyramide 23, 30, 39
Befindlichkeit 78, 149, 152, 166
Befindlichkeiten 152
Befund 78, 84, 92, 149, 166
Begegnung 68, 69, 71, 74, 122, 172
Begegnungsfähigkeit 122
Begegnungshaltung 95–97
Behandlungserfolg 161, 180
Behaviorismus 30, 44, 59, 148
Berne, E. 66, 122, 126, 128
Bewusstsein 11, 21, 25, 30, 39, 45, 53, 54, 65, 72, 79, 84, 88, 91, 93, 98, 100
Beziehung
- therapeutische 26, 28, 38, 45, 48, 67, 68, 74, 76, 93, 94, 96, 97, 99, 101, 108, 110, 113, 115, 119, 161, 162
- triadische 85
Beziehungsangebot 45, 68, 94–96, 98, 108, 111, 119, 120, 180
Beziehungsfähigkeit 68, 99, 100, 142
Beziehungsgestaltung 102, 126
Bezugsrahmen, innerer 45, 78
Biermann-Ratjen, E-M. 26, 101
Bindung 47, 71, 84
Bindungsperson 47, 69, 71, 74, 76, 97, 109
Biodynamik 136
Bioenergetik 136
Biografie 27, 73, 79, 100, 122, 123, 126, 132, 138, 142, 160, 165
Biosemiotik 82
Biosynthese 136
Boadella, D. 136
Bowlby, J. 46, 71
Boyesen, G. 136
Buber, M. 32–34, 45, 68, 69, 71, 74, 102, 119, 120
Bugental, J. 21, 23, 30, 32, 39
Bühler, C. 30
Bühne 74, 76, 123, 142

## C

Carkhuff, R.R. 153
Cassirer, E. 33, 34, 80, 81, 85, 86, 88, 89
Charakterpanzer 136
Clauer, J. 139
Cottraux, J. 169

## D

Defizit 148
Denkstörung, formale 90
Depression 160
Deprivation 26
Dereflexion 133
Descartes, R. 42
Diagnostik 78, 79, 86, 90, 92, 98, 149, 157, 160, 166, 172
Dialog, sokratischer 133
Dilthey, W. 40
Dritte-Person-Perspektive 72
Dynamik
- bottom-up 57, 59, 102
- top-down 57, 59, 102

## E

Eberwein, W. 25, 26
Eckensberger, L.H. 39, 42, 43, 46, 47
Eckert, J. 26, 93, 101, 175
Effektstärke 161, 163, 179, 180
Ehlers, A 169
Ehrenfels, C.v. 52
Einstein, A. 53
Ellis, A. 31
Embodiment 66
Emotionsfokussierte Psychotherapie (EFT) 110–116, 169, 170, 175
Emotionstyp
- instrumentell 114
- maladaptiv 114
- primär adaptiv 114
- sekundär reaktiv 114
Empathie 45, 68, 69, 71, 94, 98, 99, 101, 108, 109, 122, 124, 134, 139, 162, 170, 180
Empirically Supported Treatment (EST) 166
Entfremdung 25
Entscheidungsfreiheit 21
Entwicklungsaufgabe 27
Erleben, strukturgebundenes 113
Erste-Person-Perspektive 72
Evidenzbasierte Medizin 181

Evidenzbasierung 115, 167, 168, 172, 175, 178, 181
Evolution 22, 39, 42, 44, 45, 56, 64, 69–71, 73, 80, 82–84, 90, 91, 98, 100
Existenzanalyse 20, 24, 32, 36, 38, 67, 76, 92, 100, 106, 107, 131–135, 177
- Grunddimension 24, 67, 132, 134
- Strukturmodell 132
Experiencing 112
Experiment 67, 148, 149, 153–162, 164, 165, 167, 168, 172, 178

## F

Faktor, kontextueller 101, 180
Feeling-Seen 142
Fehlentwicklung 65
Feld 53, 57, 58
Feldtheorie 141
felt sense 76, 79, 80, 113
felt shift 113
Figur-Hintergrund 117
Finkelnburg, F.C. 85, 86, 89
Focusing 92, 111–113, 115
Fonagy, P 73
Forschungsdesign 156, 164
Frankl, V. 32, 131–135
Freiheit, existenzielle 100, 134
Frohburg, I. 153
Frustration 137
Fuchs, M. 136
Funktionskreis 82

## G

Gallese, V. 71
Gehirn, soziales 70
Gendlin, E.T. 112, 113, 115
Gerechtigkeitssinn 83
Gesprächspsychotherapie 26, 35–38, 106–108, 110, 111, 124, 153, 171, 174–177
Gestalt 37, 53, 57, 59, 60, 63, 81, 117–119
Gestalt Theory (Zeitschrift) 37
Gestaltpsychologie 22, 32–35, 37, 38, 49, 51–53, 56, 57, 59, 61, 62, 86, 117, 120, 140
Gestalttheoretische Psychotherapie 117, 140, 141
Gestalttherapie 34, 36–38, 92, 106, 111, 112, 114, 115, 117, 118, 120–123, 140, 143, 144, 177
Gindler, E. 136
Goldstein, K. 24, 32–34, 38, 49, 59, 60, 68, 74, 80, 81, 86, 89, 117, 120

Graumann, C.F.   19, 34, 35, 39, 147
Greenberg, L.S.   106, 113, 115, 116, 169
Grindler, E.   120
Grundlagenforschung   174

## H

Haken, H.   57, 62
Haltung, phänomenologische   19–21, 26, 39, 41, 42, 49, 78, 92, 102, 115, 120, 134, 147, 148, 152
Heidegger, M.   32, 131
Heinl, H.   143
Hellinger, B.   124
Helm, J.   153
Hier und Jetzt   69, 75, 100, 119, 122, 130
Hirnforschung   84
Holsboer, F.   160
Husserl, E.   19, 32, 86
Hyperreflexion   133

## I

Ich-Du-Beziehung   69, 72, 74, 80, 88, 119, 120
Ich-Es-Beziehung   119
Ich-Welt Beziehung   140
Ich-Zustände   126
Inkongruenz   25, 27, 72, 80, 91–93, 97, 109–112, 139, 149, 151
Integrative Therapie   143
Intentionalität   21, 84, 85
- geteilte   85, 90
Interpretation   147
Introjekt   79
Invasion   26

## K

Kategorie, übersinnliche   83, 86
Kausalität   84
- zirkuläre   57
Kindchenschema   45, 70, 84
Koffka, K.   34
Kohärenz   20, 23, 75, 80
Kohärenzgefühl   100
Kohärenzsinn   100
Köhler, W.   34, 35, 49, 152
Kolbe, C.   132
Komorbidität   160
Konditionierung, operante   148
Konfusion   26
Kongruenz   68, 80, 91, 92, 97, 98, 101, 102, 108, 110, 112, 134, 149, 150, 180

Konkretismus   89
Kontakt   117, 118, 120, 138, 164
Kontaktfähigkeit   118
Kontaktvermeidung   118
Kontaktzyklus   117, 118
Kontrollgruppe   148, 151, 154, 159, 168, 169
Körper   110
Körperprozess   138
Körperpsychotherapie   26, 36–38, 66, 76, 107, 111, 117, 120, 124, 136–139, 177
Krause, R.   45, 56, 71, 98
Kultur   40–42, 46, 47, 80, 87, 102, 122
Kulturwerkzeug   46, 71, 73, 80, 87, 88, 91
Kulturwissenschaft   41

## L

Lächeln   45
Lammers, J.   170
Längle, A.   20, 24, 32, 67, 106, 132–135
Lebenswelt   67, 75, 78, 79, 86, 87, 90, 91, 123, 154, 155
Lerntheorie   154
Lewin, K.   34, 49, 90
Logos   131
Logotherapie   36, 38, 66, 92, 106, 107, 131–135
Lowen, A.   136
Luchins, A.   50
Luchins, E.   50

## M

Managed Care   166
Manual   115, 148, 154, 155, 165, 166
Manualisierung   115, 160
Maslow, A.   23, 24, 29–32, 39
Mausfeld, R.   83, 84, 86
May, R.   30–32
Mehr-Felder-Ansatz   54
Meichenbaum, D.W.   153–155, 160
Menschenbild   49
Mentalisieren   47, 73
Merleau-Ponty, M.   32
Metaanalyse   178, 179
Metapher   80, 130
Metz-Göckel, H.   49, 57
Metzger, W.   35, 49, 53, 57, 58, 141
Micro-Tracking   141
Modell
- kontextuelles   173
- medizinisches   173
Moreno, J.L.   32, 33, 38, 45, 69, 71, 74–76, 102, 117, 120, 122, 124, 125

Muskelpanzer   137
Muskelverspannung   137
Muskulatur   137

## N

Nachsozialisierung   73
Narration   46, 48, 71, 75, 80, 91
Nationalsozialismus   33–35
Natur   40–42, 46
Naturwissenschaften   40, 41, 62, 147
Neurose, noogene   131
Normpopulation   148

## O

Operationalisierung   150, 162
Organismus   27, 44, 45, 60, 61, 64–66, 69, 71, 72, 75, 76, 79–85, 90–92, 100, 102, 108–110, 112, 113, 115, 117, 118, 137–139, 143, 149, 150
Orth, I.   143
Österreich   140, 141, 176, 177, 182
Outcome   148, 149

## P

Panikattacke   45
Parallelisierung   152
Parametrisierung   85
Passung   48, 165
Paulhan, F.   52
Perls, F.   32, 34, 37, 117–122, 143
Perls, L.   34, 117, 120
Personale Existenzanalyse   132
Persönlichkeitstheorie   149
Personzentrierte Psychotherapie   35, 59, 60, 81, 93, 101, 108–110, 153, 176, 177
Personzentrierte Systemtheorie   142
Pesso, A.   76, 92, 107, 123, 140, 141, 143, 144
Petzold, H.   143
Phänomenologie   19, 112
Pharmaforschung   158, 159, 165, 172
Placebo   168, 179
Plaum, E.   163
Präformierung   71, 80, 87
Prigogine, I.   59, 61
Prozessforschung   152, 174, 181
Prozessstudie   178
Psychoanalyse   30, 37, 117, 119, 136
Psychodrama   32, 33, 36–38, 66, 68, 69, 74–76, 86, 106, 107, 111, 117, 120, 122–125, 140, 141, 144

Psychodynamische Psychotherapie   36, 120, 126, 130, 174, 176
Psychoedukation   126, 130, 143
Psychotherapeutengesetz   36, 37, 110, 172
Psychotherapieforschung   152, 155–160, 166, 178, 180

## Q

Q-Sort   150–152

## R

Randomized Controlled Trial (RCT)   44, 115, 158, 160–162, 164, 165, 167–169, 172, 174, 181
RCT-Forschung   158, 161
RCT-Studie   113, 115, 165–168, 172, 174, 181
Realismus
– kritischer   54, 56, 140
– naiver   54
Reich, W.   136
Reinszenierung   76
Reiz-Reaktions-Beziehung   35
Reptilienhirn   84
Rezeptionsstruktur   154, 155
Richtlinienverfahren   36, 37
Rogers, C.R.   24, 28, 30–32, 35, 37, 59–61, 66, 68, 69, 72, 73, 81, 93, 94, 96, 99, 101, 102, 108, 110–113, 119, 120, 149, 151–153, 172, 175, 178
Rollenspiel   74, 130, 141, 142
Rollenstruktur   142
Rollentausch   111, 119, 120, 122–124
Rollenverhalten   123

## S

Sackett, D.   167, 168
Salutogenese   20, 23, 80, 100
Säuglingsforschung   71, 84, 136
Schema, emotionales   114
Schematherapie   66
Schiepek, G.   57
Schlangenphobie   153, 154, 160
Selbst   109
Selbst-Reflexion   45
Selbstaktualisierung   24, 29, 57, 59, 60, 62, 141
Selbstbild   108–110, 150–152
Selbstempathie   110
Selbstexploration   99
Selbstheilung   89

Selbstkonzept 108–111
Selbstorganisation 24, 50, 59, 61, 62, 102
Selbstregulation 50, 118, 139
Selbststruktur 108, 109
Sieper, J. 143
Sinnfindungsgespräch 133
Sinnorientierung 21, 134
Skala 149
Skriptanalyse 127
social brain 22, 42, 47, 70, 74, 76, 80, 81, 84, 85, 87, 90, 92
Society for Humanistic Psychology 31
Spiegelneuron 71, 84
Spielanalyse 127
Sprache 46, 79, 80, 87, 88, 90, 109, 113, 115, 123, 156
Stemberger, G. 49, 54, 55, 120, 140
Stephenson, W. 150
Stern, D. 71, 81, 91
Stimme 137, 140
Stimmigkeit 79, 80, 91, 113
Störgröße 157
Störung, krankheitswertige 27, 172
Strauß, B. 180
Strukturanalyse 127
Strukturierungsprinzip 84, 85, 90, 91
Subjekt 19, 20, 26, 48, 67, 78, 79, 85, 92, 100, 102, 117, 142, 143, 147, 149–151, 153–155, 159–161, 165, 166, 172
Supportive Therapy 168
Symbol 34, 86, 88, 89, 92, 102
Symbolisierung 27, 71–73, 76, 78–80, 88, 91, 92, 97, 99, 109–113, 115, 139, 141, 149, 150
Symbolsystem 80, 85, 87, 88, 91
Symboltheorie 90
Symbolverlust 101
Systemische Therapie 47
Systemtheorie 56, 58, 61, 62, 141
Szene 74–76, 122–124, 142

**T**

Tausch, R. 153
Teleologie 52
Tendenz, formative 61
Therapieerfolg 180
Thielen, M. 137
Tomasello, M. 85
Transaktionsanalyse 36–38, 66, 92, 107, 122, 126–128, 130
Truax, C.B. 153
Tschacher, W. 57

**U**

Übersummativität 21, 52
Uexküll, J.v. 33, 80–83, 86
Umgebung 81, 82, 87
Umwelt 19, 56, 60, 66, 70, 71, 81, 82, 86, 87
Ursache-Wirkungs-Beziehung 35, 43, 60, 62, 148

**V**

Vakuum, existenzielles 131
Variable
– abhängige 156
– unabhängige 156, 160, 164
VEE 98
Vegetotherapie 136
Verhaltenstherapie 37, 38, 50, 94, 120, 122, 124, 133, 144, 153, 154, 160, 167–169, 171, 174, 176, 179, 180
Verstärker 148
Verstehen, einfühlendes 98, 99
Versuchsperson 156
Verzerrungseffekt 157

**W**

Wahrnehmungskategorie 83
Walter, H.-J. 37, 49, 58, 140
Wampold, B.E. 50, 101, 173, 180
Welt
– phänomenale 53, 55, 56, 102, 109, 140
Wertheimer, M. 34, 49, 52, 56, 120
Wertschätzung, unbedingte 68, 108
Wirkfaktoren 161, 162, 164, 181
– kontextuelle 50
– methodenspezifische 50
Wissenschaftlicher Beirat Psychotherapie (WBP) 27
Woolfolk, R.L. 166

**Y**

Yalom, Y.D. 32

**Z**

Zielorientiertheit 21
Zwei-Stuhl-Technik 114
Zweite-Person-Perspektive 72